新・MINERVA社会福祉士養成テキストブック

16

岩崎晋也・白澤政和・和気純子 監修

医学概論

黒田研二・鶴岡浩樹 編著

ミネルヴァ書房

はじめに

　わが国に社会福祉士，精神保健福祉士の資格制度が確立されてから
すでに30年を経過した。この間に少子高齢化が進行するとともに，生
活問題は複合化し，これまでの児童福祉，障害者福祉，高齢者福祉と
いった縦割りの社会福祉制度だけでは対応が難しくなってきた。国や
地方自治体は地域包括ケアシステムや地域包括支援体制の構築といっ
た政策目標を掲げて課題への対応を図ろうとしている。社会福祉士，
精神保健福祉士には，ソーシャルワークの機能を発揮し，制度横断的
な課題への対応や必要な社会資源の開発，さらに地域住民の活動支援
や関係者との連絡調整などの役割を果たす力が求められている。

　こうした社会的要請に対して，社会福祉士，精神保健福祉士の養成
課程の見直しが進められ，新しいカリキュラムが2021年度から教育現
場へ導入されることになった。制度横断的な課題への対応を図るため
には，福祉関係者にとって保健医療など隣接する支援領域との連携・
協働は不可欠なものである。福祉職と医療職とが連携・協働していく
には相互の理解が重要であり，福祉職も一定の「医療リテラシー」を
身につけておくことが必要となっている。新カリキュラムでは，これ
までの「人体の構造と機能及び疾病」は改められ，「医学概論」という
名称で新たな科目が設定された。

　本書はこの「医学概論」の新カリキュラムにそって，あらたに執筆・
編集された教科書である。各ライフステージにおける心身の変化と健
康課題，身体構造と心身機能，健康・疾病・障害のとらえ方，主な疾
病と障害の成り立ち，リハビリテーションといったこれまでのテキス
トにもとりあげられていた内容に加え，公衆衛生の観点からみた健康
の決定要因や各種の施策についても詳述している。

　あらたな時代のソーシャルワーカーとしての学修に，本書が活用さ
れることを願っている。

2020年9月

編著者

i

目　次

はじめに

■ 序　章 ■　ソーシャルワーカーになぜ医学が必要か

① 「医学」の範囲　2

② 医学概論の学修が必要な理由　3

クライエントのもつ課題を的確に理解するために… 3　よりよい支援を提供するために… 3　関連する他職種と連携するために… 4　地域で健康支援を視野にいれた地域福祉を進めるために… 4

③ 他職種とくに医療職との連携の必要性　5

■ 第1章 ■　ライフステージにおける心身の変化と健康課題

① 身体の成長と発達　10

成長，発達，発育の概念… 10　発育5原則… 10　原始反射と乳幼児の運動発達… 12　出生から学童期までの身体の変化… 13　思春期の身体の変化… 14

② 精神の成長と発達　15

精神発達… 15　発達の評価… 15

③ 身体の加齢・老化　17

加齢・老化とは… 17　加齢に伴う身体の変化… 18　老年症候群… 19

④ 精神の加齢・老化　20

認知機能の低下… 20　感情・意欲・性格の変化… 20　認知機能障害，せん妄，うつの鑑別… 21

⑤ ライフステージ別の健康課題　22

胎生期… 22　乳幼児期… 22　学童期… 23　思春期・青年期… 24　壮年期… 24　高齢期… 25

■ 第2章 ■　健康および病気・疾病のとらえ方

① 健康の概念　30

WHOによる健康の定義… 30　主観的健康と客観的健康… 31　健康・病気の生物医学モデルと生物心理社会モデル，全人的健康モデル… 32　疾病生成モデルと健康生成モデル… 32　プロバイダー・オリエンティッドとコンシューマー・オリエンティッドの見方… 33　プライマリヘルスケアとユニバーサルヘルスカヴァレッジ… 34　予防医学における健康増進とWHOによる「ヘルスプロモーション」… 35　健康増進法と健康日本21… 37

② 疾病・病気の概念　39

病気行動と保健行動… 39　病人役割… 40　病の経験… 40　病の語り… 41

■ 第３章 ■ 身体構造と心身機能

❶ 人体の部位と名称 44

人体の区分… 44　面や方向に関する用語… 44

❷ 器官系と臓器の役割 45

バイタルサイン… 45　体液と水分… 46　血液… 46　循環器… 48　呼吸器… 50　消化器… 51　泌尿器… 53　脳・神経… 55　骨・筋… 57　内分泌・代謝… 58　眼… 59　耳… 60　皮膚… 60　生殖器… 61

❸ 主な症状とその意味 63

頭痛… 63　胸痛… 63　腹痛… 64　動悸… 64　呼吸困難… 64　めまい… 65　発熱… 65　尿失禁… 65　麻痺… 66　吐血・喀血… 66

■ 第４章 ■ 疾病の概要

❶ 疾病の発生機序 68

内因… 68　外因… 69

❷ 病変の成立機序 70

循環障害… 70　炎症… 71　免疫… 71　腫瘍… 71　退行性病変… 72　進行性病変… 72

❸ 疾病の概要と予防・治療 73

[1] 生活習慣病… 73

生活習慣病の概要… 73　生活習慣病の予防と治療… 74　メタボリックシンドローム… 75

[2] 心疾患… 75

心疾患の概要… 75　心疾患の予防… 77　心疾患の治療… 77

[3] 脳血管疾患… 78

脳血管疾患の概要… 78　脳梗塞… 79　脳（内）出血… 80　くも膜下出血… 80　脳血管疾患とリハビリテーション… 81

[4] 呼吸器疾患… 81

呼吸器疾患の概要… 81　呼吸器疾患の予防… 83　呼吸器疾患の治療… 83

[5] 消化器疾患… 84

消化器疾患の概要… 84　消化器疾患の治療… 85　肝胆膵疾患の概要… 86　肝胆膵疾患の治療… 87

[6] 腎・泌尿器疾患… 88

慢性腎疾患… 88　慢性腎不全… 88　慢性糸球体腎炎… 89　尿路感染症… 90　尿路結石… 91　前立腺肥大… 91

7 神経疾患… 92

パーキンソン病… 92　パーキンソン症候群… 93　脊髄小脳変性症… 93　筋萎縮性側索硬化症
… 94　その他の神経変性疾患… 94　多発性硬化症… 95　ギランバレー症候群… 95

8 血液疾患… 96

貧血… 96　白血病… 96　悪性リンパ腫… 97　多発性骨髄腫… 98

9 悪性腫瘍… 98

悪性腫瘍の概要… 98　悪性腫瘍（がん）と良性腫瘍のちがい… 99　悪性腫瘍（がん）の予防… 99
悪性腫瘍（がん）の治療… 100　肺がん・胃がん・大腸がん… 101　緩和ケア・支持療法… 101

10 感染症… 102

感染症の概要… 102　インフルエンザ… 102　ウイルス性胃腸炎（ノロウイルス，ロタウイルス）
… 103　食中毒… 103　後天性免疫不全症候群（AIDS）… 104　ウイルス肝炎… 104　院内感染
… 104　疥癬… 104　新型コロナウイルス… 105

11 目・耳の疾患… 105

白内障… 105　緑内障… 105　加齢黄斑変性症… 106　糖尿病性網膜症… 106　難聴… 107　加齢性
難聴（老人性難聴）… 107　良性発作性頭位めまい… 107　メニエル病… 108

12 骨・関節の疾患… 108

骨粗鬆症… 108　関節リウマチ… 109　その他の自己免疫性疾患・膠原病… 110　変形性関節症
… 110　脊柱管狭窄症… 111　後縦靱帯骨化症… 111　大腿骨近位部骨折… 111　腰椎圧迫骨折… 112

13 先天性疾患… 112

先天性疾患の概要… 112　先天奇形… 113　遺伝性疾患… 113　染色体異常症… 114　胎生期障害
… 114　周産期障害… 115

14 精神疾患：総論… 115

精神医学の歴史… 115　精神症候学… 116　現在の診断分類… 117

15 精神疾患：成人の精神障害… 117

統合失調症… 117　気分障害… 120　物質関連障害および嗜癖行動障害… 122

16 神経発達症（発達障害）… 124

神経発達症（発達障害）… 124　知的能力障害群… 124　自閉スペクトラム症（ASD）… 125　注意
欠如・多動症（ADHD）… 126

❹ 疾病にかかわる知っておきたい知識　127

医療的ケア… 127　褥瘡… 128　摂食・嚥下… 128　終末期医療・緩和医療… 129　薬の知識… 130
災害医療… 131

■第5章■　障害の概要

① 障害のとらえ方　134

「障害」という用語の多義性… 134　法律における「障害」「障害者」の定義… 135

② 身体障害　137

視覚障害… 137　聴覚または平衡機能の障害… 137　音声機能・言語機能・咀嚼機能の障害… 139
肢体不自由… 140　心臓機能障害… 140　腎機能障害（慢性腎不全）… 141　呼吸器機能障害（慢性
呼吸不全）… 141　膀胱または直腸の機能障害… 141　その他の内部障害… 142

③ 精神障害　142

精神障害とは… 142　分類：DSM と ICD … 142　精神障害者保健福祉手帳… 143　高次脳機能障害
… 144

④ 発達障害　146

発達障害とは… 146　分類… 146

⑤ 知的障害　147

知的障害とは… 147　分類… 148　療育手帳… 149

⑥ 認知症　149

認知症とは… 149　分類… 150　認知症の有病率… 151

■第6章■　ICF とリハビリテーション

① リハビリテーションの概要と範囲　154

[1] 概　要… 154

リハビリテーションとは… 154　リハビリテーションの目標… 156　日本におけるリハビリテーシ
ョンの発展… 156　リハビリテーションの分野… 156　リハビリテーションのチームメンバーと対
応… 158　リハビリテーションチームの課題… 160　医科診療報酬上のリハビリテーション… 161

[2] 廃用症候群リハビリテーション… 163

廃用症候群の心理的影響… 163　廃用による生理学的悪影響とその対応… 163　廃用症候群の予防
… 166

[3] リハビリテーションにおける心理対応… 166

疾病や障害，加齢に対する心理反応… 166　障害の受容過程… 168　段階別の状況… 168　今後のリ
ハビリテーション… 171

② 国際生活機能分類　173

ICIDH から ICF へ… 173　ICIDH モデル… 173　ICIDH モデルの特徴… 174　ICF の理念とその特徴

…174　ICF の活用…175　ICF モデルについて…175　ICF モデルの特徴…177　ICF のコーディングについて…177　コードの実例…178　ICF コアセットについて…179

■ 第7章 ■ 公衆衛生

① 公衆衛生の考え方 182

社会保障としての公衆衛生…182　公衆衛生的アプローチの特徴…182　公衆衛生の実施体制…183

② 健康の決定要因 185

健康・疾病・生活機能低下に影響する要因…185　健康の社会的決定要因と健康格差の縮小…187

③ ヘルスプロモーションと健康づくり政策 187

WHO による健康への取組み…187　日本における健康づくり政策…188

④ 感染症対策 189

感染症対策の概要…189　結核対策…191　予防接種…192

⑤ 母子保健 192

母子保健対策のあゆみ…192　健康診査と保健指導…193　医療援護…194　母体保護法に基づく事業…194

⑥ 成人保健 195

成人病予防から生活習慣病予防へ…195　栄養改善と運動習慣の改善…196　禁煙の推進…196　生活習慣病予防対策…197　がん対策…198

⑦ 高齢者保健 198

グローバルな高齢化の到来とアクティブエイジング…198　高齢者保健のあゆみ…199　介護保険制度と地域包括ケアシステム…199　医療と介護の連携の推進…200　認知症対策…201

⑧ 精神保健 202

精神保健福祉施策のあゆみ…202　精神障害者の受療の現状…203　精神障害者の人権保護の制度…204　市町村・保健所・精神保健福祉センターの役割…204

⑨ 難病保健と障害者の自立支援医療 205

難病対策のあゆみと難病の患者に対する医療等に関する法律（難病法）の成立…205　障害者の自立支援医療…206

⑩ 学校保健 208

学校保健とは…208　学校保健を担うさまざまな職種…208　保健教育…208　健康管理…209　保健組織活動…211

⑪ 産業保健 211

産業保健（労働衛生）の管理体制… 211　労働災害と職業病の予防… 212　労働安全衛生法に基づく職場の安全衛生管理… 213　職業性疾病（職業病）の予防対策… 213　健康診断に基づく健康管理… 214　過重労働による健康障害の防止とメンタルヘルス対策… 215

⑫ 災害保健医療および健康危機管理　215
災害の定義と災害対策に関する制度… 215　災害医療の概要… 216　健康危機管理の動向… 217　健康危機管理体制… 217　健康危機管理における国際社会との連携… 218

■ 第8章 ■　医療・介護・福祉の連携と統合
❶ 地域包括ケアにおける医療の位置づけ　220
2025年問題… 220　地域包括ケアシステムとは… 220　病院の世紀の理論… 221　地域包括ケアシステムにおける医療の位置づけ… 221
❷ 医療と介護　222
介護保険による新しい介護の概念と文化の創造… 222　医療から介護の社会化… 223　医療と介護の協働に向けて… 223　医療モデルと介護モデルの体系… 224　医療と介護保障の将来像… 225
❸ 多職種連携（IPW）　226
なぜ多職種連携が必要か… 226　多職種連携の定義… 226　誰と，どこと連携するのか… 227　多職種連携に必要なコンピテンシー… 227
❹ 地域共生社会に向けて　229
多様化，複雑化する地域課題… 229　地域共生社会… 229

■ 終　章 ■　これからの医療とソーシャルワーカー
地域共生社会とソーシャルワーク… 232　実践的なソーシャルワーカー教育を目指して… 233　これからの医療とソーシャルワーカー… 235

さくいん… 238

■序 章■
ソーシャルワーカーに
なぜ医学が必要か

ソーシャルワーカー（社会福祉士，精神保健福祉士等）にとってなぜ医学概論が必要なのだろうか。ソーシャルワーカーとして，①クライエントのもつ課題を的確に理解するために，②よりよい支援を提供するために，③関連する他職種と連携するために，そして，④地域で健康支援を視野にいれた地域福祉を進めるために，医学概論の修得が大切となる。また，**地域包括支援体制** を追求するには，福祉職は医療関係職と連携し，チームとして支援を行う方法も開発していかなければならない。

1 「医学」の範囲

地域包括支援体制

子どもから高齢者まですべての世代を対象とし，子ども家庭福祉，障害者福祉，介護保険や高齢者福祉などこれまで分野別に組み立てられてきた福祉サービスを，縦割りの壁をなくして包括的に提供できる体制。2015年9月に厚生労働省が出した「誰もが支え合う地域の構築に向けた福祉サービスの実現──新たな時代に対応した福祉の提供ビジョン」で唱えられた。

ヘルスプロモーション

1986年カナダのオタワでWHOが開催した世界ヘルスプロモーション第1回会議，2005年タイバンコクで開催した第5回会議で，ヘルスプロモーションを「みずからの健康と健康を決定づける要因とを，みずからよりよくコントロールできるようにしていくプロセス」と定義。オタワ憲章は，5つのヘルスプロモーション戦略（①健康的な政策づくり，②健康を支援する環境づくり，③地域活動の

　日本では「医学」と「医療」を区別し，医学を学問としての科学的知識の体系，医療をその社会的応用とする考え方がある。しかし実際には両者は不可分のものであり，ここでいう医学は医療をも含んでいることを理解しておこう。医学は，科学であると同時に技術でもあり，社会に組み込まれた制度としての側面をもっている。医学は一般に疾病や損傷を対象とし，その治療を目的とすると考えられることが多いが，それだけではない。人々の **ヘルスプロモーション** と疾病予防を目的とする公衆衛生，身体的・精神的な機能障害の軽減や克服を目的とするリハビリテーション医療，死にゆく人々の QOL と苦痛緩和を目的とする **エンド・オブ・ライフケア** も医学の中の一領域を構成している。

　ヘルスプロモーションを医学の目的の一つにあげたが，それではヘルス（健康）とは何であろうか。世界保健機関（WHO）の憲章では，健康とは，単に病気でないというだけでなく身体的，精神的，社会的に完全に良好な状態（ウェルビーイング：well-being）であること，と定義されている。健康が身体的，精神的，社会的な次元を有することを考えると，ヘルスプロモーションを図るのに，身体の医学知識だけでは不十分であることは明瞭である。医学は，生物医学的な知識とあわせて，人間と社会に関する隣接諸科学の知識をも動員し，先述の目的を追求する包括的な知識と実践の体系ということができる。

医学概論の学修が必要な理由

ソーシャルワーカーに医学概論が必要な理由を，以下に4点示す。

☐ クライエントのもつ課題を的確に理解するために

ソーシャルワーカーが支援する人（以下，クライエント）は，生活を営むのに何らかの困難をもつ人々である。生活困難は，さまざまな理由によってもたらされるが，なかでも頻度が多いのは，種々の疾病・損傷・加齢およびそれらに起因する身体的・精神的な機能障害である。このようなクライエントがもつ生活上の課題の分析，支援の目標設定のためには，一定の医学知識が不可欠である。疾病，損傷，障害という現象は医学の対象とも重なっており，ソーシャルワーカーは，クライエントの社会的および心理的援助を行うのに，医療チームの一員としてかかわることもある。医療チームの一員でない場合でも，医療関係職との密接な連携が必要となることが多い。

生活困難は，そのほかにも，家族関係をはじめとするさまざまな人間関係の問題，社会的孤立，失業や経済的貧困，社会的差別，犯罪被害や加害，災害などさまざまな理由から生じるが，こうした社会問題についても，「健康」という視点からとらえることが可能でありかつ必要である。その場合，広い意味で医学の対象となりうる。

☐ よりよい支援を提供するために

社会福祉領域で提供されるクライエントへの支援は，助言・指導だけでなく総合的なケアである必要がある。ケアには，精神的支援，身体的介護，日常生活の見守りや援助などの要素が含まれている。ソーシャルワーカーはクライエントのニーズに応じて，自ら心理的・社会的支援を行うとともに，必要な社会資源にクライエントを結びつける役割を担っている。このような支援を組み立てていく基礎として，一定の医学知識が必要になる。

疾患や障害が原因で生活困難に陥っているクライエントへの助言のためには，その助言が心理的，社会的次元の生活支援を目的としたものでも，疾患や障害についての医学知識に裏打ちされていることが望ましい。精神的支援を行う場合にも，精神医学の知識があると心強い。身体的介護や介護職との連携には，人体の構造や機能についての知識

強化，④個人の技術の開発，⑤ヘルスサービスの方向転換）を示している。

➡ QOL

クオリティオブライフ（quality of life）のことで生活の質と訳される。人がどれだけ人間らしい生活や自分らしい生活を送り，人生に幸福を見出しているかを尺度としてとらえる概念。生きがい，身心の健康，良好な人間関係，やりがいのある仕事，快適な住環境，十分な教育，レクリエーション活動，レジャーなどさまざまな観点から計られる。WHOのQOL-26など，さまざまな尺度が開発されている。

➡ エンド・オブ・ライフケア

差し迫った死やいつかは訪れる死について考える人に対し，生が終わる時まで最善の生を生きることができるように支援すること。診断名，健康状態，年齢は問わない。安心して人生の終焉を迎えるには，疼痛・症状管理を中心とする「緩和ケア」や終末期に特化した「ターミナルケア」だけでは十分とはいえず，また，医療機関，自宅，福祉施設での看取りなど地域における患者とその家族の生活に合わせた支援体制を確立する必要がある。

➡医師

医師法第1条で「医師は，医療及び保健指導を掌ることによつて公衆衛生の向上及び増進に寄与し，もつて国民の健康な生活を確保する」ものとされ，医師国家試験に合格し，厚生労働省にある医籍への登録を申請すると，登録後厚生労働大臣から医師免許証が交付される。診療に従事する医師はさらに2年以上，医学部附属病院または厚生労働大臣の指定する病院で臨床研修を受けなければならない。

➡看護師

保健師助産師看護師法第5条において「『看護師』とは，厚生労働大臣の免許を受けて，傷病者若しくはじよく婦に対する療養上の世話又は診療の補助を行うことを業とする者」と定義されている。一方同法第6条で「『准看護師』とは，都道府県知事の免許を受けて，医師，歯科医師又は看護師の指示を受けて，前条に規定することを行うことを業とする者」とされており，業務内容は看護師と同様である。

➡保健師

保健師助産師看護師法第2条において「『保健師』とは，厚生労働大臣の免許を受けて，保健師の名称を用いて，保健指導に従事することを業とする者」とされており，保健師になろうとする者は，保健師国家試験および看護師国家試験に合格し，厚生労働大臣の免許を受けなければならない。したがって保健師は看護師の資格も有している。市町村保健センターや保健所などにおいて公衆衛生看護に従事することが多い。

がいる。医療機関にクライエントを結びつけたり，医療費公費負担をはじめ各種の保健医療制度の活用の支援を行うには，公衆衛生（保健医療システム）に関する知識が必要である。

☐ 関連する他職種と連携するために

　医療や社会福祉の支援にはさまざまな職種が関与している。医師，看護師，保健師，作業療法士，理学療法士，臨床検査技師等の医療職は，医療を提供するにあたって医療チームを構成している。ソーシャルワーカーは，医療現場では医療ソーシャルワーカー（MSW）という立場で，医療チームの一員として仕事をすることが多い。社会福祉の現場や介護老人保健施設などにおいても，スタッフとして看護師，作業療法士，理学療法士などの医療職が参加することが多くなってきており，ソーシャルワーカーは，介護職や医療職と連携して仕事をすることが一般的である。

　ソーシャルワーカーは，医療や福祉の現場でさまざまな職種と連携したり，チームの一員としてクライエントの支援を行う際，それぞれの職種の役割や養成課程で学ぶ知識体系の概要などを理解しておくことが重要である。

☐ 地域で健康支援を視野にいれた地域福祉を進めるために

　ヘルスプロモーションおよび疾病予防の施策は，国，地方自治体，職場，学校など一定の地域や集団の中で展開される。1986年にカナダのオタワでWHOが開催した第1回ヘルスプロモーションに関する国際会議で採択されたオタワ憲章は，「ヘルスプロモーションとは人々が自らの健康をコントロールし，改善することができるようにするプロセス」と定義し，人々が健康的なライフスタイルを獲得するにとどまらず，環境を改善し，環境に対処していく重要性を述べている。

　公衆衛生では，人々のヘルスプロモーションを図るとともに，疾病の発生そのものを予防する一次予防のほか，疾病を早期に発見・治療し治癒させることで有病率を低下させる二次予防，疾病に伴う後遺症や障害を予防する，あるいは再発を予防する三次予防を区分し，一次予防，二次予防，三次予防を包括的に推進する戦略をとっている。地域福祉の活動では，こうした公衆衛生の施策と連携し，総合的な活動を展開することが求められている。

　公衆衛生的アプローチで取り組まれる地域アセスメント，保健計画策定，施策の実施と評価といった過程は，地域福祉の展開でも同様に要請されるものである。これらの過程において，地域アセスメントや

施策の評価のために社会調査や疫学調査などの方法を用いるが，こうした方法も地域福祉活動の推進に応用が可能なものである。ソーシャルワーカーとして地域福祉の領域の仕事に従事する場合，医学の中でも公衆衛生の知識と方法が役に立つ。

③ 他職種とくに医療職との連携の必要性

社会福祉士及び介護福祉士法では「社会福祉士は，その業務を行うに当たつては，その担当する者に，福祉サービス及びこれに関連する保健医療サービスその他のサービス（中略）が総合的かつ適切に提供されるよう，地域に即した創意と工夫を行いつつ，福祉サービス関係者等との連携を保たなければならない」（第47条）と定められている。さまざまな医療関係職の資格が法律等で定められているが，福祉関係の職種であるソーシャルワーカー，**介護福祉士**➡，**ホームヘルパー**➡等は，医療職との連携にあたって，どのような点に留意する必要があるのだろうか。

医療がさまざまな医療職によるチームによって担われていることは先に述べたが，現在では，医療は，医療施設の中で提供されるほかにも，生活の場で提供されることが多くなってきた。特に介護保険制度が導入され，医療施設以外でのケア（在宅ケア，介護老人保健施設や特別養護老人ホームなどでのケア）が普及するにつれ，医療職だけでなく，福祉職や介護支援専門員が参加するチームアプローチが重要になってきている。

医師法は「医師でなければ，医業をなしてはならない」（第17条）と述べ，医師以外には職業として医療行為を行うこと（すなわち医業）を認めていない。免許を受けた専門家以外の者が医業を行えば，人々の生命や健康に危険を及ぼすおそれが大きいという見地から，このような規定が定められている。他の医療職については，医師の指示の下に診療の補助行為として医療行為を行うことが認められている。しかし，それらの資格をもっていないものが職業として医療行為を行えば，それは違法だとみなされる（ただし，緊急時に胸骨圧迫や気道確保，AED 使用などの応急処置を行うことは医業ではなく，資格がなくても違法とはみなされない。また，喀痰吸引や経管栄養の補助は一定の資格をもつ介護職にも認められている）。

社会福祉士や介護福祉士が提供する支援は，医療行為ではなく生活

➡ **作業療法士**
理学療法士及び作業療法士法第2条において，「『作業療法』とは，身体又は精神に障害のある者に対し，主としてその応用的動作能力又は社会的適応能力の回復を図るため，手芸，工作その他の作業を行なわせること」と定義されており，「『作業療法士』とは，厚生労働大臣の免許を受けて，作業療法士の名称を用いて，医師の指示の下に，作業療法を行なうことを業とする者」とされている。身体障害と精神障害の両方を対象としている。

➡ **理学療法士**
理学療法士及び作業療法士法第2条において，「『理学療法』とは，身体に障害のある者に対し，主としてその基本的動作能力の回復を図るため，治療体操その他の運動を行なわせ，及び電気刺激，マツサージ，温熱その他の物理的手段を加えること」と定義されており，「『理学療法士』とは，厚生労働大臣の免許を受けて，理学療法士の名称を用いて，医師の指示の下に，理学療法を行なうことを業とする者」とされている。

➡ **臨床検査技師**
臨床検査技師等に関する法律第2条において「『臨床検査技師』とは，厚生労働大臣の免許を受けて，臨床検査技師の名称を用いて，医師又は歯科医師の指示の下に，人体から排出され，又は採取された検体の検査として厚生労働省令で定めるもの及び厚生労働省令で定める生理学的検査を行うことを業とする者」とされている。

➡ 介護福祉士

社会福祉士及び介護福祉士法第2条第2項において，「『介護福祉士』とは，（中略）登録を受け，介護福祉士の名称を用いて，専門的知識及び技術をもって，身体上又は精神上の障害があることにより日常生活を営むのに支障がある者につき心身の状況に応じた介護（喀痰吸引その他のその者が日常生活を営むのに必要な行為であつて，医師の指示の下に行われるものを含む。）を行い，並びにその者及びその介護者に対して介護に関する指導を行うことを業とする者」とされている。

➡ ホームヘルパー

肉体的・精神的に日常生活を送るのに支障のある高齢者や障害者に生活面でのサポートを行うために，利用者の家庭に訪問し，サービスを提供する人のこと。介護保険制度では「訪問介護員」と呼ばれる。ホームヘルパーの仕事は，身体介護と生活援助の2種類に分類される。訪問介護の業務に従事しようとする人は「介護職員初任者研修」（130時間）もしくは「実務者研修」（未資格者は450時間）を受講し，修了証明書の交付を受ける必要がある。

支援である。医療ソーシャルワーカーが医療チームの一員として援助を行う場合も，その行為は生活支援行為と位置づけられる。すなわち，クライエントへの支援には，医療行為を伴うものと医療行為を伴わない生活支援の領域がある。介護を含む生活支援では，医師の指示は必要としない。しかし，クライエントが疾病をもち主治医による治療を受けている場合には，福祉職も主治医などの医療職と密接に連携しながら支援を行うべきなのはいうまでもない。

福祉職と医療職とが共同でチームアプローチを行う場合に留意すべき点を以下にあげる。

① そのクライエントの援助において，なぜチームアプローチが必要なのかを，チームの構成メンバーがよく理解していること。また，どのようなメンバーによってチームが構成されているのか，それぞれの役割を構成員がよく認識していること。すなわち，このようなチームアプローチが必要なクライエントとは，医療と生活支援のさまざまなニーズを有している人であり，そのニーズについての理解が，チームメンバーに共有されていることが重要である。

② チームアプローチの基本思想は，「クライエント中心」である。専門が異なる職種からなるチームにおいて，支援の方向づけをどのような原理で行うのか。重要なのは，クライエントのニーズ（要求）が中心に捉えられていなければならないということであり，クライエントの参加と同意が図られることが原則である。

③ チームのコーディネーターが明確であること。コーディネーターは，チームメンバーの専門性や役割を熟知し，チーム内のコミュニケーションの要となり，チームとしてクライエントの課題分析，支援計画作成，支援の実施と再評価のプロセスが行われるように管理していく役割を担う。介護保険制度のもとでは，介護支援専門員がコーディネーターの役割を担うことが求められている。

④ チームメンバー間の情報伝達，意思疎通の方法が確立されていること。課題分析，支援計画作成，再評価などの過程でチームカンファレンスを行うことは，チーム内で情報を共有し意思疎通を図るうえで有効な方法である。常時なされる情報伝達の手段には面談での対話，ファックス，電話，共通の記録帳活用，ICT（インターネットなどの情報通信技術）などがある。

⑤ クライエントごとに，チームとして行った援助の結果が評価され，チームで行う業務の改善にフィードバックされること。効果的な援助の経験，すなわち成功事例をチームメンバーが蓄積していくことは，専門職としての意欲を高め，力量を向上させていくための重要な

条件である。

　医学は人々の健康を追求し，社会福祉は人々の福祉を追求する。医学も社会福祉も，目標としているものは人々のウェルビーイング（well-being）であるという点で共通している。医学と社会福祉は，制度としてはそれぞれ独自の領域を形成しているが，密接に関連しており，連携していくことが求められている。

❍参考文献 ──────

黒田研二（2003）「社会福祉士にとっての医学」社団法人日本社会福祉士養成校協会監修『社会福祉士のための基礎知識Ⅲ』中央法規出版．

黒田研二（2009）「ソーシャルワーカーになぜ医学が必要か」黒田研二・住居広士編著『人体の構造と機能及び疾病』ミネルヴァ書房．

■第 1 章■

ライフステージにおける
心身の変化と健康課題

1 身体の成長と発達

成長，発達，発育の概念

ヒトは，受精卵から出生までの約10か月を母体内で過ごす。妊娠週数を数えるには，妊娠前の最終月経初日から数え，28日を1か月とする。出生後は，新生児期，乳幼児期，学童期，思春期を経て成人となる。この間，年齢とともに身体は大きくなり，複雑な運動が可能となり，日常生活や社会生活が行えるようさまざまな能力を獲得していく。このプロセスを**成長**・**発達**と呼ぶ。発育という用語は両者を包括した概念である。

母体内で過ごす胎生期から出生して成人になるまで，医学的には，下記のような発育区分に分類される。

① 胎生期：受精〜280日（出生）（図1-1）

胎生期は，胚芽期（受精卵期）（0〜2週），胎芽期（3〜8週），胎児期（9週〜出生）に分かれる

② 新生児期：出生後4週間

③ 乳児期：満1歳まで

④ 幼児期：1〜6歳

⑤ 学童期：6〜12歳。小学生の時期に相当する

⑥ 思春期：第二次性徴が出現し骨端線閉鎖までをいう。思春期の発来は女子で平均10歳，男子は平均10.8歳である

発育5原則

発育の過程には5つの原則がある。第1原則は順序性である。出生前の身体や内臓諸器官の発育は，同じ順序で進んでいく。出生後の運動発達についても，首がすわる，寝返り，おすわり，つかまり立ち，一人歩き，と一定の順序で進む。

第2原則は連続性である。発育は連続した現象ととらえることができ，ある段階から別の段階に飛びこすことはない。ただし，すべての器官が同じ速度で発育するわけではない。**図1-2**はスキャモン（Scammon, R. E.）の臓器別発育曲線である。一般臓器は，身長や体重に代表される増加のパターンをとり，新生児期・乳児期と思春期に大きく発育するというS字型のカーブを描く。扁桃などのリンパ組織は，

⇒ 成長（growth）
身長や体重など身体の量的な増加に対して使用される用語。

⇒ 発達（development）
精神，運動，言語などの機能面の成熟に対して使用される用語。成長と発達は密接に関係している。

図1-1　胎生期の発育

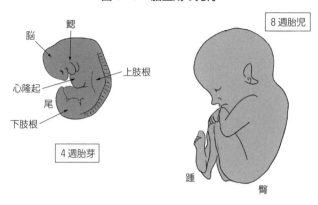

図1-2　各器官系の発達

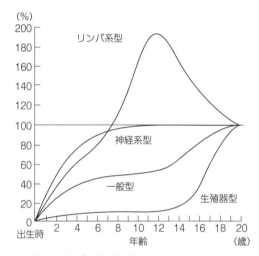

注：20歳の時点の各器官系の重量を100％として，各年齢での
　　各器官の重量を百分比で示している。
出所：Scammon, R. E. (1930) "The measurement of the body
　　　in childhood", in Harris, J. A., Jackson, C. M., Parerson,
　　　D. G., Scammon, R. E. eds., *The Measurement of Man*,
　　　University of Minnesota Press.

成人を上回る組織の増大があり，20歳頃には成人のレベルに縮小する。神経系は臓器の中では最も早く発育し，早期に成人と同じ状態に達する。一方，生殖器系は思春期までほとんど発育がみられず，思春期になって急速に発育する。

　第3原則は，方向性である。頭部に近い部位が体の下部よりも先に発育し（**頭尾方向**），身体の中心部が末梢部より先に成熟する（**近遠方向**）という基本的な方向性がある。粗大な運動から微細な運動に発達するという方向性も知られている。

　第4原則は，臨界期（critical period）が存在することである。器官や機能の成長や発達には決定的に重要な期間があり，その時期の正常

➡頭尾方向

目を動かし見ることができるようになり，手で物をつかめるようになり，足を動かせるようになる，という順番があることをいう。

➡近遠方向

上腕が動かせるようになってから指先が動かせるような順番があることをいう。

な発達が妨げられると永続的な欠陥や機能障害を残すことがある。たとえば妊娠初期にあたる胎生3か月までの胎芽・胎児期の障害は奇形をきたす。

第5原則は個体差である。つまり，発育が進むほど，個人的な違いが大きくなる。ここには遺伝因子と環境因子が関係している。

☐ 原始反射と乳幼児の運動発達

新生児や早期乳児では脳の発達が未熟なため随意運動よりも脊髄や脳幹レベルでの運動，すなわち反射が優位となる。出生直後にみられ，脳の成熟とともに消失していく反射を原始反射と呼ぶ。表1-1に示すように，原始反射には，歩行反射，追いかけ反射，吸啜反射，モロー反射，手掌把握反射，足底把握反射，定位反射，非対称性緊張性頸反射，背反射などがある。存在すべき時期にこれらの反射がなかったり，消失すべき時期に存在するなどの場合は，脳性麻痺など中枢神経系の脳障害が疑われる。

また，体の位置を変えた時に元に戻そうとする反射を姿勢反射という。表1-2のように，姿勢反射にはランドウ（Landau）反射，立ち直り反射，パラシュート反射がある。一般的に，姿勢反射は原始反射と異なり消失せずに生涯続く。ランドウ反射は例外である。パラシュート反射は，私たちが転びそうになった時に手を出して支えようとする動作と同じである。臨床的に重要で，パラシュート反射が正常でない場合は，神経の発達の遅れ，知能の発達の遅れ，脳性麻痺などの脳障害などを考える。

運動には粗大運動と微細運動がある。粗大運動とは，座る，立つ，歩くなどの体全体を使う運動で，微細運動は指先などの細かい協調運動を指す。粗大運動では，首がすわるのが4か月，寝返りが6〜7か月，おすわりが7〜8か月，つかまり立ちが9〜10か月，つたい歩きが10か月，1人立ちが12か月というのが一般的である。

歩行は平均1歳2か月にみられ，1歳6か月で走ることができ，3歳で片足立ちや三輪車をこぐようになり，4歳で片足飛び，5歳でスキップができるようになり，7〜8歳頃には成人と同等の機能となる。微細運動は，3か月でガラガラをつかみ，4か月ではガラガラを振って遊ぶ。6か月になると手を伸ばしてものをつかみ，片方の手からもう一方の手に持ちかえることができるようになる。9か月には両手でものを持って遊ぶようになり，12か月になると母指と他指の指先でつまむピンセットつまみができるようになる。1歳4か月頃には積み木が2個積めるようになる。

表1-1　主な原始反射

反　射	内　容	消失時期
歩行反射	床に足をつけ身体を前に傾けると，歩くような動作。	6～8週
索餌反射，追いかけ反射	口唇，頬に触れると頭がそれを追うように向きを変え，口で捕えようとする。	4～6カ月
吸啜反射	口の中に指を入れると吸いつく。	6～12カ月
モロー反射	仰向けから座位方向半まで引き上げ，頭を後方に落とすと，児は手を開いたまま腕を開排伸展し，その後，抱きつくように腕を内転させる動作。	4か月
手掌把握反射	手をひらを指で刺激すると，握ろうとする動作。	4～6カ月
足底把握反射	足の裏側を刺激すると，足趾が閉じる動作。	9か月
定位反射，踏み出し反射	足の前面をテーブルの縁に触れさせると，その足がテーブルの上に上がる反射。	2か月
非対称性緊張性頸反射	背臥位で頭を左右どちらか一方に向けると，顔を向けた側の手足を伸ばし，反対側の手足を屈曲させる。	4～6カ月
背反射	腹ばいで抱いた状態で背中の片側をこすると，体幹を同側に弓なりに傾ける。	4～6カ月

出所：筆者作成.

表1-2　主な姿勢反射

反　射	内　容	出現時期
ランドウ反射	腹臥位で水平に抱き，頭を挙げると体幹・下肢が伸展，曲げると体幹・下肢も屈曲する。	3か月～2歳
立ち直り反射	頭や身体が傾いた時に，正常な姿勢や位置に戻そうとするための一連の動作をいう。	5～6か月頃より生涯
パラシュート反射	水平に支えて，突然頭を下にすると，防御反応として両手を伸ばして支えようとする。	6～9か月頃より生涯

出所：筆者作成.

　ただしこれらの発達には個人差があり，正常の発達でもこの通りにならないこともある。

□ 出生から学童期までの身体の変化

　小児の成長の指標として，体重，身長，頭囲，歯，骨年齢などがある。出生時の体重は，平均約3kgである。生後3～4か月で約2倍，生後1年で約3倍となる。出生時の身長は平均50cmほどで，生後1年で1.5倍，4歳時に2倍となる。男子は12～13歳頃，女子は10～11歳頃に急速な身長の伸びがみられ，思春期発育急進現象と呼ばれている。頭囲は出生時に平均33cmで，胸囲より大きい。1歳頃には頭囲と胸囲がほぼ同じとなり，以後は胸囲が頭囲を上回る。したがって，小児期の体形は年齢によって大きく異なる。頭囲に関して補足すれば，新生児期の頭蓋は縫合が未完成で，3つ以上の骨が接するところには泉門が認められる。小泉門は生後6か月～1年で，大泉門は生後1年半～2年で自然に閉鎖する（図1-3）。

　乳歯は上下左右各々の切歯2本，犬歯1本，臼歯2本の計20本となる。乳歯は生後6～8か月で生えはじめ，2～3歳で生え終わる。永久歯は上下左右各々に切歯2本，犬歯1本，小臼歯2本，大臼歯3本の計32本であるが，第三大臼歯は生えないこともあり，個人差がある。

図1-3　大泉門と小泉門

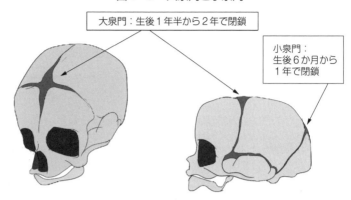

永久歯は6歳頃から生えはじめ，10〜14歳までに28本が生える。

　骨年齢は骨の成熟度を評価し，骨の年齢が何歳相当であるかを表したものである。一般に手のレントゲン写真で評価する。手根骨の化骨数は年齢数に1を加えた数または年齢数に等しい。女児は男児より骨発育が進んでおり，骨端融合も早く完了する。

　体つきの特徴，すなわち体格を示すものとしては発育指数がある。**カウプ指数** ➡ は乳幼児期の判定に用いられる。学童期には**ローレル指数** ➡ が使われる。子どもの肥満は**肥満度**で評価することが多い。標準体重は性別，年齢別，身長別標準体重曲線を用いて決定する。同曲線については紙面の関係上，割愛させていただく。

❑　思春期の身体の変化

　女子は10歳，男子は11歳頃から思春期がはじまる。女子は10〜12歳の約2年間に身長が急速に伸び，以後発育速度は急速に落ち，17歳頃に最終身長に達する。男子は女子に遅れて11〜14歳の約3年間に急伸し，19歳頃に最終身長に達する。成長スパート（発育急伸期）のはじまりとピークは，個人差が大きい。

　女子は乳房や骨盤の発育ではじまり，陰毛の発生や身長増加に次いでさらに乳房が大きくなり，初経が13〜14歳で出現する。男子はまず，精巣（睾丸）や陰茎が大きくなりはじめる。次いで，陰毛の発生や身長増加の促進がみられる。これらの思春期に特徴的な身体の変化を第二次性徴と呼び，女性ホルモンや男性ホルモンの影響によって，生物学的に，女性らしい体つき，男性らしい体つきに変わっていく。つまり思春期とは，第二次性徴の発現から完了までの期間をいう。これに対し出生時の内・外性器による差，つまり生まれてすぐにわかる男女差を第一次性徴という。

➡カウプ指数
カウプ指数＝{体重（g）／身長²（cm）}×10で算出され，月齢3〜12か月では正常域は15〜18である。15未満はやせ，18を超えると肥満である。カウプ指数は成人で一般的に使われているBMIに相当する。

➡ローレル指数
ローレル指数＝{体重（g）／身長（3乗）(cm)}×10（7乗）で計算し，正常範囲は110〜160である。160を超えた場合，肥満とすることが多い。

➡肥満度
肥満度＝(実測体重−標準体重)／標準体重×100 (％)で表し，15％以上を肥満としている。標準体重は性別，年齢別，身長別標準体重曲線を用いて決定する。

② 精神の成長と発達

　本節では精神の成長と発達に焦点を当てる。乳児期においては知覚や認知機能が，1 歳以降では言語獲得や社会性が，精神の成長や発達を反映する。

□ 精神発達

　視覚については，生後 1 か月には凝視が可能となり，明るい方を見ることができる。2〜3 か月には人への反応が明確になり，追視がみられるようになる。聴覚も発達し，大きい音にびっくりしたり，母親が声をかけると泣きやんだりする。4 か月にはあやすと笑う，ガラガラを振って遊ぶなどがみられる。

　乳児は遅くとも 4 か月頃には「アー」「ウー」などの声をあげるようになる。これを喃語という。6 か月頃になるとイナイイナイバーなどに喜ぶ。乳児は母親を見て喜んだり，後追いしたり，しがみついたり，特別な精神的結びつきがある。この母親への絆を愛着（アタッチメント）と呼ぶ。続いて 7 か月頃から人見知りがはじまる。8〜9 か月頃には「バイバイ」などの模倣動作が出てくる。1 歳頃になると「ママ」「パパ」などの単語を発し，初めて意味のある言葉を話すので初語という。1 歳 6 か月頃には意味のある単語の数が増加する。2 歳になると「ママ，ネンネ」などの二語文が話せるようになる。3 歳前後で自分の姓名，年齢が言えるようになる。赤，青，黄色などの色がわかり，大小や高低などの概念形成が獲得される。5 歳頃には同年齢の子どもたちと会話ができ，集団遊びも可能となる。自分で衣服を着るなど更衣動作も獲得されていく。

□ 発達の評価

　発達スクリーニングを定期的に行うことは，早期発見・早期治療だけでなく療育や小児の健康状態の把握にも重要である。

　発達スクリーニング検査については，**遠城寺式乳幼児分析的発達検査表**，**日本版デンバー式発達スクリーニング検査改訂版（JDDST-R）**，津盛・稲毛式発達スクリーニング検査が使用されている。

　知能指数（intelligence quotient：IQ）については，田中 - ビネー式知能検査Ｖ，ウェクスラー式知能検査などが用いられている。IQ ＝（精

➡遠城寺式乳幼児分析的発達検査表

遠城寺式は，家族の報告と児の行動を観察することにより，運動・社会性・言語の 3 つの分野から把握しようとするものである。さらに運動を，移動運動と手の運動，社会性を，基本的習慣と対人関係，言語を，発語と言語理解，の 6 領域に分けて評価する。

➡日本版デンバー式発達スクリーニング検査改訂版（JDDST-R）

乳幼児の発達について，「個人―社会」，「微細運動―適応」，「言語」，「粗大運動」の 4 領域，104 項目から全体的に評価するところに特徴がある。

神年齢÷生活年齢)×100で示される。IQ が本来の年齢と知能の年齢の差を計るのに対し，偏差知能指数（DIQ）という指標もある。DIQ は同年齢の集団の中でどのくらいの位置にあるかを表している。かつては IQ が主流であったが，現在は DIQ も重視されている。ウェクスラー系知能検査には，幼児期用（2歳6か月〜7歳3か月）の WPPSI-Ⅲ，学童用以降（5歳〜16歳11か月）の WISC-Ⅳ，成人用（16歳〜90歳11か月）の WAIS-Ⅳがある。

③ 身体の加齢・老化

☐ 加齢・老化とは

　老化とは，加齢に伴う生理機能の減退であり，個体の恒常性を維持することが難しくなり，崩壊（死）に至るまでの過程である。ストレイラー（Strehler, B. L.）は老化の特徴を，①普遍性，②内在性，③進行性，④有害性の4つにまとめている[(1)]。普遍性は，誰にでも起こる現象であることを意味し，内在性は，老化の原因の一部はあらかじめ遺伝的に決められていることを示す。進行性は，老化が不可逆的に進むという意味で，有害性は，老化現象が機能低下を伴い生命維持にとっては有害なものと解釈できる。

　日本を含め多くの先進国で，高齢者は65歳以上の人と定義されているが，この定義の医学的根拠は乏しい。日本ではさらに高齢者を細かく分類し，65〜74歳を前期高齢者，75〜84歳を後期高齢者，85歳以上（90歳以上とする場合もある）を超高齢者としている。2017年，超高齢社会を迎えた現状をふまえ，日本老年学会と日本老年医学会の合同ワーキンググループは，65〜74歳を准高齢者・准高齢期（pre-old），75〜89歳を高齢者・高齢期（old），90歳以上を超高齢者・超高齢期（oldest-old, super-old）とする新たな定義の提言をしたが，本書執筆の時点ではまだ新しい定義は採用されていない。

　老化の原因や機序については諸説があるが，遺伝的要因と環境要因が相互に関与し進行するものと考えられている。老化は生理的老化と病的老化に分類することもできる。生理的老化とは，すべての人に加齢によって起こる生理的な機能低下であり，成熟期を過ぎてから，ゆるやかに不可逆的に進行する。白髪，老眼，シミ，シワなどが生理的老化の例である。一方，病的老化とは，特定の疾患に罹患したり，環境要因などのストレスにさらされた一部の人に起こる著しく加速された老化で，治療によってある程度可逆的である。たとえば，高血圧，動脈硬化，骨粗鬆症などがこれにあたる。多くの高齢者が生理的老化と病的老化による症状が重複しており，これらの診断・治療・生活指導に至るまでを包括的に行うのが老年医学の役割である。

□ 加齢に伴う身体の変化

① 視覚の変化

生理的老化により水晶体が硬化し，調整能力が低下する状態を老眼（老視）という。すなわち，老眼は焦点を合わせにくくなり近くのものが見えにくくなる状態である。40歳代からはじまるといわれている。同じく生理的老化により水晶体が変性し白濁すると，ぼやけて見えにくくなる。これが白内障である（本書第4章第3節11項参照）。

② 聴覚の変化

加齢とともに高音領域から聞き取りにくくなり，これを加齢性難聴という。母音は聞き取れるが，子音が聞き取りにくいという特徴があり，結果として言葉を聞き取れない。騒音下では聞き取りにくくなる。1対1の会話は問題ないが，大勢で話すと聞き取れない。小さい音は聞き取れず，大きい音はうるさく聞こえるというリクルートメント現象も伴う（本書第4章第3節11項参照）。

③ 運動器の変化

骨については，骨量が減少し，脊椎や関節が変性していく。骨量の減少は骨粗鬆症を促し，脊椎や関節の変性は変形性脊椎症や変形性関節症（膝，股）の原因となる。

筋肉については，筋力が低下し，運動能力（持久力，反射能力，瞬発力，平衡感覚）が低下する。筋肉量も減少していく。結果として，サルコペニア，ロコモティブシンドロームと呼ばれる状態となる（本書第6章第1節参照）。

④ 循環器の変化

心房壁や心室壁の繊維化や変性をきたし，拡張能も収縮能も低下する。弁は硬化・変性し，弁膜症の原因となる。刺激伝統系の繊維化と変性により不整脈を起こしやすくなる。血管では動脈硬化が進行し，心筋梗塞や脳梗塞のリスクが高まる。動脈瘤なども引き起こす（本書第4章第3節2項参照）。

⑤ 呼吸器の変化

胸郭コンプライアンスや肺の弾力性が低下し，肺活量も減少する。肺胞が壊れる肺気腫は，加齢が原因の一つとされている（本書第4章第3節4項参照）。

⑥ 消化器の変化

口腔内は歯の喪失があり，唾液分泌の減少により乾燥傾向となり，嚥下機能が低下してくる。

上部消化管では下部食道括約筋の低下や横隔膜の強度低下により，食道裂孔ヘルニアの状態となったり，胃液が食道側に逆流する胃食道

逆流現象（GERD）を引き起こす。胃の粘膜は加齢により収縮し胃酸分泌が低下し，抵抗力も低下する。弾力性も低下するので一度に大量の食べ物を胃にためておくことができなくなる。

　下部消化管では，腸の蠕動運動が低下し，腸からの分泌物の低下などにより便秘傾向となる。

⑦　泌尿器の変化

　尿細管機能の低下により脱水や浮腫を起しやすくなる。膀胱容量の減少，膀胱の不随意収縮により頻尿，尿失禁をおこす。男性では前立腺が肥大し，排尿困難となることがある（本書第 4 章第 3 節 6 項参照）。

⑧　皮膚の変化

　皮膚の表面にある皮脂膜，そのすぐ下層の角質のバリア機能が加齢によって低下すると，角質に含まれる水分量が減少し，皮膚がかさついた状態になる。この状態をドライスキン，乾皮症などと呼ぶ。

☐　老年症候群

　老年症候群とは高齢者に特有な病的状態の総称であり医療だけでなく介護や看護が必要な症状や兆候を呈する状態をいう。明確な定義はなく，細かく分類すれば100以上の兆候を指す。鳥羽は老年症候群を①急性疾患関連，②慢性疾患関連，③廃用症候群関連と大きく 3 つに分類している。[(2)]

①　急性疾患関連

　主に急性疾患に付随する症候で，加齢によって頻度は変化しないが対処方法は若年者と異なり工夫を要する症候群である。めまい，呼吸困難，頭痛，下痢，転倒，骨折，腹痛などを指す。

②　慢性疾患関連

　主に慢性疾患に付随する症候で65歳以上から徐々に増加する症候群である。例として，認知症，視力低下，関節変形，食欲不振，便秘，腰痛，言語障害，脱水，浮腫，しびれ，悪心・嘔吐などがあげられる。

③　廃用症候群関連

　75歳以上から急増する症候で，ADL の低下と密接な関連をもち，介護が重要となる一連の症候群である（くわしくは本書第 6 章第 1 節 2 項参照）。例としては，ADL 低下，骨粗鬆症，椎体骨折（圧迫骨折），筋萎縮，尿失禁，頻尿，せん妄，うつ，嚥下困難，褥瘡，難聴，低栄養などがある。

　ADL の低下は，見守りや介護の必要性を意味している。廃用症候群もまた，要支援状態や要介護状態の原因となる。

➡ ADL

activities of daily living の略で，日常生活動作のこと。移動，整容，トイレ動作，排便，排尿，入浴，歩行，階段昇降，着衣など，人が毎日の生活を送るために必要な基本的動作を意味する。

④ 精神の加齢・老化

　加齢とともに，認知機能が低下したり，感情や意欲も変化していく。本節では，加齢とともに生じる心理的特徴をおさえ，高齢者に多い認知症（dementia），せん妄（delirium），うつ病（depression）など3Dの精神障害にもふれる。

☐ 認知機能の低下

　脳は，運動機能や感覚機能など外部との入出力に関連する機能と，記憶・試行・判断などの情報を収集し処理する高次脳機能に分けることができる。前者は加齢とともに低下する。たとえば，危ないと察知して車のブレーキを踏む行動で考えると，加齢とともに判断に時間がかかりブレーキを踏むタイミングが遅くなる。後者の高次脳機能の加齢変化は一様ではない。学習，計算，記憶，短時間での情報処理，新しいものへの対応など「流動性知能」と呼ばれる能力は30歳をピークに65歳以降は低下していく。一方，知識や経験に基づく理解や判断能力など「結晶性知能」と呼ばれる能力は，30歳以降も緩やかに上昇し，65歳以降もさほど低下しない。

　記憶については，情報を短期間だけ保持する短期記憶，必要な情報を長期間にわたって保持する長期記憶がある。長期記憶は，言葉で表現できる陳述記憶と言葉にできない非陳述記憶から成る。陳述記憶には，経験した出来事に関するエピソード記憶，学習により獲得した知識に関する意味記憶がある。非陳述記憶は手続き記憶と呼ばれる方が一般的で，自転車に乗るなど身体で覚えた記憶を指す。高齢者は短期記憶が低下しやすく，これがいわゆる「物忘れ」である。長期記憶では，エピソード記憶が加齢とともに低下しやすく，意味記憶や手続き記憶は低下しにくい。

☐ 感情・意欲・性格の変化

　青年期までにつくりあげられた性格，感情などの気質は，65歳以上の老年期に大きく変わることはないが，75歳以降は心身機能の低下にともない不安が増大しやすい。たとえば定年退職後に活動する場がなくなり社会的喪失感を抱くようになる。友人，家族，特に配偶者を失うことにより人間関係の喪失感を覚え，このような出来事は，孤独感

表1-3　認知症とせん妄の違い

	認知症	せん妄
発症	緩徐	急激
症状の変動	顕著でない	夕方以降悪化
初発症状	記銘力低下	幻覚，妄想，興奮
持続	持続	一過性
身体疾患や精神要因の関与	直接の関与は少ない	急性疾患や心理的ストレスが強く関わる

出所：神崎恒一（2017）「加齢・老化」矢崎義雄総編集『内科学 第11版』朝倉書店，46.

表1-4　認知症とうつ病の違い

	認知症	うつ病	加齢
物忘れの自覚	少ない	ある	ある
物忘れに対する深刻さ	少ない	ある	ある（うつ程ではない）
物忘れに対する反応	そうでないように取り繕う（つじつまがあわない，作話）	誇張する傾向	自覚し，対応
気分の落ち込み	少ない	ある	うつ病のような病的な落ち込みではない
典型的な妄想	物盗られ妄想（物を盗まれた！）	心気妄想（もうだめだ！）	なし
脳画像所見	異常	正常（年齢相応）	正常（年齢相応）
抗うつ剤治療	無効	有効	不要

出所：新井平伊（2008）『認知症テキストブック』中外医学社をもとに筆者作成.

を増大させ生きがいを失わせる。さらに健康が失われADLが低下すれば，健康喪失感を抱くようになる。このような喪失体験が積み重なり，抑うつ気分が増大し，「心細い」「不安」「寂しい」などの言葉として表現される。

　一方で，子どもや他人の世話にはなりたくない気持ちも併せもち，高齢者の心理は複雑である。抑うつ状態になると，生活意欲を低下させ，認知機能低下やADL悪化にもつながる。抑うつ状態は，精神だけでなく身体機能も低下させ，この悪循環が心身機能低下，すなわちフレイルにつながる。これらの内容はすべての高齢者に現れるのではなく，個人の内的要因，環境要因に強く依存する。

□ 認知機能障害，せん妄，うつの鑑別

　高齢期には前述のように記憶力を含む流動性知能が低下しやすく，心身機能の低下も伴い，意欲の低下，うつ傾向が生じる。しかし，このような変化はゆっくりと現れるため，加齢に伴う変化なのか，認知症やうつによる病的変化なのか区別がつきにくい。

① 認知症
　厚生労働省は認知症を「生後いったん正常に発達した種々の精神機能が慢性的に減退・消失することで，日常生活や社会生活が営めなく

なっている状態」と定義している。つまり，後天的な原因によって生じる知能の障害であるということで，知的障害とは区別している。加齢による物忘れ，せん妄，うつ病との違いについて**表1-3**，**表1-4**に整理したので確認してほしい。

　　②　せん妄

　せん妄は，発熱，脱水，薬物の副作用，入院などの環境の変化などが原因となって起こる軽度の意識障害であり，ぼんやりとした状態になる。幻覚，妄想，興奮などの症状を伴うのが特徴である。

　　③　う　つ

　心が落ち込む抑うつ状態が長く続き，これに伴い，さまざまな身体症状が現れるのがうつ病である。

⑤　ライフステージ別の健康課題

　本節では，人生100年時代を迎え，ライフステージによってどのような健康問題を考えなければいけないのかを整理する（**図1-4**）。

☐ 胎生期

　胎生期は母体のお腹の中で胎児が成長していくステージである。この時期，母体となる妊婦への配慮が必要となる。妊娠初期にあたる8-9週あたりまでが臨界期となる。この時期に母体に何かあると胎芽・胎児期の障害は奇形をきたすことがある。たとえば妊婦が風疹に感染すると，白内障や心臓奇形，難聴をもった子どもが生まれてくる。この時期の妊婦への投薬にも注意を要する（例：**サリドマイド**）。医師がこの時期の妊婦に投薬を積極的に行わないのは，催奇形性のリスクを回避するためである。妊娠と喫煙の関係も明らかとなっており，早期破水，前置胎盤，胎盤異常，早産，胎児の成長が阻害されたり，低出生体重児の原因となる。ソーシャルワーカーは**特定妊婦**と接する機会が多く，このような医学知識は知っていく必要がある。

☐ 乳幼児期

　この時期は保健が重要である。正常に成長・発達しているか経過を追い，病気の早期発見や発達障害の**スクリーニング**が必要である。これは定期的に行われる乳幼児健康診査（健診）によって実施されている。乳幼児期には予防接種も大切である。免疫を獲得することで，感

➡ サリドマイド
サリドマイドは1960年代に睡眠薬，胃腸薬として妊婦に使われた薬剤である。薬の副作用により四肢，聴覚，内臓などに障害をもった児が生まれたり，死産という事例もあった。

➡ 特定妊婦
出産前から，出産後の子どもの養育について支援を行うことが必要と認められる妊婦のこと。

➡ スクリーニング
集団の中から特定の病気にかかっている疑いのあるものを，ふるい分けるための簡単な検査のこと。

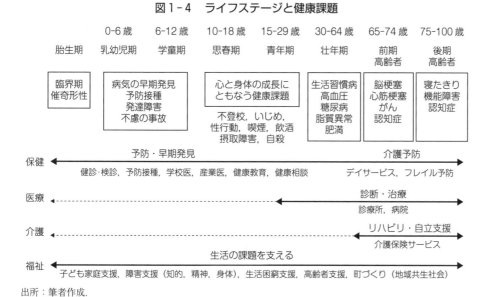

図1-4　ライフステージと健康課題

出所：筆者作成.

染から児を守るだけでなく，社会での感染症の流行も防ぐことができる。

　乳幼児期の死因は，不慮の事故による死が最も多い。不慮の事故とはお風呂や家庭用プールで溺死，ベッドからの転落，豆やビー玉を喉につまらせて窒息，などである。**乳幼児突然死症候群（SIDS）**にも気をつけたい。保育にかかわる福祉職は，予防につながる環境調整を考える必要がある。妊婦の喫煙が SIDS や乳児期の肺機能低下の原因となることも知られている。肺機能の低下は，栄養状態や成長にも影響する。

➡乳幼児突然死症候群（SIDS）
１歳以上の通常は健康に見えていた乳児が，睡眠中に，予期せず突然死すること。

☐ 学童期

　学童期は体も心も成長が著しい時期で，しっかりと成長の過程をフォローしたい。近年の傾向としては，肥満を認める児が増加してきた。突発性側弯症を発症する児もあり，学校健診では注意深くスクリーニングされている。

　精神については，ストレス反応を言葉で表現できず，頭痛，嘔吐，腹痛などの症状として現れることがある。小学校低学年から気づかれやすい障害としては，自閉スペクトラム症（本書の第4章第3節16項参照）や注意欠如多動症（ADHD）などがある。チック障害は小学校低学年を過ぎた頃から目立つ。小学校高学年になると学習症（LD）などが顕在化してくる（発達障害に関しては，本書第5章第4節参照）。

❑ 思春期・青年期

　思春期と青年期は重なるところが多い。思春期は第2次性徴の時期であり，前述のように10歳頃からはじまると書かれているものが多い。しかし近年，思春期が早まる傾向にあり，日本産婦人科学会は8歳頃から18歳頃までの時期としている。一方，青年期については，エリクソンは13〜19歳，厚生労働省は15〜29歳としており，年齢による区分は難しい。本書では，第二次性徴により生理的に身体が変化する時期を思春期とし，これに続いて心理的・社会的に発達していく過程，さらには自我同一性を獲得する時期を青年期とする。

　思春期は，急激な自分の身体の変化にとまどい，他者との身体つきの違い，ニキビの出現などさまざまなことに非常に敏感になる時期である。知的にも人格的にも成長し，抽象的，概念的な思考を好み，音楽・文学・美術など創造することに目覚め，現代ではSNSなども含めて自己表現するようになる。青年期のはじまりである。一方で，些細なことに傷つき，自己嫌悪，自己否定，劣等感などに陥る。自分の存在の意味，価値，役割，親との違いなどを思考する。自我同一性の確立に向けて取り組まなければならない困難な時期である。

　このような身体と心の変化に伴い，性感染症や人工中絶など性行動に関する問題，喫煙，飲酒，薬物乱用，過剰なダイエットや肥満（摂食障害），反社会的な行為（行為障害），不登校，引きこもり，いじめ，自傷行為，自殺未遂等が起こることがある。青年期のうつ，双極性障害，統合失調症なども注目されるようになった。福祉職が思春期および青年期の若者にかかわることは多く，上記のような成長に伴う健康問題については知っておく必要がある。

　また青年期から，生活習慣病の予防に取り組むことも重要とされており，企業などで新入社員に向けて健康教育がなされるのもその表れである。

❑ 壮年期

　壮年期は，生活習慣病（本書第4章第3節1項参照）が発症する時期である。高血圧，糖尿病，肥満，脂質異常症，肥満などを指すが，これらは自覚症状がなく健康診断で発見されることが多い。生活習慣病が長期間放置されると，全身の血管が動脈硬化を起こし，心筋梗塞や脳梗塞を引き起こす。脳梗塞になれば片麻痺や構音障害などの後遺症を残し，介護を要する。寝たきりとなる原因疾患では脳梗塞が最も多い。脳梗塞も心筋梗塞も部位によっては死に至ることも稀ではない。

　したがって，人生100年時代を健康に暮らすには，早期に生活習慣

表1-5　介護保険における特定疾病（16疾病）

1	がん*	9	脊柱管狭窄症
2	関節リウマチ	10	早老症
3	筋委縮性側索硬化症（ALS）	11	多系統萎縮症
4	後縦靱帯骨化症	12	糖尿病性神経障害，糖尿病性腎症および糖尿病性網膜症
5	骨折を伴う骨粗鬆症		
6	初老期における認知症	13	脳血管疾患
7	パーキンソン病関連疾患：進行性核上性麻痺，大脳皮質基底核変性症およびパーキンソン病	14	閉塞性動脈硬化症（ASO）
		15	両側の膝関節または股関節に著しい変形を伴う変性性関節症
8	脊髄小脳変性症	16	慢性閉塞性肺疾患（COPD）

注：＊医師が一般に認められている医学的知見に基づき回復の見込みがない状態に至ったと判断したものに限る（ひと言でいえば，末期がん）。
出所：厚生労働省ホームページを参考に筆者作成.

病を発見することが大事である。また内臓脂肪が多く，かつ生活習慣病とまではいかないまでも予備軍である状態（メタボリックシンドローム）（本書第4章第3節）で心筋梗塞の発症が多いことも明らかになった。産業保健の役割も重要である。各臓器のがんが発見される時期でもあり，日本の死因第1位は依然としてがんであることから，がん検診もまた重要である。

　介護保険の適応は一般的に65歳以上（第1号被保険者）であるが，加齢と関係が認められる特定疾病（表1-5）に該当すれば，40歳以上65歳未満でも第2号被保険者として利用できる。つまり疾病によっては壮年期でも介護保険が使える。

☐ 高齢期

　加齢に伴い，各臓器は衰え，老年症候群を呈していく。壮年期に続き，生活習慣病の予防と治療は続けて行わなければならない。脳血管疾患や心血管疾患のリスクはさらに高まる。前期高齢者（65から74歳）では，老年症候群で記した慢性関連疾患，すなわち認知症，視力低下，関節変形，食欲不振，便秘，腰痛，脱水などがみられることが多くなる。**軽度認知機能障害（MCI）**にも注意したい。後期高齢者（75歳以上）にさしかかると ADL が急速に低下し，命にかかわる疾病を発症する頻度が増す。すなわち，老年症候群で記した廃用症候群疾患が多くみられるようになる。たとえば，骨粗鬆症，椎体骨折（圧迫骨折），筋萎縮，尿失禁，頻尿，せん妄，うつ，嚥下困難，褥瘡，難聴，低栄養などである。**表1-6**に高齢者に多い疾患を臓器別に記したので参照されたい。

　同じ疾患でも高齢者の場合は，青年期や壮年期と病態像が異なる。高齢者の場合は，各臓器の機能が低下している上に，複数の慢性疾患

▶軽度認知機能障害（MCI）
認知症ではないが認知機能は正常とはいえない状態。認知症の前段階と考えられ，注目されている。

表1-6　高齢者に多い疾患

生活習慣病	高血圧，糖尿病，脂質異常症，肥満
脳・神経	脳血管障害，認知症，パーキンソン病
循環器	心筋梗塞，弁膜症，心房細動，心不全
呼吸器	慢性閉塞性肺疾患（COPD），喘息，肺炎，誤嚥性肺炎，肺がん
消化器	胃がん，大腸がん，腸閉塞，胃潰瘍，逆流性食道炎，鼠経ヘルニア
肝臓	胆石，肝硬変
泌尿器	慢性腎臓病，尿路結石，前立腺肥大，糖尿病性腎症，慢性腎不全
骨	変形性関節症，骨粗鬆症，関節リウマチ，圧迫骨折，大腿骨の骨折
目	白内障，緑内障，糖尿病性網膜症，加齢黄斑変性症
耳	老人性難聴，耳垢塞栓，
口腔	歯周病，義歯による痛み，口内炎
皮膚	乾皮症（ドライスキン），皮膚搔痒症，褥瘡，帯状疱疹，疥癬

出所：筆者作成.

表1-7　高齢者における疾患の特徴

1	諸臓器の低下があり，複数の慢性疾患を有する
2	個人差が大きい
3	症状が定型的でない
4	認知機能が低下していることが多い
5	精神・神経症状がでやすい
6	体液バランスが崩れやすい
7	薬物の有害事象（副作用）が生じやすい
8	急性疾患発症時に合併症が生じやすい
9	免疫，栄養状態が低下していることが多い
10	日常生活を阻害する心身の要因（老年症候群）が多く，ADL が低下しやすい
11	予後が医学的な面だけでなく，社会的要因（退院後の療養環境）に依存する

出所：神崎恒一（2017）「加齢・老化」矢崎義雄総編集『内科学（第11版）』朝倉書店，44.

を有しており，病態が複雑である。個人差も多く，症状は定型的ではない。つまり，高齢者の疾患の二大特徴は，多病性と非定型性であるといえる。詳細を**表1-7**に示したので参照されたい。**表1-7**の中でも福祉関係者は特に，認知機能・栄養状態・ADL の低下や，疾患の予後が医学的な面だけでなく社会的要因（たとえば，退院後の療養環境）に依存することを理解する必要がある。

　したがって，高齢者にアプローチする際には，ADL と認知機能がどの程度かを把握し，療養の計画を立てなければならない。医療職，介護職，福祉職が共通に使う指標としては，介護保険にかかわる認知症高齢者の日常生活自立度と呼ばれる指標を知っておきたい。**表1-8**に「認知症高齢者の日常生活自立度判定基準」の概要を示す。また，「障害老人の日常生活自立度（寝たきり度）判定基準」を**表1-9**に示す。これらの指標は，介護保険制度のもとで介護認定を行う際に主治医が記載する意見書の記載事項にも含まれており，福祉関係者も理解しておく必要がある。介護保険の判定基準では ADL とコミュニケーションを重視しており，これらが直接的に介護の手間を反映している。コミュニケーションを難しくさせるものとして視覚障害や聴覚障害もあ

表1-8　認知症高齢者の日常生活自立度判定基準（概要）

ランクⅠ	何らかの認知症の症状を有するが，日常生活は家庭内および社会的にほぼ自立
ランクⅡ ランクⅡa ランクⅡb	日常生活に支障を来すような症状が多少みられても，誰かが注意していれば自立 家庭外で上記の状態（道に迷う，買物，事務，金銭管理などに支障） 家庭内でも上記の状態（服薬管理，電話，訪問者応対などに支障）
ランクⅢ ランクⅢa ランクⅢb	日常生活に支障を来すような症状がときどきみられ，介護を必要とする 日中を中心として上記の状態（ADLに要介助，問題行動がある） 夜間を中心として上記の状態（同上）
ランクⅣ	日常生活に支障を来す症状が頻繁にみられ，常に介護を必要とする
ランクM	専門的医療を必要とする状態

出所：「老人保健福祉局長通知」平成5年10月26日付けをもとに，筆者作成.

表1-9　障害老人の日常生活自立度（寝たきり度）判定基準

生活自立	ランクJ	何らかの障害等を有するが，日常生活はほぼ自立しており独力で外出する 1　交通機関等を利用して外出する 2　隣近所へなら外出する
準寝たきり	ランクA	屋内での生活は概ね自立しているが，介助なしには外出しない 1　介助により外出し，日中はほとんどベッドから離れて生活する 2　外出の頻度が少なく，日中も寝たきりの生活をしている
寝たきり	ランクB	屋内での生活は何らかの介助を要し，日中もベッド上での生活が主体であるが座位を保つ 1　車椅子に移乗し，食事，排泄はベッドから離れて行う 2　介助により車椅子に移乗する
	ランクC	1日中ベッド上で過ごし，排泄，食事，着替において介助を要する 1　自力で寝返りをうつ 2　自力では寝返りもうたない
期　間		ランクA，B，Cに該当するものについては，いつからその状態に至ったか 　　年　月頃より（継続期間　　年　カ月間）

注：判定にあたっては，補装具や自助具等の器具を使用した状態であっても差し支えない。
出所：「厚生労働省大臣官房老人保健福祉部長通知」平成3年11月18日（老健第102-2号）.

ると医学的には考えるが，これらは介護保険ではなく，障害者に関する制度で保障される。

　人生100年時代を迎え，最近では，サルコペニアやフレイルなど虚弱な状態を予防しようという取組みが多くの自治体でなされている。

○注

(1)　Strehler, B. L. (1962) *Time cell and aging*, Academic Press, 12-17.
(2)　鳥羽研二（2008）「高齢者に特有な症候老年症候群」『改訂第3版 老年医学テキスト』メジカルビュー社，66-71.

○参考文献

内山聖監修・原寿郎・高橋孝雄・細井創編集（2013）『標準小児科学（第8版）』医学書院.
黒田研二・住居広士編著（2009）『人体の構造と機能及び疾病』ミネルヴァ書房.
福田恵美子編（2019）『人間発達学（改訂5版）』中外医学社.
Scammon, R. E. (1930) "The measurement of the body in childhood", in

Harris, J. A., Jackson, C. M., Parerson, D. G., Scammon, R. E., eds., *The measurement of man*, University of Minnesota Press.

松村讓兒（2017）『イラスト解剖学（第9版)』中外医学社.

日本小児内分泌学会『肥満』 日本小児内分泌学会（http://jspe.umin.jp/public/himan.html）（2020.2.24).

日本耳鼻咽喉科学会（2016）『新生児聴覚スクリーニングマニュアル』松香堂.

矢崎義雄総編集（2017）『内科学（第11版―Ⅰ)』朝倉書店.

岡庭豊（2019）『イヤーノート2020 内科・外科編』メディック・メディア.

厚生労働省長寿科学振興財団（2020）『高齢者の病気』健康長寿ネット（https://www.tyojyu.or.jp/net/index.html）（2020.2.29).

増田正次（2014）「高齢者の難聴」『日本老年医学会雑誌』51, 1-10.

鳥羽研二（1997）「施設介護の問題点」『日本老年医学会雑誌』34(12), 981-986.

林泰史（2002）「老年症候群」『日本医師会雑誌』127, 1815.

厚生労働省「認知症」みんなのメンタルヘルス（https://www.mhlw.go.jp/kokoro/know/disease.html）（2020.3.4).

日本産婦人科学会「思春期とはいつですか？」（https://www.jaog.or.jp/qa/youth/qashishunki4/）（2020.3.6).

第2章

健康および病気・疾病のとらえ方

「あなたの現在の健康状態はいかがですか」とたずねられたら，どのように答えるだろうか。仮に「よい，まあよい，ふつう，あまりよくない，よくない」の5段階の選択肢が設けられているとしたら，何を基準に，あるいはどのようなことを考えて選ぶだろうか。また，他人からみれば同じようにみえる状態だったとして，あなたはその時々で同じ回答をするだろうか。

　医学・医療が目覚ましい発展を遂げた20世紀の先進工業諸国においては，医師による健康状態の診断や判断が健康・病気を決めるという考え方が主流であった。しかしながら，現在では健康・病気に関してさまざまな見方や定義があることが明らかになっている。健康や病気・疾病のとらえ方は，個人個人の考え方だけでなく，地域，社会や時代によって異なるもの，変わるものでもある。本章では，保健・医療・福祉に携わる者が共有しておくべき健康や病気・疾病に関するとらえ方等について学ぶ。

健康の概念

☐ WHO による健康の定義

➡世界保健機関（WHO）

　世界保健機関（World Health Organization：WHO）による健康の定義は，健康の考え方の中で最も有名なものであろう。WHO はそのWHO 憲章（1946年）において「健康とは，身体的にも精神的にも社会的にも完全に良好な状態にあることをいい，単に疾病がないことや虚弱でないことを意味するものではない」（Health is a state of complete physical, mental, and social well-being and not merely the absence of disease or infirmity.）と定めている。

　この定義については理想的過ぎるという意見もあるが，健康を身体的・生物学的側面のみならず，精神的，社会的側面も加えて考えており，健康のよりトータルな見方を示したという点で，非常に意義深いものである。また，健康を疾病や病気の残余概念（疾病や病気でないこと）としてのみとらえるべきではなく，目指すべき状態という目的概念としてとらえることの重要性を示した点にも着目する必要がある。

　どれほど健康であるか，どれほど健康さが失われているかといったように，健康を状態や程度としてとらえることの意義は大きい。たとえば，疾病はなくとも，不調，不安・悩みがあることで，健康とも快適ともいえないような「半健康」「不健康」，ストレス状態などと呼ば

➡世界保健機関（WHO）

世界保健機関は，「全ての人々が可能な最高の健康水準に到達すること」を目的として1948年に設立された国連の専門機関。設立以来，全世界の人々の健康を守るため，広範な活動を行っている。2020年現在の加盟国は194か国で，日本の加盟は1951年。

➡疾病

疾病，疾患，病気，病（やまい）はいずれも健康問題を表す言葉であるが，生物医学的な観点からみた問題や異常を指す場合には「疾病」や「疾患」を用いる。

れる健康状態が存在することを理解できる。また，疾病があってもなくても，今の状態をより理想的な状態に近づけよう，あるいはより健康にしようという考えも生まれる。健康と病気の間の段階，状態を表すものとして「未病」という言葉があるが，これは理想的な状態としての「健康」とその対極である「病気・疾病」とは不連続ではなく，連続するという考えに基づくものである。

　最後に，WHO の健康の定義に関連して spiritual well-being についてふれておきたい。1990年代後半に physical, mental, social に加えてスピリチュアル spiritual を定義に加えようとする議論が交わされたことがある（実際に定義の改定は行われなかった）。spiritual は霊的な，宗教的な等と訳され，日本語で端的に表現することは難しいが，あえていうならば，spiritual well-being とは「生きている意味や生きがい等が感じられ，満たされた状態」ととらえるとよいかもしれない。理想的な健康状態にあっては，人間の尊厳や生活の質（Quality of Life（QOL））が確保されることも重要であるといえよう。

　健康について考える時，病気，疾病があるかないかに着目する見方は疾病モデルと呼ばれ，人々は病気がある人（健康でない人）と病気がない人（健康な人）に二分される。一方，WHO の定義のような健康モデルにおいては，たとえその人が病気や疾病をもっていても，あるいは，もっていなくても，「どのくらい健康か」を考えることができ，健康モデルの見方は，すべての人々の健康に広く目を向けることに役立つものである。

☐ 主観的健康と客観的健康

　ここでは健康状態を把握する方法について考えてみたい。

　本章の冒頭の質問は，国が実施する国民生活基礎調査において実際に用いられているものである。本人が自分の状態をどのように感じ，あるいは自覚しているかによって表される健康状態を調べようとするものであり，こうした健康状態は主観的健康と呼ばれる。一方で，本人が意識しているか，あるいは，訴えているかによらず，医学的検査所見や他覚的所見に基づいて医師や専門家によって診断，把握される健康状態もあり，これは客観的健康と呼ばれる。

　自覚症状や訴えは本人の認識に基づくものであり，必ずしも徴候として他覚的に認められるとは限らないが，本人が認識していない徴候や異常所見というものもある。たとえば，本人が呼吸困難感（息苦しさ）を訴えていても，チアノーゼや努力性の呼吸といった徴候はなく，検査所見としての経皮的酸素飽和度も正常範囲内，胸部レントゲン写

真等でも異常がみられないということがある。反対に，慢性肺疾患の患者では，いつも経皮的酸素飽和度が低いにもかかわらず，その状態に慣れてしまっているので，呼吸困難感の訴えはないということもある。また，本人が気づかないうちに病状が進行するようながんの場合には，主観的健康観に頼っていては早期に発見し治療することができないので，客観的に評価するためにがん検診等の受検を促すことが重要になる。このように主観的健康と客観的健康は，健康状態を把握，評価する上で相補的な役割を果たすものである。

☐ 健康・病気の生物医学モデルと生物心理社会モデル，全人的健康モデル

次にWHOの健康の定義をふまえ，健康・病気の側面に着目する見方について考えることとする。

健康・病気の身体的，生物学的側面にのみ注目する傾向のあった従来の見方は，生物医学モデル（biomedical model）と呼ばれるものである。これに対し，WHOの健康の定義にみられるような精神的，社会的側面も加えた見方は，生物心理社会モデル（biopsychosocial model）と呼ばれる。社会的健康といわれる健康・病気の社会的側面に目を向けると，社会的に良好な状態というのは，周囲の人々の関係や地域社会の中において孤立や過度の対立がなく，居場所があり，必要な場合にはサポートが得られる，また，役割が与えられ，その役割を満足に果たせているといった状態がイメージされ，健康は生活概念としてもとらえることができる。QOLが健康について考える上で重要視される所以もここにある。

これらに前述のスピリチュアルな側面も加えたより包括的なモデルは，全人的健康モデル（ホリスティック・ヘルス・モデル）と呼ばれる。ホリスティック（holistic）とは，さまざまな要素が相互に有機的に関連し合いながら全体を構成するといった状態を指しており，このモデルは健康・病気の精神的，情緒的，スピリチュアルな側面や，心と身体の密接なかかわり合いを重視する見方といえる。先に学んだ主観的健康は全人的な健康状態の表現に近いものであり，健康を測る総合的な指標として有用である。

☐ 疾病生成モデルと健康生成モデル

ここでは健康・病気の成り立ちに着目する見方について学ぶ。

人々の健康状態の病的な側面や，疾病を生じさせたり重症化させたりする可能性の高い要因（リスク要因）に関心を寄せる見方は，疾病

生成モデル（疾病生成論）と呼ばれる。これは従来の医学において，疾病がいかに生じるか，また，その予防にはどうすればよいかを考える上で重要な役割を果たしてきた考え方である。疾病予防にはまず，疾病にならないようにする（一次予防），次に，もし疾病になっても早期に発見し，早期に治療する（二次予防），さらには，疾病の重症化を防ぐ（三次予防）の3つの段階がある。一次予防にはいわゆる健康づくり，健康増進という意味が含まれることもあるが，狭義の一次予防は疾病生成モデルの枠組みでとらえられるものといえよう。

　一方，健康生成モデル（健康生成論）では，どの健康段階にあるかにかかわらず，あらゆる人の健康状態の健康的な側面と健康の回復・維持・増進を促す要因（健康要因）に着目する。そこに働きかけることによってよりよい健康状態を目指そうとするものであり，積極的な見方，考え方である。

　また，同じ要因が健康に負の影響を与える（疾病生成）だけでなく，正の影響を与える（健康生成）こともあるということを理解することは重要である。たとえば，若年期における挫折経験といったストレッサー（ストレスを引き起こす要因）は，成長を阻害したり，疾病を生じる可能性を考えれば，少なければ少ないほどよいかもしれない。しかしながら，危機を乗り越えて人生を生きていくための抵抗力をつけるという観点からは，ある程度のストレッサーが必要であることは自明である。ここでも疾病生成モデルと健康生成モデルの相補的な関係性を理解することが重要である。

❏ プロバイダー・オリエンティッドとコンシューマー・オリエンティッドの見方

　これまでとは異なる視点として，ここでは保健医療サービスの提供のあり方について考えてみる。

　提供という言葉自体が，サービスを与える側（プロバイダー），保健医療従事者を主体とする行為であり，従来の保健医療は，まさにプロバイダー側の考え方や都合を優先する「プロバイダー・オリエンティッド（provider-oriented）」な見方に基づいてその提供のあり方が決められてきた経緯がある。これに対して，保健医療サービスの利用者である患者や住民（コンシューマー）の考え，想いだけでなく，その主体性や自律性を尊重して，提供のあり方を決めていこうとすることを「コンシューマー・オリエンティッド（consumer-oriented）」な見方と呼ぶ。

　プロバイダー・オリエンティッドから，コンシューマー・オリエン

ティッドへの転換は，たとえば医療における医師・患者関係に大きな影響を及ぼしている。かつて治療の選択にあたっては，患者の意思を問うことなく，医師が患者にとって最善と考える方法を提供するものというパターナリズム的な発想が主流であった。しかしながら，患者の自己決定や自律性が尊重され，その意思決定の過程への参加が求められるようになったことにより，能動・受動型から相互参加型の医療者・患者関係への転換が進んできている。

　また，近年では，保健福祉の分野等において，指導・教育よりも学習支援が，保護・援助よりも自立支援という言葉が用いられるようになっている。その背景には，保健福祉サービスの主体が提供する側から提供される側に移ることに伴って，サービス提供側がその助言者・援助者の位置に回るという考えが広まってきたこと等が影響している。こうしたコンシューマー・オリエンティッドの見方は，この後に学ぶプライマリヘルスケアやヘルスプロモーションの視点とも合致するものである。

➡ パターナリズム
一般に，強い立場にある者が，弱い立場にある者の利益のためだとして，本人の意志は問わずに介入，干渉，支援することを指す。従来の医師 − 患者関係においては，医学，医療に精通している医師が，患者のためと思って，患者の意志をふまえることなく治療方針等を決定することがしばしばあった。

☐ プライマリヘルスケアとユニバーサルヘルスカヴァレッジ

　これまでは健康をどのように考えるか，あるいはどのような見方，とらえ方があるかについて学んできたが，ここからは人々に健康をもたらすための活動や取組の理念等を学ぶこととする。

　WHO は1978年のアルマ・アタ宣言において「プライマリヘルスケア（PHC）」という概念を提唱した。プライマリヘルスケアとは，「すべての人に健康を」を基本理念とした総合的な保健医療活動を指す。人間の基本的な権利である健康に大きな格差や不平等が生じることは容認されるべきではないという考えに基づいて，主に開発途上国における医療資源不足による健康問題を是正するための戦略として提唱されたものである。

　プライマリヘルスケアの下で展開される保健活動は，「地域社会が負担できる費用の範囲で行う」「科学的根拠に基づいて行う」「宗教的・文化的に受け入れられる」「住民の主体的参加と自己決定権が保障される」「アクセスの公平性が保たれる」必要があるとされる。これまで開発途上国に対する支援においてしばしば指摘されたことがあるように，専門家が一方的に保健医療サービスを提供するものであってはならないということである。

　また，その活動には５つの原則があり，地域のニーズに適うものであること，地域住民の主体的参加を促すものであること，地域資源を有効に活用すること，関連する領域・分野の協力・連携を得て行うこ

と，さらには地域の実情に適した技術（適正技術）を使用することとされている。これは地域住民が主体となって自らの保健（医療福祉）サービスを自主的に運営し，社会経済的に生産的な生活を持続可能性の観点からも実現することを目指すものといえる。これらの原則は，開発途上国だけに留まらず，すべてのコミュニティ，地域，社会における保健医療福祉活動に共通する重要な理念である。

　次いで「ユニバーサルヘルスカヴァレッジ（UHC）」とは，すべての人々やコミュニティが経済的な困難さを伴うことなく，必要とするヘルスサービスを享受できることを目指すという理念，考え方である。ここでいうヘルスサービスは，後述する健康増進から疾病予防，疾病の治療，リハビリテーション，緩和ケアに至るまでを幅広く包含するものであり，かつ，これらのうちの基本的なサービスについては，どこで生まれ暮らしていても提供されるべきものとされている。

　ユニバーサルヘルスカヴァレッジは，保健医療経済的な側面のみを扱うものでなく，ヘルスサービスの提供システム，サービス従事者，保健医療施設とコミュニケーションネットワーク，保健医療技術，情報システムとこれらの質を保証するしくみ，行政の関与など，ヘルスシステムを構成するすべての要素がその達成にかかわることを求めている。ユニバーサルヘルスカヴァレッジは，地域の実情に応じた保健医療活動の実現を目指すプライマリヘルスケアの理念を包含しつつ，さらにその取組みを通じて，社会の平等や社会的包摂・共生の実現を目指すものといえる。

□予防医学における健康増進と WHO による「ヘルスプロモーション」

　先進国における公衆衛生上の課題が，感染症対策中心から生活習慣病，慢性疾患（非感染性疾患：NCD）対策中心に移った時代にあっては，いかに疾病を治すかだけではなく，いかに疾病にならないようにするか，あるいは疾病がない状態よりも，さらによい健康状態をいかに目指すかが重要になった。疾病予防の中でも，特定の疾病ではなく，疾病一般に対する積極的な予防の取組みが進められてきた理由もここにある。

　WHO は1986年のオタワ憲章において「ヘルスプロモーション」の概念を提唱した。ヘルスプロモーションは，人々が健康への統御性を高め，健康の改善を図ることができるようにする取組み，プロセスとされている。統御性とは，自らの健康とその決定要因をコントロールするという意味である。ヘルスプロモーションの文脈に即していえば，健康は，生きる目的ではなく毎日の生活のための資源であり，また，

単なる身体的な能力に留まらない積極的な概念である。当初のヘルスプロモーションは，慢性疾患の増加が懸念される先進諸国に向けて提唱されたものであったが，保健医療活動が世界的に広まったことや，国際社会の中で健康増進を考える必要性が高まったことから，後にすべての国々にとって重要な健康戦略であることが宣言されるようになった。

　ヘルスプロモーションは，PHCの精神に基づき，すべての人々があらゆる生活の場で健康を享受することのできる公正な社会を創造することを目指している。そのために必要な取組みの方向性として，以下①～③などが示されている。

　①　唱道（advocacy）：政治や経済，文化，環境も含めた健康づくりの必要性を提唱すること

　②　能力の付与（enabling）：人々の主体性が発揮されるよう個人の能力を高めること（知識や技術の習得とその支援）

　③　調停（mediation）：保健医療に留まらない多分野が協力できるよう，活動や関心，利害関係などを調整すること

　ここで重要なことは，取組みの目標を，望ましい行動の普及や健康水準の向上とするのではなく，人々が健康になるための能力を身につけられるようにすることに定めているということである。あらゆる健康段階にある人々がより健康になるためには，自ら主体となって取り組むことが必要だからである。

　また，ヘルスプロモーションは，疾病を予防することだけでなく，健康になることを支援することを取り入れた概念でもある。人々の行動やライフスタイル変容を狙って，個人個人の意思や自覚に訴えるといった従来の教育的アプローチに加えて，個人を取り巻く環境や政策を変え，それによって個々人が行動変容することを期待するといった環境的，政策的アプローチが重要性であることを示している。個人の意思や自覚に訴えるだけでは，個人の態度や行動を変えるには限界があり，また，実効性も乏しい。そのため，健康に支援的な政策や環境を整える必要があること，加えて，健康への取組みを実施するにあたっては，多くの人々や機関の参加と協力を得て進められるべきであることが提唱されている。

　ヘルスプロモーションにおける取組みの対象範囲が，地域・コミュニティや都市のレベルに合わせられているのは，これらが住民の帰属意識や参加意識を保つことができ，また，個々人への教育的アプローチ以外にも環境的，政策的アプローチを展開できる適当な単位と考えられるからである。ヘルスプロモーションでは，地域におけるセルフ

ヘルプや自主的活動の強化とともに，それらを基盤にして「社会的弱者」が地域の政策決定過程に参加することも重視している。行政等における部門横断的な協力や地域におけるさまざまな関係機関相互の連携が求められるところは，今日の日本における地域包括ケアシステム（本書第 8 章参照）の構築にも通じるものがある。

☐ 健康増進法と健康日本21

　健康増進法は2002（平成14）年に制定された法律で，国民の健康の増進を図るための措置を講じ，国民保健の向上を図ることを目的としている。その第 2 条には国民の責務として「健康な生活習慣の重要性に対する関心と理解を深め，生涯にわたって，自らの健康状態を自覚するとともに，健康の増進に努めなければならない」ことが規定されており，国民一人ひとりが主体的に健康づくりに取り組むことが求められている。また，同法第 7 条において，厚生労働大臣は，「国民の健康の増進の総合的な推進を図るための基本的な方針を定める」こととしており，これが日本における健康づくり運動の基礎となる「21世紀における国民健康づくり運動（健康日本21）」（第 1 次：2000-2012；第 2 次：2013-2022）の法的基盤となっている。また同法は，都道府県や市町村に対しても住民の健康の増進の推進に関する施策についての基本的な計画（健康増進計画）を策定するよう求めている（都道府県は義務だが，市町村は努力義務）。

　日本における健康増進の取組みとしては，1978（昭和53）年に開始された第 1 次国民健康づくり対策がはじまりである。健康づくりの基本は国民一人ひとりが「自分の健康は自分で守る」という自覚をもつこととし，国民の多様な健康ニーズに対応しつつ，地域に密着した保健サービスを提供する体制を整備していく必要があるとの観点から，①生涯を通じる健康づくりの推進，②健康づくりの基盤整備，③健康づくりの普及啓発，の 3 点を柱として取組みを推進することとなった。1988（昭和63）年からの第 2 次国民健康づくり対策（アクティブ80ヘルスプラン）では，第 1 次から続く施策を拡充するとともに，運動習慣の普及に重点を置き，栄養・運動・休養のすべての面で均衡のとれた健康的な生活習慣の確立を目指すこととして取組みを推進した。

　さらには2000（平成12）年から第 3 次国民健康づくり対策（21世紀における国民健康づくり運動（健康日本21））が開始され，壮年期死亡の減少，健康寿命の延伸および生活の質の向上を実現することを目的とし，生活習慣病およびその原因となる生活習慣等の，国民の保健医療対策上重要となる課題について，10年後を目途とした目標等を設定し，国

および地方公共団体等の行政にとどまらず，広く関係団体等の積極的な参加および協力を得ながら，「一次予防」の観点を重視した情報提供等を行う取組が推進されてきた。

　2013（平成25）年にスタートした健康日本21（第2次）では，「全ての国民が共に支え合い，健やかで心豊かに生活できる活力ある社会」を目指すべき姿とし，そのために必要な取組みの基本的な方向として，①健康寿命の延伸と健康格差の縮小，②主要な生活習慣病の発症予防と重症化予防，③社会生活を営むために必要な機能の維持および向上，④健康を支え，守るための社会環境の整備，⑤栄養・食生活，身体活動・運動，休養，飲酒，喫煙および歯・口腔の健康に関する生活習慣および社会環境の改善，の5つが定められている。

　これらの方向の関係性をまとめると，個人の生活習慣の改善および個人を取り巻く社会環境の改善を通じて，生活習慣病の発症予防・重症化予防を図るとともに社会生活機能低下の低減による生活の質の向上を図り，また，健康のための資源へのアクセスの改善と公平性の確保を図るとともに，社会参加の機会の増加による社会環境の質の向上を図り，その結果として健康寿命の延伸・健康格差の縮小を実現しようとするものである。

　いうまでもなく，日本は世界の中でも平均寿命の長い国の一つであるが，寿命が長いというだけで，必ずしも幸せであるとは限らない。先に述べたように，生涯にわたって人間としての尊厳やQOLが確保されることは健やかに生き，健やかに老い，やがて死を迎える上で重要な要素である。指標としての健康寿命は日常生活に制限のない期間として定義されるが，健康寿命の延伸という目標が目指すところは，元気で活き活きとした状態で暮らすことができる期間をできるだけ長くしようというものである。また，暮らす地域によって健康寿命が影響され，大きく異なることは好ましいことではない。都道府県間の健康寿命の差を「健康格差」とし，その是正を図ろうとすることは，ユニバーサルヘルスカヴァレッジにおける社会の平等・公平という理念に通じるものである。

　日本では，第二次世界大戦後，生活環境の改善や医学の進歩によって感染症が激減する一方で，がんや循環器疾患などの生活習慣病が増加し，疾病構造は大きく変化してきた。厚生労働省「平成30（2018）年人口動態統計月報年計（概数）の概況」によると，死亡原因（実数）として多いのは，悪性新生物（がん），心疾患（高血圧性を除く）に次いで老衰，脳血管疾患，肺炎の順となっている。これらは日本において高齢化が進んだ結果であり，年齢ごとに細かくみると，小児では先

天奇形や悪性腫瘍の他不慮の事故が多く，青年期から壮年期にかけては自殺や不慮の事故が多い等，その順位は大きく異なっている。健康課題と課題解決のために必要な健康増進の取組みや支援は年齢に応じて異なることを理解しておくことは，対象者に応じたよりよい支援を行う上で重要である。

2 疾病・病気の概念

　疾病，疾患，病気，病は，いずれも健康問題を表す言葉であるが，その使い分けを意識することは重要である。英語ではディジーズ（disease）といえば，客観的健康の観点からみた問題や異常を指し，生物医学的意味合いの強い「疾病」や「疾患」があてられる。一方，イルネス（illness）という言葉もあり，これは主観的健康の観点からみた問題や異常を指す。本人がどのようにとらえているかという全人的な表現として「病気」「病」，あるいは「不調」等があてられる。

　病気になった時のふるまい方は，人々に共通する部分もあるが，個人によって，また病気の種類や重さによっても異なる。また，宗教に頼るかなどは，その人が属する文化や社会に影響されるところが大きく，そもそも個人が病気をどのように意味づけるかも重要である。病気になったときの個人の行動は一様ではなく，さまざまな要因に影響されるものである。本節では，病気のこうした側面のとらえ方について，病気行動，病人役割，病の経験の 3 つの視点で学ぶこととし，疾病の概要については第 4 章でふれる。

病気行動と保健行動

　「病気行動」とは，病気であると感じている人が，その病気が何であるのかを知り，助けを求める行動であり，その行動は主観的に「感じた」ことからはじまる。一方の「保健行動」は，健康の増進や病気の予防のために行われる行動を指すが，病気であると感じることをきっかけや動機としないという点で大きく異なる。また，「何であるのかを知る」ことは，医学でいえば診断にあたるが，病気の文脈ではそうした診断に限らないという意味合いがあり，同様に「助け」についても治療に限らず，さまざまな形の「癒し」も含まれることが重要である。病気行動には，いわゆるサービスとしてのヘルスケアの利用以外にも，その人を取り巻くすべての人間関係（ソーシャルネットワー

ク）が大きな意味をもつ。なぜなら，病院や診療所に行くという具体的行動をとる前には，家族や知人などに受診について相談し，意見を求めたり，あるいは，病気の日常的な対処方法やセルフ・ケアの方法を聞くことで受診しないことを決めたりすることがしばしばあるからである。

　ソーシャルネットワークは，専門家のみに頼らない，非専門家による相談システムとしての役割を果たすものであるが，その形態には，地域や文化，社会によって大きな違いがあり，そうした違いがヘルスケアサービスの利用の仕方や頻度に影響を及ぼしている。地域で活動する上でその地域の特性を理解することの必要性は，こうしたところにも見て取れるだろう。

❑ 病人役割

　「病人役割」とは，社会や周囲の人々が病人に対して期待したり容認したりする役割を意味する概念である。病気の主観的側面を重視するイルネス（illness）に対して，ここでいう病人（sick）は病気の社会的側面を重視したものといえる。つまり，病人役割では，社会や周囲の人々がどのようにとらえているかということに重きを置いている。

　たとえば，風邪をひき，辛そうにしている人が医療機関にかからずにいる時，その人が医療機関にかからないという選択をしたことは，本人の意思決定に基づく病気行動である。一方で，周囲の人から見たとき，そんなに辛そうにしているのであれば受診した方がよいと考えるとすれば，それがその人に期待される病人役割ということになる。

　病人役割において重要なことは，ある社会，ある時代に固有の「人間の病み方」があるということである。生物医学的には同じ状態であっても，そこで期待される役割は，時代や社会により異なり，普遍的なものではない。疾病は生物医学的に定義されるが，病人は社会システムのありようとの関係の中ではじめて存在することを，理解しておく必要がある。

❑ 病の経験

　「病の経験」とは，経験という言葉が示すように，病気の主観的かつ個別的な側面に着目する考え方である。主観的という点では病気行動と関係性が深いが，病の経験は，個人が病気をどうとらえ，どう感じ，どう意味づけるかといった個人の主観，内面をより重視している。また，病気を自分なりにどう受け止め，解釈し，意味づけ，反応するか，これは時間とともに変わるということも重要である。そうした個

人にとっての主観的意味のありようが病気の経過や回復に重要な影響を及ぼすことがあるからである。特に慢性化し長期化する病の場合には，病を中心に生活が組み立てられるようになり，病そのものが生活になることもある。多くの高齢者が何かしらの持病をもち，心身機能，生活機能の衰えの中で人生を過ごしている超高齢社会にあって，個人個人の病の経験を「病の語り」として理解することは，その人の生活や人生を支える上で不可欠である。

□ 病の語り

　病には，個人，他者との関係，文化・社会の中で意味が与えられるといわれる。また，そうしたさまざまなレベルでの意味が患者にとってひとつの意味としてまとまりを得るには，患者本人の病の経験を個人的な語り（narrative）として整理することが重要とされる。患者とのコミュニケーションは，患者の語る物語を尊重するところからはじまるものであり，物語にそって病と症状のもつ意味を理解することが，具体的な支援内容を考えるもととなる。

　ここまで健康・病気のさまざまなとらえ方について学んできた。健康や病気の発生には社会的要因や人間関係・生活・行動上の要因が強く関与するが，そもそも何を健康とし，何を病気と考えるかという健康・病気の見方や定義自体が集団・社会・文化・歴史によって異なる。地域に暮らす人々を支援する上では，その地域における健康・病気の社会性を理解することが必要である。

■第3章■
身体構造と心身機能

ヒトの体内で独立した生命活動を営む最小単位が細胞（cell）である。このような視点から人体をみると，細胞が一定の配列や形態で集合して組織（tissue）となり，種々の組織が特定の機能を目的に集合して器官または臓器（organ）を形成している。本章では，このような身体の構造，かかわる心身の機能について学ぶ。専門用語も多いが，医療者と連携する上で知っておきたい知識である。

 ## 人体の部位と名称

☐ 人体の区分
　人体は，頭・顔・頸・体幹・体肢に区分され，体幹は胸・腹・骨盤（下腹部）・背に，体肢は上肢と下肢に分けられる。上肢は上腕・前腕・手・手指に，下肢は大腿・下腿・足，から成る。これらは**図3-1**に示したので参照されたい。医学的にはさらに細かい区分に分けられており，疾患や症状の部位を特定するために必要な情報となる。

☐ 面や方向に関する用語
　医学領域では臓器や病変の位置や範囲を表す時に，基本となる面や方向の表現法にきまりがある。身体の記述には，正中面，矢状面，前頭面（冠状面，前額面），水平面（軸位面）と4つの断面のとらえ方をする。体の中心を通り，左右に分ける前後方向の面が正中面で，正中面に平行な面を矢状面という。体を左右に結び，前後に分ける面を前頭面あるいは前額面，冠状面と呼ぶ。地面に平行な面を水平面あるいは軸位面という。
　一方，身体の前面は腹側（前側），後面を背側（後側）。身体の正中面からの位置関係で近い位置を内側，遠い位置を外側という。肢体では，体幹に近い位置を近位，遠い位置を遠位という。起立位での身体の頭方は上方，足方を下方という。深さについては表面に近い位置を浅部，深い位置を深部という。

図3-1　人体の区分

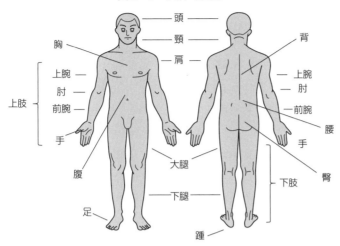

② 器官系と臓器の役割

□ バイタルサイン

バイタルサインは生命徴候とも訳されるが，訳語で使われることはほとんどなく，医療現場ではバイタルサイン，あるいは略してバイタルと呼ばれている。医療や介護の現場では日常的に目にすることになるが，ソーシャルワーカーにとっても，その意味を知ることで実践の幅が広がる。

① 血圧（Blood Pressure：BP）

正常値は収縮期血圧が140 mmHg 未満，拡張期血圧は90 mmHg 未満である。収縮期血圧が100 mmHg 未満を低血圧という。収縮期血圧が140 mmHg 以上あるいは拡張期血圧が90 mmHg 以上を高血圧という。

② 脈拍（Pulse Rate：PR）

正常値は60〜100回／分。60回未満を徐脈，100回以上を頻脈と呼ぶ。

③ 体温（Body Temperature：BT）

36.5±0.5℃ が正常値。35℃ 以下は低体温。37.0〜38.4℃ を微熱，38.5℃ 以上を高熱，41.5℃ 以上を超高熱としている。37.5℃ 以上が病的な発熱であることが多い。

④ 呼吸数（Respiratory Rate：RR）

正常値は12〜20回／分。10回以下を徐呼吸，20回以上を頻呼吸。頻呼吸の状態はかなり息苦しい状態と受け止める。呼吸数だけでなく酸素飽和度（SpO2）や呼吸パターンもバイタルサインに含める場合もあ

➡ バイタルサイン
（vital sign）
生命の維持に直接関係する指標で，一般的には血圧，脈拍，体温，呼吸数の4項目を示す。6項目という場合は，これに意識状態，尿量が加わる。

る。SpO2はパルスオキシメーターで簡単に計測できる。96～100％が正常範囲である。呼吸パターンには, チェーンストークス呼吸, 無呼吸, 努力様呼吸, 下顎呼吸などがある。

バイタルサインが正常範囲内でない場合は, 何か身体で異常が起きていることが推測される。特にショック（shock）という状態は死の前段階であり, 早期の発見が救命につながる。ショックは末梢の重要臓器への循環不全により生じる一連の症候群である。収縮期血圧が90 mmHg 未満, 脈拍100回以上（頻脈）, 脈微弱, 顔面蒼白, 冷汗などの所見を伴う。注意してみていると日々の介護記録, デイサービスの記録などで血圧と脈拍の数値がショック状態を示している場合がある。このような時は速やかに医療者につなげ確認する必要がある。

❏ 体液と水分

ヒトの体は体重の60％が体液と呼ばれる水分で構成されており, 体液の多くは細胞の中にある。細胞の中にある水分を細胞内液と呼び体液の3分の2を占める。残りの3分の1は, 細胞と細胞の間を満たす組織液（間質液）と血液中にあり, これらを合わせて細胞外液という。体液の主成分は水だが, そのほかに電解質（ナトリウム, カリウムなど）や非電解質（タンパク質, ブドウ糖など）から構成されている。体液の量や体液内の電解質は一定に保たれるしくみになっており, これを恒常性（ホメオスタシス）という。健康なヒトが, 気温の変化, 運動後, 飲食後に体調を崩さないのは, ホメオスタシスによる。しかし, 極端に水分摂取量が足りなかったり, 下痢や嘔吐で排泄される水分が増えると, 脱水となる。脱水症状には, 皮膚のツルゴール（伸縮）低下, 口渇, 舌の乾燥, 尿量減少, 頻脈, 血圧低下などがある。重症化すると意識状態も低下する。

加齢とともに体液量は減り, 70代では体重の50％となる。すなわち, 約10％の水分が減少していることになる。これは水分の最大保有臓器である筋肉が減少することが影響している。このように加齢に伴う細胞内液の減少のほか, 口渇中枢機能の低下, 腎機能の低下, 代謝水産性の低下等により, 高齢者は常に脱水傾向にある。また高血圧の治療薬である利尿剤なども脱水を引き起こす背景となる。

❏ 血 液

血液は血管内を循環する流動体である血漿と細胞成分である血球から成る。血液容積の55％は血漿で, 45％は血球である。血球には赤血球, 白血球, 血小板があり, その大部分が赤血球である。血球は, 骨

図3-2　血　球

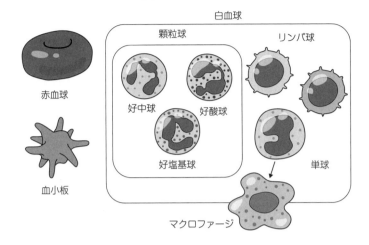

白血球

顆粒球　　　　　　　リンパ球

好中球　　好酸球

好塩基球　　　　　　　単球

赤血球

血小板

マクロファージ

の内部にある骨髄でつくられる。

① 血　漿

　約90％が水分で，固形成分は10％程度である。固形成分の主なものは血液凝固因子（フィブリノゲン），グロブリン，アルブミンなどのタンパク質である。その他，無機塩類，糖質，脂質などを含む。

② 赤血球

　細胞成分の大部分が赤血球から成る。その数は血液 1 mm^{3}に成人男性で約500万（435～555×10^4／mm^3），成人女性で約450万（386～492×10^4／mm^3）である。**図3-2**のように赤血球は中央が凹んだ円板状の形をしている。成分はヘモグロビンである。ヘモグロビンは鉄を含むヘムとグロビンから構成される。ヘムは酸素と結合する力が強い。したがって，赤血球は，呼吸によって肺から取り入れた酸素を全身に運搬するという重要な役割をもつ。ヘモグロビンは血液100 mℓあたり男性で約16 g（13.7～16.8 g／dℓ），女性で約14 g（11.6～14.8 g／dℓ）である。

③ 白血球

　顆粒球と無顆粒球がある。**図3-2**のように顆粒球には好中球，好酸球，好塩基球があり，細菌などの異物を食べたり（食作用），破壊する作用をもつ。無顆粒球にはリンパ球と単球がある。リンパ球は B 細胞（B リンパ球），T 細胞（T リンパ球），NK（ナチュラルキラー）細胞に分類できる。B 細胞は細菌やウイルスなどの病原体が侵入してくると抗体をつくる。T 細胞は自ら働いて生体を防御するとともに，一度侵入した病原体を記憶し，それに基づいて素早く対応し，排除する働きをする。NK 細胞は生まれつき備わっている免疫細胞で，細菌やウイルスなどの病原体に感染した細胞を攻撃する。単球は血管内からさまざまな組織へ遊出し，5 倍ほどに膨れ上がりマクロファージ（大食

細胞）となり体内に侵入した病原菌を貪食し分解する。白血球の数は1 mm^{3}で約7000（3300〜8600／mm^3）である。白血球が増加した時は細菌感染症，極端に増減した場合は白血病などの血液疾患などを疑う。

④ 血小板

血小板（図3-2）は凝固機能を有し，出血した時に損傷部位に集まり止血に関与する役割をもつ。その数は血液1 mm^{3}あたり15〜30万（15.8〜34.8×10^4／mm^3）である。血小板が少なくなると出血傾向となり，皮下出血，すなわちアザができやすくなる。

□ 循環器

人体を構成する全身の細胞に酸素や栄養素を供給し，二酸化炭素や老廃物を回収するのは血液の重要な仕事である。血液は全身にくまなく張り巡らされた血管の中を通って全身を循環している。循環させるためのポンプ機能が心臓であり，血液の通り道が血管である。心臓と血管を合わせて循環器系という。

① 動脈系

心臓はポンプ機能によって全身に血液を送り出している。心臓から血液を送り出す経路を動脈という。心臓から出る動脈は2本あり，肺に向かう肺動脈と全身に向かう大動脈である。

② 静脈系

動脈とは逆に心臓に戻る経路を静脈という。大きな静脈は3つある。上半身の血液を集めて心臓に戻す上大静脈，下半身の血液を集めて心臓に戻す下大静脈，そして肺から心臓に戻る肺静脈である。

③ 動脈血と静脈血

大動脈を通って全身に向かう血液は酸素を多量に含み二酸化炭素が少ない。このような血液を動脈血という。一方，全身の各臓器に酸素を供給し終わり，酸素は少なく回収した二酸化炭素が多い血液を静脈血という。

④ 肺循環と体循環

循環系は心臓を中心に肺循環（小循環）と体循環（大循環）に分けることができる。図3-3のように，肺循環は心臓から肺に至り，肺でガス交換する経路であるのに対し，体循環は心臓から全身の器官に酸素や栄養を送る循環路である。肺循環は心臓の右心室から送り出され，体循環は左心室から送り出されるので，それぞれを右心系，左心系と呼ぶ。体循環では，名称どおりに動脈には動脈血が，静脈には静脈血が流れているが，肺循環では，心臓から肺に向かう肺動脈には酸素が少ない静脈血が，肺でガス交換した後の肺静脈には動脈血が流れている。

図３-３　血液循環（体循環と肺循環）

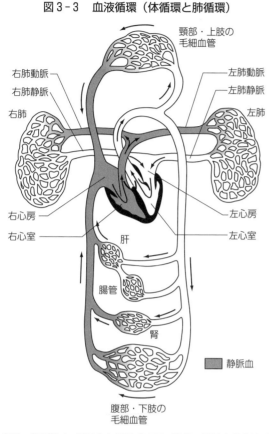

出所：黒田研二・住居広士編著（2009）『人体の構造と機能及び
　　　疾病』ミネルヴァ書房，48.

図３-４　心臓の弁と血液

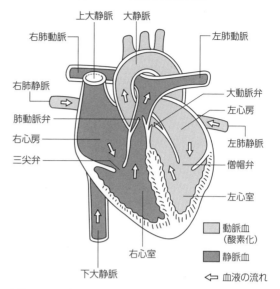

出所：図３-３と同じ．

⑤　心　臓

　図３-４に示すように，心臓には４つの部屋があり，血液の経路順
に並べれば，右心房，右心室，左心房，左心室という。部屋の出入口
には逆流防止のための弁がある。右心房と右心室の間を三尖弁，右心
室と肺動脈の間を肺動脈弁，左心房と左心室の間を僧帽弁，左心室と
大動脈の間を大動脈弁と呼ぶ。聴診で聴かれるドックンという音はこ
れらの弁が閉まる音である。１回の心臓の拍動で各心室から送り出さ
れる血液量（１回拍出量）は70～80mℓほどで，１分間に各心室から送
り出される血液量（心拍出量）は平均５～６ℓ／分である。１分間に心
室が収縮する回数（心拍数）は平均70回／分で，健康な人は心拍数と
脈拍は等しくなる。

⑥　血　圧

　血圧とは血液が血管壁を内側から押す圧のことで，通常は動脈にお
ける血圧（動脈血圧）を意味する。最高血圧（収縮期血圧）は心収縮期
の動脈血圧である。いわゆる上の血圧のことである。これに対し最低

血圧（拡張期血圧）は心拡張期の動脈圧で，いわゆる下の血圧である。心内圧が0となる拡張期でも動脈壁の弾性により80 mmHg程度に維持されている。

　表記の仕方であるが，たとえば収縮期血圧が124 mmHgで拡張期血圧が78 mmHgとすれば，124／78 mmHgと表す。Hgは水銀の元素記号で，mmHgは水銀血圧計で計測した際の水銀柱の高さで示したのであるが，現在，水銀血圧計は水銀汚染防止の観点から使われていない。最高血圧と最低血圧の差を脈圧と呼ぶ。加齢とともに血管の弾力性が低下し，高齢者は収縮期血圧が高くなる傾向にあり脈圧が増大するのが特徴である。

◻ 呼吸器

　生命の維持と活動にはエネルギーが必要で，その主なものは細胞内のミトコンドリアに存在するTCA回路で産生され，ここから合成されるアデノシン三リン酸（ATP）という物質が重要な働きをもつ。ATP産生には酸素が不可欠で，全身を循環する動脈血から供給される。酸素は肺を経由して大気から取り込まれる。

　一方，全身の組織で生成された老廃物は，血液によって運ばれ，主に腎臓や汗腺から排泄されるが，二酸化炭素については，静脈血に取り込まれて肺に運ばれ，ここで大気中の酸素と交換される。このように酸素と二酸化炭素の交換に働く器官を呼吸器系と呼ぶ。すなわち図3-5のように気道（鼻腔，咽頭，喉頭，気管，気管支），肺，胸郭に区分される。臨床では鼻腔，咽頭，喉頭などは耳鼻咽喉科が，それ以外は呼吸器内科および外科が診療する。

① 鼻　腔

　取り込まれた外気は鼻腔粘膜に触れることで濾過され，温められ，湿り気をもつ。

② 咽　頭

　鼻腔，口腔の後面の領域で，下方は喉頭と食道に連なる。つまり咽頭は食物と空気の交差点である。食物の嚥下時には喉頭の出入口が反射的にふさがれ，気管に食べ物が入ること，すなわち誤嚥を防ぐ。喉頭の出入口にあたる蓋を，喉頭蓋という。高齢者は喉頭蓋を閉じる反射が鈍くなり，誤嚥性肺炎を起こしやすい。

③ 喉　頭

　喉頭蓋の下方，気管の上方の狭い領域を喉頭と呼ぶ。声帯があり，発声の中心的な役割をもつ。鼻腔，咽頭，喉頭を合わせて上気道と呼ぶ。

図 3-5　呼吸器の構造

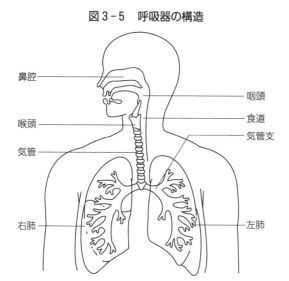

出所：図 3-3 と同じ, 46.

図 3-6　肺胞でのガス交換

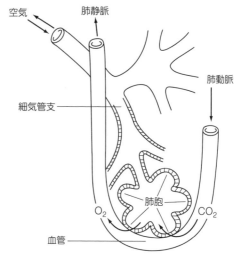

出所：図 3-3 と同じ, 46.

喉頭に続く内径15 mm，長さ10 cm ほどの管を気管と呼ぶ。気管は20個程度の気管軟骨が靱帯で連結されており，洗濯機のホース様の構造である。気管は 2 つに分かれ，左右の気管支となり，左右の肺へ入る。

④　肺

肺は左右に一対あり，右肺は 3 葉（上葉，中葉，下葉），左肺は 2 葉（上葉，下葉）に分かれる。肺門部より肺内に入った左右の気管支は終末細気管支へと分岐し，終着部は肺胞と呼ばれるブドウの房状の構造をとる（**図 3-6**）。肺胞では毛細血管との間でガス交換が行われ，酸素が血中に取り込まれ，二酸化炭素が血中から肺胞内に排出される。加齢により肺胞が壊れた状態が肺気腫である。また解剖学的に右気管支は左気管支に比べると傾斜が急なため，誤嚥性肺炎は右肺に起こりやすい。

消化器

消化器系は食べ物の通り道にかかわる器官群で，**図 3-7** に記したように口から肛門まで，さらには消化酵素を産生して排出する，食道や胃，小腸，大腸そして肝臓，胆囊，膵臓などが含まれる。消化器系は食物を栄養素のレベルまで分解し，それを吸収することで，身体の物質代謝とエネルギー代謝を行う働きがある。

①　口腔・咽頭

消化器系の入口で食物は口腔・咽頭を経て食道へ向かう。ここで重要なのは唾液腺から分泌される唾液である。唾液は口腔内を潤し，食

図3-7 消化器系臓器

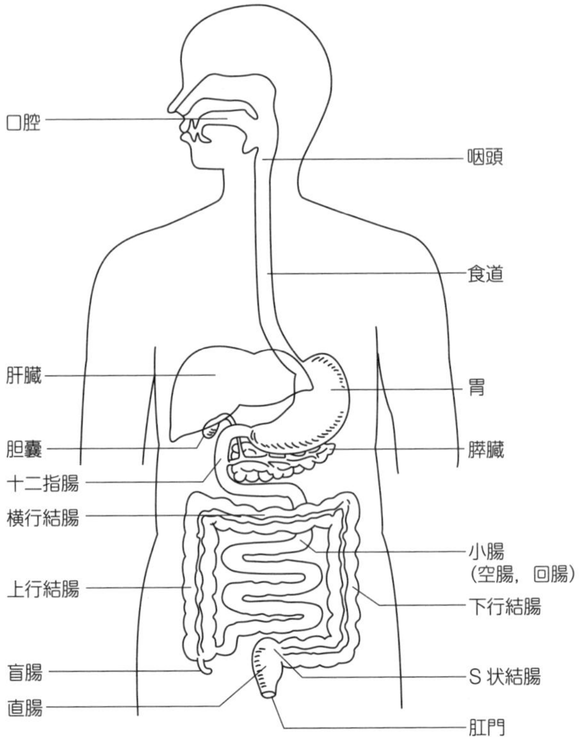

口腔
咽頭
食道
肝臓
胃
胆嚢
膵臓
十二指腸
横行結腸
小腸
（空腸，回腸）
上行結腸
下行結腸
盲腸
S状結腸
直腸
肛門

出所：図3-3と同じ，49.

べ物の表面を覆って細菌の繁殖を防ぎ，食べ物を湿らせて咀嚼や嚥下
を助ける。唾液には，アミラーゼという消化酵素が含まれている。

② 食　道

食道は咽頭と胃を連結する25 cm 程の管で，気管や心臓の後方を下
行する。横隔膜の食道裂孔を貫いて腹腔内に入り，胃の入口である噴
門部に移行する。

③ 胃

胃は食道につづく嚢状の管腔で容量は約1ℓである。胃の主な役割
は，摂取した食物を貯留することと小腸における消化吸収の準備で，
胃腺から胃酸やペプシノーゲンが分泌され消化作用が起こり，食物は
粥状に分解される。

④ 小　腸

一般に小腸という場合は，十二指腸，空腸，回腸の3つを指す。5
〜7 mの**管腔臓器**で，十二指腸は30 cm，それに続く2：3の長さの空
腸と回腸から成る。十二指腸は，胃の出口（幽門）から空腸に移行す
るまでの逆コの字型の管腔で，ファーター乳頭部（Vater papilla）に膵
管が開口しており，膵臓でつくられた膵液と肝臓でつくられた胆汁が
ここから分泌される。空腸と回腸の境界は明瞭ではない。とくに空腸

➡管腔臓器
食道，胃，小腸，大腸，
気管のように内部が空
洞の筒状構造の臓器。
管腔臓器に対して内部
がつまっているものを
実質性臓器という。

52

では輪状ヒダ（ケルクリング襞）が発達し，表面には腸絨毛があり，吸収面積を大きくしている。空腸は回腸の7～8倍の総吸収面積がある。腸絨毛は十二指腸と空腸で発達している。

⑤ 大　腸

小腸に続いて肛門まで，すなわち消化管終末部の全長1.5 m 程の管腔で，盲腸，結腸，直腸，肛門より成る。結腸はさらに上行結腸・横行結腸・下行結腸・S状結腸の4つに区分される。大腸の主な役割は腸内容物から水分を吸収し糞便を形成し排泄する。

⑥ 肝　臓

約1200 g の**実質性臓器**➡。肝臓には肝動脈と門脈の2つの血管から血液が流入する。肝臓に流入する血液は全血液量の20％とされ，その80％は門脈からである。門脈は静脈血だが，他の静脈血よりも酸素濃度が高く，消化管で吸収した栄養を肝臓に送る役割も果たしている。肝臓の機能は，解毒作用を含む(1)物質代謝，(2)胆汁分泌，(3)免疫機能である。

➡ **実質性臓器**
胃や腸のような管腔臓器に対して肝臓や膵臓のような固形臓器を実質性臓器という。

(1)物質代謝　　炭水化物については，ブドウ糖をグリコーゲンとして貯蔵し，必要時にブドウ糖として血中に放出する。タンパク質については，アルブミンや凝固因子など多くのタンパク質が合成される。したがって肝機能低下があると出血傾向になる。また有害物質や薬剤の代謝，不活性化を行い，多くは水溶性の不活性体として腎より排泄される。

(2)胆汁分泌　　消化酵素の胆汁を生成し，肝内胆管から肝外の胆管に運ばれ，胆嚢で濃縮・貯蔵される。食物摂取時に総胆管，膵管を経て，ファーター乳頭から十二指腸へ分泌される。この経路が閉塞すると黄疸となり，便も白色になる。

(3)免疫機能　　肝臓のクッパー細胞は異物などを貪食する。

⑦ 膵　臓

胃の後方に位置する長さ15 cm ほどの細長い実質性臓器で，膵頭部が十二指腸にはまり込み，膵尾部は脾臓近くまで達している。腹部の奥深くにあり，体表から触れることはできない。膵臓には外分泌作用と内分泌作用がある。外分泌作用は，膵液をつくり膵管から十二指腸へ分泌させること。内分泌作用は，ランゲルハンス島にインスリンとグルカゴンを血中に分泌する細胞があり血糖値の調節に関与している。

☐ 泌尿器

食物と一緒に取り込まれた有害物質，物質代謝による老廃物などは体外へ排出され，体液の状態は一定に保たれる。泌尿器とは①腎臓，

図3-8　泌尿器系

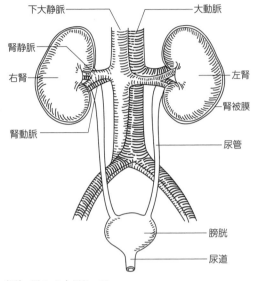

下大静脈　大動脈
腎静脈
右腎
腎動脈
腎被膜
左腎
尿管
膀胱
尿道

出所：図3-3と同じ, 52.

図3-9　腎断面

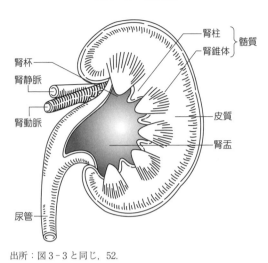

腎柱　｝髄質
腎杯　　腎錐体
腎静脈
腎動脈
皮質
腎盂
尿管

出所：図3-3と同じ, 52.

②尿管，③膀胱，④尿道のことを指し（**図3-8**），排泄機能，体液成分の調節などの機能を担っている。

　① **腎　臓**

　腎臓は尿を生成する器官である。背中側の位置し，大きさは握りこぶし大で，そら豆形，左右に1つずつある。**図3-8**に示したように血管は腎動脈，腎静脈が，尿道としては尿管が連結している。腎臓の断面は**図3-9**のように外側が皮質，内側が髄質，中心部の空間が腎盂と呼ばれる。髄質は，十数個の円錐状の腎錐体によって構成されている。腎の機能的単位はネフロンと呼ばれており，皮質と髄質にまたがるように配置され，その数は120万ある。一つのネフロンは糸球体と尿細管に分けられ，糸球体の膜で血液が濾過されて原尿が生成され，尿細管に流れる。原尿は尿細管を通過する過程で再吸収・分泌がなされ，残った水分と物質が腎盂に集まり尿となる。

　② **尿　管**

　尿管には腎盂から膀胱まで尿を輸送する機能があり，蠕動運動を行う。腎臓と尿管を上部尿路という。尿管には3か所狭い部位があり，尿路結石の発作は石が狭窄部を通過する時の痛みである。

　③ **膀　胱**

　膀胱は尿を一時的に貯めておく袋である。左右尿管が膀胱に入る部分を尿管口といい，膀胱の出口である尿道との連結部を内尿道口という。左右尿管口と内尿道口を結ぶ領域を膀胱三角という。

④　尿　道

尿道は男女で解剖学的に異なる。女性の尿道は約 4 cm と短く，内尿道口から膣前庭にあたる外尿道口を直線的に走行するため尿道からの感染を起こしやすい。

□　脳・神経

神経系は中枢神経と末梢神経に大別される。中枢神経系は感覚器からの情報を統合し，運動や生体内部環境の制御，記憶や学習などの高次脳機能を担う。**図 3-10**のように中枢神経は脳と脊髄に分けられる。一方，末梢神経は，脳・脊髄から分岐して身体各部に至る脳神経と脊髄神経を指す。

末梢神経を機能的に分類すると，意識にのぼる知覚や運動を行っている体性神経と意識にのぼることなく内臓の機能を調整している自律神経に分けられる（**図 3-11**）。体性神経には，全身の感覚器で得られた情報を中枢神経に伝える知覚神経と，中枢神経からの刺激を筋に伝え筋を収縮させる運動神経がある。自律神経は主に内臓に分布し，交感神経と副交感神経がある。交感神経は体を緊張や興奮状態にもっていき，状況に対して即座に反応できるようにする。これに対して副交感神経は，主に内臓機能を活発化させ体を養う方向にもっていく。交感神経と副交感神経は相反する作用により内臓などの働きを調整する。

次に中枢神経についてもう少し詳しく記述する。

①　脳

大脳，小脳，脳幹に大別される。最上部に大きい大脳があり，その後ろの下部に小脳があり，大脳と小脳に包まれた脳の中心部分が脳幹である。大脳の表面には神経細胞の集まった皮質があり，これを大脳皮質という。大脳皮質は溝によって前頭葉，頭頂葉，側頭葉，後頭葉と 4 つの葉に区分される。また**図 3-12**に示したように大脳皮質はさらに細かく区分され，体の動きにかかわる運動野や言語にかかわるブローカ野など，各領域がそれぞれ役割をもっている。小脳は脳幹の後方に突き出すように位置し，細かい平行な溝が多数走る小脳の表面は神経細胞が集まった小脳皮質で覆われている。小脳は，運動を滑らかに行うような役割をしている。脳幹は上から中脳，橋，延髄に区分され（**図 3-10**），呼吸，体温調節，血圧調節など生命を維持する機能の中枢がある。また脳神経のほとんどが脳幹から出ている。中脳の直上を間脳と呼ぶ。間脳は大脳に含まれると考えることが一般的で，視床と視床下部から成る。視床には各部から感覚の情報が集まり，大脳皮質に投射する役割がある。視床下部は飲水，摂食，性行動など本能行

図3-10 中枢神経系の断面像

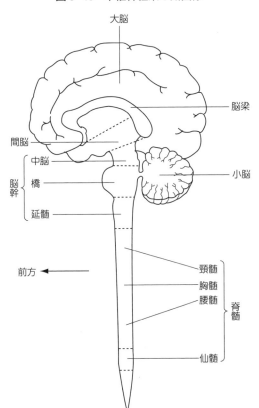

大脳
脳梁
間脳
中脳
橋 脳幹
延髄
小脳
前方
頸髄
胸髄
腰髄 脊髄
仙髄

出所：図3-3と同じ，58.

図3-11 末梢神経の機能による分類

末梢神経 ─ 体性神経 ─ 知覚神経
　　　　　　　　　　── 運動神経
　　　　　── 自律神経 ─ 交感神経
　　　　　　　　　　── 副交感神経

図3-12 大脳皮質

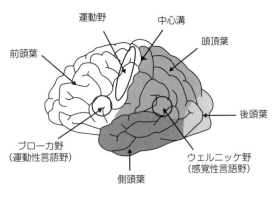

運動野　中心溝
前頭葉　　　頭頂葉
ブローカ野
（運動性言語野）
側頭葉
ウェルニッケ野
（感覚性言語野）
後頭葉

動の中枢で，自律神経や内分泌とも深くかかわる。

② 脊髄

脊髄は円柱形の神経組織で脊柱管の中に位置し，上方は延髄に連なる。頸髄，胸髄，腰髄，仙髄の4つに区分される（**図3-10**）。脊髄からは合計31対の脊髄神経が出されている。

続いて末梢神経について補足する。

③ 体性神経

中枢神経から末梢器官へ情報を伝える運動神経と末梢神経から中枢神経へ情報を伝える知覚神経（感覚神経）からなる。脳からでる体性神経は脳神経と呼ばれ，12対ある。脳神経の名称，機能，種類などを**表3-1**に一覧にした。これに対し，脊髄からでる体性神経を**脊髄神経**という。

④ 自律神経

胸髄・腰髄から出る交感神経と，脳・仙髄から出る副交感神経に分けられる。自律神経系は自動的・無意識的に働き，内臓器官（消化器や循環器など）の機能調節を行っている。交感神経の活動は，緊急時

➡ 脊髄神経

頸髄（C1〜C8）から頸神経8対，胸髄（Th1〜Th12）から胸神経12対，腰髄（L1〜L5）から腰神経5対，仙髄（S1〜S5）から仙骨神経5対，尾髄（C0）から尾骨神経1対の，合計31対からなる。また脊髄に前方から入る神経を前根，後方から入るものを後根と呼び，前根神経が運動神経，後根神経が知覚神経である。

56

表3-1　脳神経一覧

名称（番号）	固有の名称	支配部位	機　能	種　類	脳の起点
第Ⅰ脳神経	嗅神経	嗅粘膜	嗅覚	知覚神経	大脳半球
第Ⅱ脳神経	視神経	眼球網膜	視覚	知覚神経	間脳，大脳半球
第Ⅲ脳神経	動眼神経	外眼筋，上瞼挙筋	眼球運動	運動神経	中脳
第Ⅳ脳神経	滑車神経	外眼筋	眼球運動	運動神経	中脳
第Ⅴ脳神経	三叉神経	顔面，頭部，口，鼻，歯	顔面，鼻，口，歯の知覚，咀嚼運動	知覚神経，運動神経	橋
第Ⅵ脳神経	外転神経	外眼筋	眼球運動	運動神経	橋
第Ⅶ脳神経	顔面神経	顔面，舌	顔面の運動，舌前2/3の味覚，涙腺・唾液腺の分泌	運動神経，知覚神経	橋
第Ⅷ脳神経	内耳神経	内耳	聴覚，平衡覚	知覚神経	橋，延髄
第Ⅸ脳神経	舌咽神経	舌，喉頭	舌後1/3の味覚・知覚，唾液腺の分泌，嚥下	知覚神経，運動神経	延髄
第Ⅹ脳神経	迷走神経	咽頭，心臓，胃腸	喉の知覚・運動，内臓覚	知覚神経，運動神経	延髄
第Ⅺ脳神経	副神経	頭頸部，肩甲部	肩や首の筋肉の運動	運動神経	延髄，脊髄
第Ⅻ脳神経	舌下神経	舌筋	舌の運動	運動神経	延髄

出所：著者作成.

や運動時に活発となり，副交感神経は安静時に活発になる。交感神経の興奮時は，心拍数増加，気管支拡張，瞳孔散大などがみられ，副交感神経の興奮時には，胃腸運動や消化液分泌の亢進がみられる。

☐ 骨・筋

　人体がその形を保っているのは，骨が骨格をつくっているからである。人体は，さまざまな形をした206個の骨からなる。存在する部位によって，その機能は異なる。第一に人体の構造を支えるという機能がある。人体の枠組みや支柱をつくり，筋肉の収縮によって運動を起こす。第二の機能は，内臓を保護することである。柔らかい脳や内臓を取り囲み，外部の衝撃から守る。第三の機能は，カルシウムを貯蔵することである。成人の体内にあるカルシウム量は体重の約1.5％で，そのうちの99％が骨に蓄えられている。第四の機能は，血液をつくることである。骨の内部にある骨髄と呼ばれる部位で赤血球，白血球，血小板をつくる。骨と骨の連結様式には可動性のあるものとないものがある。可動性のある連結とは，骨と骨の間にすき間があり，滑液によって満たされており，関節と呼ばれている。人体の骨格を形成する代表的な骨と関節を**図3-13**に記す。**図3-14**は，四肢骨に代表される長骨で，両端に隆起した部分を骨端といい，その間の長い部分を骨幹という。骨端と骨幹の間には骨端線という骨組織があり，青年期以降はこの部分は軟骨組織で骨端軟骨となる。骨端軟骨が増え，骨に置換されることで長く伸びる。骨端軟骨が骨になり骨端線となると，骨の成長は止まる。前出**図3-14**の髄腔は，骨髄と呼ばれる造血組織で満たされている。

図3-13 全身の骨格

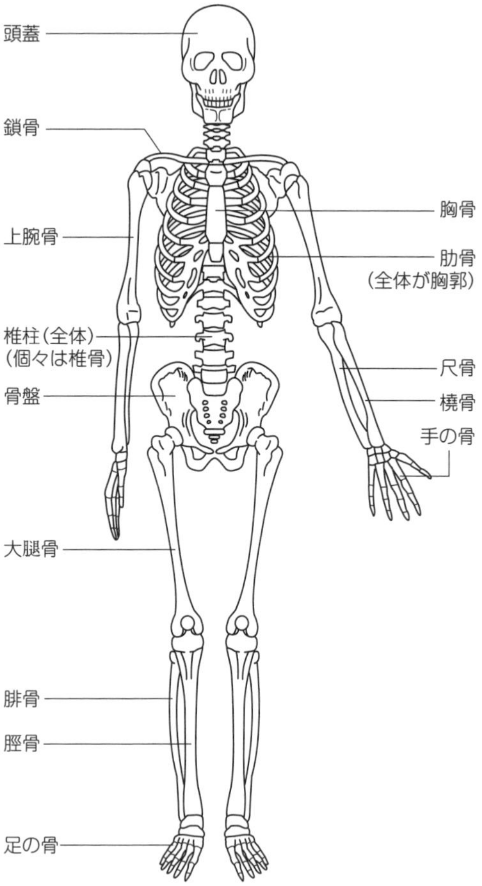

- 頭蓋
- 鎖骨
- 上腕骨
- 椎柱（全体）（個々は椎骨）
- 骨盤
- 大腿骨
- 腓骨
- 脛骨
- 足の骨
- 胸骨
- 肋骨（全体が胸郭）
- 尺骨
- 橈骨
- 手の骨

出所：図3-3と同じ，54.

図3-14　骨の構造

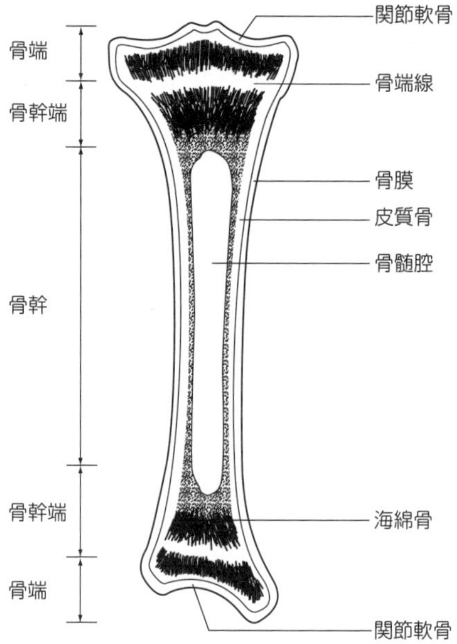

- 骨端
- 骨幹端
- 骨幹
- 骨幹端
- 骨端
- 関節軟骨
- 骨端線
- 骨膜
- 皮質骨
- 骨髄腔
- 海綿骨
- 関節軟骨

出所：図3-3と同じ，54.

　続いて筋について説明する。人体にはさまざまな筋があり，体との位置関係によって名前がつけられている。筋は収縮して長さを短くできる器官であり，その結果，付着している部位を近づけることができる。すなわち筋は収縮と弛緩によって運動を可能にしている。骨と骨をつないで運動を起こす筋を骨格筋と呼ぶ。**図3-15**に全身の主な骨格筋を示した。顔面の表情筋や肛門括約筋のように骨についていない骨格筋もある。骨格筋以外には心筋，平滑筋がある。骨格筋と心筋は細胞レベルでは横紋状にみえるので横紋筋と呼ばれている。骨格筋は，意識的に動かすことができるので随意筋という。心筋は自律神経に支配され，意識的に調整できないので不随意筋といわれる。平滑筋は細胞レベルで横紋のない構造をとるもので，血管，消化管，気管支，膀胱などに存在し，自律神経支配による不随意筋である。

☐ 内分泌・代謝

　身体の分泌機能には外分泌と内分泌がある。産生した物質を体外に

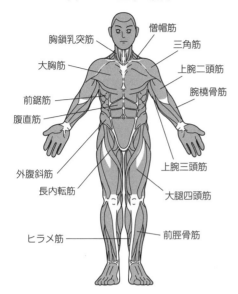

図3-15　全身の筋肉

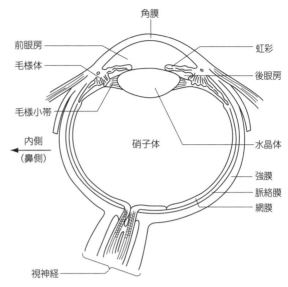

図3-16　右眼球の水平断面像を上方からみたところ

出所：図3-3と同じ，56.

放出するのが外分泌腺で，体内に放出するのが内分泌腺である。

　内分泌腺から放出された物質は血管に取り込まれ，血液の流れに乗って循環し，ある特定の器官に対して作用を及ぼす。このような物質をホルモンと呼ぶ。また，ホルモンによって作用を受ける器官を標的器官という。内分泌腺にあたる器官は，下垂体，甲状腺，副甲状腺，膵臓，副腎，卵巣，精巣などである（**内分泌腺から出る主なホルモン**▶）。ホルモンの分泌は多すぎても少なすぎてもよくなく，標的器官の状況などによって分泌を調整するしくみになっている。このしくみをフィードバック調節系という。つまりホルモンは標的器官の機能を調節し，体の恒常性を保つ働きをしている。しかし加齢によってホルモン分泌は低下し，たとえば，エストロゲンが低下すると骨に蓄えられているカルシウムが遊離し骨粗鬆症となる。

　外分泌腺の例としては胃から出される胃液，膵臓から出される膵液が相当する。胃や腸の管腔は体の外側と考えるのである。

□ 眼

　眼球は強膜，ブドウ膜，網膜の3重の膜で包まれている。再外層は強膜であるが，図3-16に示したように，最前部は透明な角膜，角膜の表層は結膜に移行し，表層の下の固有層は強膜に移行する。眼球を前からみて，白目の部分が強膜である。黒目の部分は透明な角膜であり眼球の奥が透けてみえる。中間層は，血管が豊富なブドウ膜である。最前方は，虹彩と毛様体がまわりから中心に向かって張り出しており，

▶内分泌腺から出る主なホルモン

下垂体は甲状腺刺激ホルモン，成長ホルモン，副腎皮質刺激ホルモン，卵胞刺激ホルモン，黄体化ホルモン，プロラクチン，オキシトシン，バソプレッシンなどの多数のホルモンを分泌している。甲状腺から放出される甲状腺ホルモンは，物質代謝や熱産生の亢進，成長を促進する作用がある。副甲状腺ホルモンは骨吸収を促進するなど，カルシウム代謝を司る。膵臓からは，血糖を下げるインスリンと，血糖値を上昇させるグルカゴンが出される。副腎からは，交感神経を刺激して血圧を上昇させるアドレナリン，ノルアドレナリン，ナトリウムやカリウムの調節を行うアルドステロン，糖代謝にかかわるコルチゾールなどが分泌される。卵巣からはエストロゲンやプロゲステロン（黄体ホルモン），精巣からはテストステロンが分泌される。

59

強膜の内面には脈絡膜が広がっている。黒目の周りにあるのが虹彩で，中央の部分が瞳孔である。虹彩，毛様体，脈絡膜を合わせてブドウ膜と呼ぶ。最内層は網膜であり，光を感知する部分である。

　眼球の内部は虹彩のすぐ後ろに水晶体がある。いわゆるレンズの働きをしている部位である。毛様体の働きで厚さが変化し，ピントを調節している。水晶体の前方の前眼房には眼房水が入っている。水晶体の後方にはゲル状の硝子体がある。白内障は，加齢により水晶体が白濁して生じる。緑内障は，眼房水の流れが滞ることで眼圧が上昇して起きる。

☐ 耳

　耳は聴覚と平衡感覚を司る。解剖学的には図3-17のように外耳，中耳，内耳の3つに区分される。外耳は耳介と外耳道からなり，耳介は集音器として，外耳道は伝音器として働き，外耳道の奥には鼓膜が張っている。中耳は，鼓室と呼ばれる空気の入った洞穴状の空間に，ツチ骨・キヌタ骨・アブミ骨からなる3個の耳小骨を介して，音波による鼓膜の振動を骨振動に変えて内耳に伝える。鼓膜は真珠様の光沢をもつうすい膜である。鼓室の前下部には耳管が開口し，上咽頭と連絡しており，鼓室内圧は外気圧と同一に保たれている。内耳は，迷路と呼ばれる複雑な空洞にリンパ液が入っている。

　振動や頭位変換によるリンパ液の動きで迷路の内外の細胞が刺激され，その興奮が蝸牛神経（聴神経）と前庭神経に伝わる。迷路は3つに分かれており，前方にある蝸牛はカタツムリのような渦巻き状の管から構成されており音を感知する。後方にある三半規管は回転運動の平衡感覚を担う。

☐ 皮　膚

　皮膚は全身の体表を覆い，外界からの物理的・化学的侵襲，あるいは感染などの原因となる微生物の侵入から，体を守る働きをもつ。図3-18に示すように体表から表皮・真皮・皮下組織と層状の構造となっている。特殊な構造として毛や爪，付属腺として汗腺や脂腺がある。また触覚や温痛覚に関与するさまざまな神経終末や感覚受容器が分布しており，感覚器としての機能もある。体温調節という重要な機能もある。

　体内では代謝によって絶えず熱を産生しており，それを体外に放出することによって体温を一定に保っている。なかでも皮膚は，表面積が広く，熱の放出作用が大きい。暑い時は，毛細血管の血流が増え，

図3-17　耳（外耳・中耳・内耳）

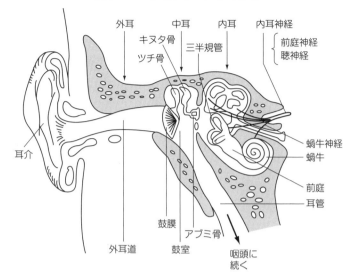

出所：図3-3と同じ，57.

図3-18　皮　膚

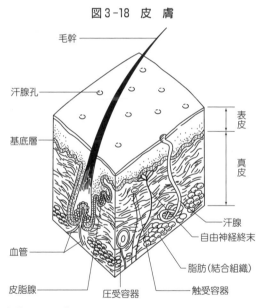

出所：図3-3と同じ，53.

体表から放散する熱を増やすとともに，汗の分泌を増やす。汗が蒸発する時に熱が奪われるので，体内からの熱の放出は効率的になる。寒い時は，立毛筋を収縮させ，毛穴や汗腺をふさぎ熱が逃げるのを防ぐ。これがいわゆる鳥肌となる。

□ 生殖器

　生殖器は男女で構造と機能が異なる。

① 男性生殖器

　睾丸（精巣）で形成された精子は，副睾丸（精巣上体）に貯蔵される。精管を通って体外に出る過程で，前立腺および尿道球腺からの分泌が加わって精液となり射出される。陰茎は3本の海綿体組織を骨組とし，最外表は伸縮性に富む皮膚である。勃起の際には海綿体に血液が多量に導入される。陰茎の先端（亀頭）は膨大し，外尿道口が開く。

② 女性生殖器

　卵巣，卵管，子宮，膣からなる。卵巣は卵子をつくり，卵管は排卵された卵子を受け取り子宮に運ぶ。子宮は受精した卵子を受け取り，胎児を育てる機能をもつ。子宮の下端は細くなっていて頸部と呼ばれ，膣の上部に突き出している。外生殖器（外陰部）は生殖の目的のためにある体表の構造物である。外陰部は，外側に大陰唇，内側に小陰唇があり，前方から後方に向かって陰核，尿道口，膣口と並んでいる。膣は7～8cmある管状構造で，子宮頸部に続いている。

③　主な症状とその意味

🔲　頭　痛

頭痛は一次性頭痛と二次性頭痛に分けられる。一次性頭痛は，器質的疾患によらないもので，**片頭痛**➡，**筋緊張性頭痛**➡，群発頭痛があげられる。二次性頭痛は，器質的疾患があって発症するものをいう。急激で激しい頭痛はくも膜下出血や脳出血を疑う。いずれも意識障害や痙攣を伴うこともある。脳出血の病変部位によっては片麻痺がでる。高熱を伴う頭痛は髄膜炎や脳炎のことがある。脳腫瘍の頭痛は緩徐に進行し，嘔吐，行動異常，病変によっては麻痺などを伴う。高齢者が頭を打ったエピソードがあれば，数か月後に慢性硬膜下血腫をきたし頭痛を訴えることもある。

眼痛を頭痛と表現されることも多く，目の充血や視野狭窄が伴う場合は緑内障を疑う。副鼻腔炎でも頭痛や顔面圧迫感の症状があり，鼻閉などの症状がある時は鑑別を要する。

見逃してはならない頭痛は**生命予後**➡にかかわる二次性頭痛で，くも膜下出血，脳出血，髄膜炎，脳炎，脳腫瘍，緑内障などである。

🔲　胸　痛

胸痛の原因はさまざまで，広範囲にわたるので，臓器別に説明する。心臓では，心臓の血管がつまる狭心症，心筋梗塞がある。いずれも突然の発症で，安静にして落ち着けば狭心症の可能性があるが，心筋梗塞の場合はおさまらず，命にかかわる。大血管系では，大動脈解離で胸背部痛が突然発症し，極めて短い時間でショック状態に至る。肺塞栓症もまた急な胸痛で，呼吸困難を伴う。肺疾患では，呼吸で痛みが増減するものとして胸膜炎があげられる。

若い男性に多い胸痛の疾患としては自然気胸がある。消化器では，胃潰瘍や十二指腸潰瘍，逆流性食道炎，急性膵炎などで心窩部痛があり，胸の痛みとして自覚する人が多い。肋骨に沿ったピリピリした痛みの場合は，肋間神経痛や帯状疱疹のことがある。不安神経症やパニック発作でも，胸痛は頻度の高い症状である。

➡**片頭痛**
血管性頭痛ともいわれ，ズキズキと拍動に伴う痛みがある。痛みがはじまる前に目の前がキラキラするなどの前兆もある。

➡**筋緊張性頭痛**
頭部，頸部，背部の筋肉が収縮することによる締めつけられるような痛みが出る。同じ姿勢での作業が原因のことが多く，体操などで軽減する。

➡**生命予後**
病気がそのまま進行すると将来どのようになるか，生存か死亡かを予測すること。

❏ 腹　痛

　腹痛は腹部に自覚する疼痛の総称である。原因疾患は広範囲にわたるが，異常のある臓器の位置に現れることが多い。部位によって原因疾患を分類すると整理できる。①上腹部（心窩部）：胸痛と重なるが，急性胃炎，胃・十二指腸潰瘍，急性膵炎，胃がん，心筋梗塞などがある。②右季肋部〜右上腹部：肝臓や胆囊のある位置で，胆石，胆管炎，胆囊炎，尿路結石など。③側腹部：左右ともに尿路結石などの泌尿器疾患や急性腸炎など。④右下腹部から右腸骨部：急性虫垂炎，憩室炎，卵巣囊腫，精巣・卵巣捻転など。⑤臍部：急性腸炎，腸閉塞，過敏性腸管症候群など腸疾患。限局的には大動脈解離や大動脈瘤破裂。⑥左下腹部から左腸骨部：腸閉塞，虚血性腸炎，便秘症，尿路結石などがある。

　痛みの部位のほか，痛みの性状，持続時間，随伴する症状（血便，血尿，下痢，嘔吐など）によって鑑別していく。状態によっては腹部全体に痛みが広がっていることもある。

❏ 動　悸

　動悸とは，通常は自覚されない心臓の拍動を自覚した状態で，不快な強い拍動感や不規則な拍動感を訴えることが多い。心拍数の増加，1回拍出量の増加，不整脈などが原因となる。循環器系の疾患では不整脈が代表で，期外収縮，心房細動，頻脈，徐脈などで生じる。

　非不整脈性の心疾患では心不全などで起こる。循環器外の疾患でも，貧血，発熱，甲状腺機能亢進症では心拍出量が増え動悸を感じる。褐色細胞腫や低血糖では，交感神経が興奮し動悸が出現する。**過換気症候群**や**不安性障害**など心因性の場合もある。

❏ 呼吸困難

　呼吸困難とは，呼吸の際に不快感，努力感，苦痛などを伴う状態である。「息苦しい」「息切れ」と表現されることが多い。主に呼吸器系，循環器系の疾患で起こり，緊急を要するものが多い。場合によっては気道確保が優先される場合もある。心筋梗塞，肺塞栓，自然気胸，誤嚥による窒息などは突然発症する。慢性疾患で急性増悪するものには，心不全，肺気腫などCOPD（本書第4章第3節4項），気管支喘息などがある。上気道炎，気管支炎，肺炎などでも起こりうる。上気道では喉頭浮腫によって起こり，気管支炎や肺炎などでは咳や喀痰排出困難に伴って生じる。起坐呼吸といって，臥位になると呼吸苦が増し，座ってる状態の方が楽という場合がある。呼吸困難としては重度で，心

➡️ **過換気症候群**
不安や緊張などで過呼吸となり，血液が正常よりもアルカリ性になることでさまざまな症状が出る状態。

➡️ **不安性障害**
精神的な不安から，心と体にさまざまな変化が起きる状態。パニック障害，強迫性障害，などが相当する。

不全，気管支喘息，肺水腫などが増悪した場合にみられる。筋萎縮性側索硬化症（ALS）（本書第 4 章第 3 節 7 項参照）では，進行すると呼吸筋が麻痺することにより呼吸困難となる。したがって人工呼吸器を装着するか否かという選択が必要となる。

☐ めまい

　めまいは自覚症状から大きく 2 種類に分けられる。「ぐるぐる回る」と自覚する回転性めまいと，「ふらふら」「くらくら」のように動揺感や浮遊感として表現される非回転性めまいである。いずれにしても原因が中枢性か末梢性かが重要である。中枢性の回転性めまいの場合は小脳や脳幹に原因がある。出血や梗塞で，一刻を争うことがある。

　末梢性の場合は内耳疾患で，耳鳴や難聴を伴うことがある。メニエル病，発作性良性頭位性めまい，突発性難聴などがこれにあたる（本書第 4 章第 3 節11項参照）。非回転性めまいでは中枢性のものとしては脳血管障害，脳腫瘍，変性疾患などがある。末梢性には自律神経失調症，貧血，更年期障害，うつ，心身症などがある。また「目の前が真っ暗になる」と眼前暗黒感を訴えることもあり，この場合はめまいよりも失神に分類される。不整脈や心不全，起立性低血圧などの心疾患でみられる。

☐ 発　熱

　感染症，悪性腫瘍，膠原病が主な原因である。熱型と随伴症状により発熱の原因を考えていく。咳，痰，咽頭痛などの呼吸器症状を伴う場合は，上気道炎，気管支炎，肺炎などが考えられる。肺がんでも発熱することがあるが，微熱のことが多い。頭痛や意識障害などを伴う場合は中枢神経症状で，髄膜炎や脳炎を考える。腹痛など消化器症状を伴う場合は急性肝炎，肝膿瘍，胆囊炎などがあげられる。特に右下腹部の場合は急性虫垂炎を考える。

　腰痛，側腹部痛，排尿時痛，頻尿などの尿路症状がある場合は，腎盂腎炎が考えられる。その他，関節痛や腫脹，皮膚の発疹など多彩な症状を伴う場合は膠原病を考える。

☐ 尿失禁

　尿が不随意または無意識に排出された状態を尿失禁という。重いものを持ち上げたり，咳やくしゃみで尿漏れしてしまう腹圧性尿失禁，尿を出したいのに出せないが少量ずつ漏れてしまう溢流性尿失禁，突然の尿意があり我慢できずに出してしまう切迫性尿失禁，排尿機能に異

常はないが ADL 低下や認知症が原因で間に合わない機能性尿失禁，以上 4 種類が基本である。

　加齢による下部尿路の器質的障害に加え，認知症，寝たきり（ADL 低下），神経因性膀胱，糖尿病，薬剤性など，泌尿器系以外の原因も多い。長期のおむつ使用で尿意を知覚する必要がなくなり，認知症でなくても尿意が失われていることがある。これは一種の廃用症候群で，おむつ性失禁という。

❑ 麻　痺

　学術的には運動麻痺と呼ぶ。運動麻痺とは随意運動の経路のどこかに障害が起こり，随意運動ができない状態と定義される。①単麻痺➡，②片麻痺➡，③対麻痺➡，④四肢麻痺➡の 4 種類がある。

❑ 吐血・喀血

　ともに血を吐いた状態をいうが，出血源が異なる。吐血は上部消化管出血が口から吐出されたものである。一方，喀血とは気道から血液を喀出することである。

① 吐　血

　大量の場合は食道静脈瘤破裂が考えられる。胸やけ，前胸部痛，嚥下困難などがあった場合は，逆流性食道炎，食道潰瘍，食道がんなどが考えられる。上腹部痛，吐気，嘔吐などがある場合は胃・十二指腸潰瘍，胃がんを，繰り返し激しく嘔吐する場合は，マロリー・ワイス症候群などが考えられる。

② 喀　血

　咳・痰などある場合は，気管支拡張症，肺化膿症，肺真菌症など，さらに発熱があった場合は，肺化膿症や肺真菌症などの感染症を，血痰や胸痛がある場合は肺がんを，倦怠感を伴う時は結核などを考える。嗄声や嚥下困難を伴う場合は喉頭がんの可能性もある。

➡ **単麻痺**
四肢のうち一肢のみの麻痺で，末梢神経の障害による。

➡ **片麻痺**
身体の左右一方の麻痺で，脳血管障害や脳腫瘍などの中枢性疾患が考えられ，症状の起こった手足と反対側の脳に病変がある。

➡ **対麻痺**
両側下肢の麻痺で，原因は脊髄の障害である。脊髄損傷，脊髄炎，脊髄腫瘍などが考えられる。

➡ **四肢麻痺**
両側の上肢下肢の麻痺で，脳幹から頸髄，多発性の末梢神経障害，筋疾患などでも起こる。

◯参考文献 ─────

黒田研二・住居広士編著（2009）『人体の構造と機能及び疾病』ミネルヴァ書房.
松村讓兒（2017）『イラスト解剖学（第 9 版）』中外医学社.
日本臨床検査標準協議会・基準範囲共用化委員会編（2019）『日本における主要な臨床検査項目の共用基準範囲──解説と利用の絵引き』（2019年 1 月25日修正版）日本臨床検査標準協議会（http://www.jccls.org/techreport/public_20190222.pdf）（2020. 3. 15）.

■第4章■

疾病の概要

① 疾病の発生機序

病気を理解するための第一歩として，病気の原因（病因）を知ることが大事である。本節では病因を，内的要因（内因）と外的要因（外因）の2つの側面から考えていく。

➡内因
原因がはじめから体内に存在する場合をいう。

➡外因
原因が体外から作用したり体内に侵入して疾病を生じる場合をいう。

☐ 内　因

年齢，性差，人種，地域，遺伝的要因が内因としてあげられる。

①　年　齢

年齢によって発症する病気は明らかに異なる。詳細は本書第1章第5節を参照されたい。

②　性　差

年齢とともに，性差も病気の発生率に影響を及ぼす。たとえば，原因は不明だが，自然気胸は若くやせた男性に多く，がんや呼吸器疾患は中高年の男性に多い。喫煙，食事などの生活習慣が男女で異なることが一因とも考えられるが，ホルモンの違いが関係している可能性もある。性ホルモンの男女差ということでは骨粗鬆症が知られている。骨粗鬆症は老化とともに増加する疾患だが，男性よりも女性に多い。これは閉経後にエストロゲンの分泌が低下するためである。

③　人種・地域

国によって疾患の発生率が大きく異なることがある。気候や食習慣などの環境要因が影響するとともに，遺伝子の相違が病気の発生率を大きく変える。悪性黒色腫はコーカサス系に多く，東アジア系の人種には少ない。胃がんの発生率は日本とアメリカでは大きな差がある。

④　染色体・遺伝子異常

染色体の異常により起こる代表的な疾患は，ダウン症候群，18トリソミー，13トリソミー，ターナー症候群，クラインフェルター症候群などである。遺伝子異常による疾患は，マルファン症候群，フェニルケトン尿症，血友病などが知られている。

⑤　免疫不全とアレルギー

先天的な免疫不全であったりAIDSのような後天的な免疫不全の状態では，病原性の弱い微生物にも感染しやすくなる。またアレルギーのように過剰な免疫反応は自己の細胞や組織を障害する。

⑥　老化（加齢）

　加齢に伴う生理的変化や発症する疾患は特徴的である。詳細は本書第 1 章第 3 節を参照されたい。

□　外　因

　物理的要因，化学的要因，感染症，栄養状態などが外因となる。物理的要因と化学的要因を合わせて環境要因とする教科書もある。

①　物理的要因

　機械的外力（外傷）：機械的外力による損傷としては切創，刺傷，挫創，裂創，銃創，咬創，骨折などがある。

　温度：高温による局所障害としては熱傷がある。高温による全身症状としては熱中症がある。一方，低温による局所障害は凍傷で，全身障害で死に至ると凍死という。

　光線：太陽光線や人工紫外線によって光線性皮膚炎を起こす。長期間の暴露では皮膚がんや悪性黒色腫のリスクが高まる。

　放射線：生体の各組織が多量の放射線によって障害を受け，突然変異や発がんをきたす。広島と長崎の原子爆弾投下では多数の死傷者，悪性腫瘍や先天性奇形の二次被害が認められた。チェルノブイリ原子力発電所事故では小児甲状腺がんの発生が増加した。東日本大震災での原子力発電所の事故については追跡調査が行われている。

　その他：気圧の急激な変化による潜函病や高山病，強い音波による鼓膜破裂など。

②　化学的要因

　塩酸などの濃酸，水酸化ナトリウムなどの濃アルカリは組織障害が強く，接触した皮膚や粘膜を壊死に陥らせる。重金属による中毒も知られており，有機水銀による水俣病，カドミウムによるイタイイタイ病などがある。エチルアルコールの急性中毒は呼吸中枢を障害し死亡することがあり，メチルアルコールは視力障害を残す。タバコは嗜好品であるが有害で，肺がんをはじめ，上気道がん，口腔がん，食道がん，動脈硬化，心筋梗塞，COPD などのリスクが増える。粉塵は塵肺症をきたし，アスベストは石綿肺となる。ダイオキシンなどの環境ホルモンは催奇形性と発がん性を有する環境汚染物質である。毒ガスは大量殺傷兵器として使用され，地下鉄サリン事件のサリンは強力な神経毒で多くの死傷者を出した。青酸が犯罪に使われることもまれではない。

③　感染症

　病原微生物の作用によって起こる疾患を感染症といい，ウイルス，

細菌，真菌，寄生虫，プリオンなどがあげられる。

④　栄養状態

　栄養過多が問題となる一方で，ビタミン欠乏症にも注意しなければ
ならない。ビタミン B_1 が欠乏すると脚気となり多発性末梢神経炎や
心不全がおこる。ビタミン B_{12} の不足は悪性貧血をきたし，ビタミン
A の不足は夜盲症を，ビタミン D の不足はくる病を引き起こす。ミネ
ラルの中でもナトリウム，カリウム，マグネシウムなどの過不足がお
きると，体液電解質の均衡が崩れ，循環障害がおこる。カロリー低下，
タンパク質摂取の低下は，やせをおこす。極端なやせは，拒食症，ネ
グレクトなどで起こる飢餓状態であり命にかかわる。

② 病変の成立機序

　病気がどのように発生するのか知ることは，病気を理解する上で重
要である。ここでは病変の成立機序について，循環障害，炎症，免疫，
腫瘍，退行性病変，進行性病変という6つのタイプから学ぶ。

☐ 循環障害

　体の各器官は循環する体液により栄養が供給され，その機能が発揮
されている。循環する体液の主体は血液であり，循環障害はさまざま
な病気をもたらす。①虚血とは，局所に血液が行きわたらない状態で，
動脈の狭窄や閉塞によって起こる。動脈硬化が進んだり，**血栓**，**塞栓**
などが原因となる。狭心症，心筋梗塞，脳梗塞などは虚血による。梗
塞とは，虚血により末梢流域の組織が壊死した状態を指す。②充血と
は，局所に流入する血液が増加した状態をいう。③うっ血とは血液が
滞り局所に貯留した状態で，うっ血性心不全などがある。

　④出血とは，赤血球を含めた血液の全成分が血管外に流出すること
をいう。通常では出血しないような弱い力でも出血する状態を，出血
傾向あるいは出血素因という。血小板や凝固因子の異常，薬剤の副作
用として起こる。**DIC** は，血栓症と出血傾向という相反する状態が同
時に起こる危険な状態である。⑤ショック（shock）とは，全身の急性
の末梢循環不全状態をいい，生命が危険な状態である。心筋梗塞など
による心原性ショック，大量出血による出血性ショック，**敗血症**によ
るエンドトキシンショック，アレルギーによる**アナフィラキシーショ
ック**などがある。

➡血栓
血液は血管内では液状
だが，しばしば血管内
で凝固することがある。
この凝固した血液を血
栓といい，血栓が形成
された状態を血栓症と
いう。

➡塞栓
血栓が遊離したり異物
が血管内に混入して，
血管を閉塞した状態を
いう。

➡DIC
播種性血管内凝固症候
群（Disseminated
Intravascular
Coagulation）のこと
で，がん，白血病，細
菌感染症でみられる。
ショックとなり死に至
ることも稀ではない。

➡敗血症
細菌感染症やこれによ
る菌血症で，全身の臓
器障害が引き起こされ
た状態。

◯ 炎　症

　炎症とは，何らかの刺激や侵襲に対して生体が示す局所的な反応をいう。炎症の4徴は発赤，腫脹，発熱，疼痛で，機能障害を加えると5徴となる。

　炎症の生起から終息までは共通の経過をたどる。さまざまな原因で組織が損傷すると，損傷した細胞からヒスタミンやロイトコリエンなどの化学伝達物質が放出され炎症が起こる。放出されたヒスタミンなどの化学伝達物質は，血管に作用し，血流量を増やし，血管壁の透過性を亢進させる。こうして白血球などの**炎症細胞**が遊走して病巣に集まってくる。好中球が病原体，異物，壊死物質などの有害物質を貪食したり，リゾチーム酵素を放出して融解させる。病原体などの除去が一段落すると，欠損した組織の修復と増殖が行われる。好中球で処理できなかった有害物質は，遅れてやってくるマクロファージによって処理される。

　その後は，リンパ球が免疫反応を介して病原体の除去に働くという一連の経過となる。炎症は，経過速度により急性炎症と慢性炎症に分けられる。急性炎症は急激に発症し，数日から数週間で終息するものを指し，慢性炎症は数か月あるいは数十年にわたるものを指す。

◯ 免　疫

　体内に入ってきた病原体を排除したり，同一の病原体が再び入った時に，迅速に対応して発症から免れるしくみを免疫という。自己と非自己を識別し，非自己を排除するしくみである。ここで非自己とみなされた病原体を抗原と呼ぶ。ヒトには自然免疫と獲得免疫という2つの免疫が備わっている。自然免疫は，抗原と認識すれば非特異的に攻撃するマクロファージなどの働きを指し，第一線の防御機構となる。

　自然免疫に続いて特異的に攻撃するしくみが獲得免疫で，**液性免疫**と**細胞性免疫**がある。アレルギーも免疫反応で説明される。外来抗原に過剰に免疫反応が生じてしまうのがアレルギー疾患である。また自己の成分に誤って免疫反応が起こってしまうのが自己免疫疾患である。

◯ 腫　瘍

　腫瘍は腫瘍細胞の増殖からなり，白血病を除けば，体内あるいは体表に異常な塊を形成する。腫瘍細胞の特徴は，自律性で周囲から制御されず過剰に増殖することである。浸潤もしくは転移するものを悪性腫瘍（がん）と呼ぶ。転移とは腫瘍細胞が原発部位から離れて他の器官に移ることをいう。リンパ行性転移，血行性転移，播種の3つのル

→アナフィラキシーショック
アレルギーの原因物質が体内に入ることによって，全身性のアレルギー反応が引き起こされ，血圧の低下や意識状態の悪化が出現した状態。

→炎症細胞
炎症が起こる場所に集まって炎症の主役を演じる細胞のこと。

→液性免疫
抗原を認識したB細胞が，形質細胞に分化し抗体を産生するしくみ。抗体は特異的に抗原に結合し，抗原の働きを抑える。

→細胞性免疫
T細胞が中心となるしくみで，抗原の情報をB細胞に伝えたり，NK細胞やマクロファージを活性化して攻撃する。

→播種
腫瘍細胞が胸腔や腹腔に出て，種子がまかれるように隔たった部位の胸膜・腹膜に散布され増殖すること。

ートがある。さまざまな因子が正常細胞の遺伝子を変化させて，がん細胞が発生する。これらの因子には種々の化学物質（発がん物質），紫外線，放射線，ウイルスなどがある。

☐ 退行性病変

　退行性病変とは，種々の障害により組織が被害を受けた状態を指し，細胞機能の低下，停止，細胞死に至るまでの変化をいう。萎縮，変性，壊死の3種類の病変に分類される。

　萎縮とは，正常に発達していた組織の容積が小さくなったものをいう。アルツハイマー病の脳萎縮，萎縮性胃炎などはこれである。変性とは障害された組織の細胞内や細胞間質に，ある種の物質が異常に出現（沈着）している状態をいう。線維化，硝子化，石灰化，脂肪化などは変性の一種である。壊死は，生体内で起こった組織の部分的な死をいう。四肢の虚血性壊死の状態は壊疽と呼ばれている。壊死に対して，生理的な細胞死をアポトーシスという。

☐ 進行性病変

　組織の障害や欠損に対して新生組織で補修・代償しようとする機序を修復という。このプロセスを，退行性病変に対して進行性病変と呼ぶ。進行性病変には，再生，化生，肥大，肉芽組織などがある。

　再生には，形態や機能が以前と全く同じ状態に回復する完全再生，不十分な不完全再生がある。化生は，すでに分化した組織が別の方向に分化した組織に変わる現象をいう。肥大は組織がそれを構成する細胞の増大により容積を増すことである。構成細胞が数的に増加する場合は過形成という。また臓器の容積の増大は腫大という。肉芽組織とは，創傷治癒の増殖期に形成される肉眼的に鮮紅色の顆粒状の盛り上がりで，毛細血管・線維芽細胞・筋線維牙細胞から成る血管結合織である。

③ 疾病の概要と予防・治療

1 生活習慣病

🔲 生活習慣病の概要

　社会で起こる疾病の傾向には歴史的変遷がある。近代までの人類の疾病との闘いは，感染症（本書第4章第3節10項参照）との闘いの歴史といってよい。ところが，上下水道が整備され，栄養状態が改善されてくると，寿命の延長と相まって，成人病が注目されるようになった。成人病は，1996年の公衆衛生審議会の提言により「生活習慣病」と呼ばれるようになった。しかし，これは，医学用語ではない。英語ではlife-style related disease と表現される。

　生活習慣病には，**高血圧**症，**糖尿病**，**脂質異常症**，高尿酸血症など，自覚症状に乏しいものから，心筋梗塞や脳卒中など，生命にかかわり，重い障害を残しかねない疾病が含まれる。現代人の生活習慣が発生に深く関係する病的状態が「生活習慣病」である。

　また，ほとんどの生活習慣病は，運動不足や過食，大量飲酒，ストレス，過重労働，喫煙などの生活習慣，つまり環境因子が発症に大きく影響していることは確かだが，個人ごとに異なる遺伝素因があり，多因子遺伝の結果であることもわかっている。

　環境因子（生活習慣）と遺伝素因がそれぞれどのくらいずつ生活習慣病の発症に寄与しているかは，個人ごとにさまざまである。最近，大規模ゲノムバンクを用いて個人の遺伝子を解析することによって，後者の寄与の度合いを判断する研究がさかんに行われるようになっている。

　加えて，生活習慣は，経済環境や住宅事情，職場での立場，文化や流行等によって形成されているものであり，個人でこれを選択したり，排除したりすることは困難である。一般に広く健康状態を規定するこのような社会的な因子を **SDH** と呼び，2008年 WHO が提唱し，主に先進各国で，特に健康格差対策として取り組まれている。

　生活習慣病に関連する社会的因子は SDH の一つであり，これを自己責任に帰することなく，保健医療の問題に限定せず，政治・経済・社会の課題として取り組むことが求められている。

▶ 高血圧

高血圧治療ガイドライン（JSH2019）によれば，収縮期血圧140 mmHg 以上もしくは拡張期血圧90 mmHg 以上を高血圧としている。本態性高血圧と二次性高血圧に分類される。

▶ 本態性高血圧

原因となる疾患が特定できない高血圧のこと。日本人の高血圧では，9割が本態性高血圧。生活習慣によると考えられており，生活習慣病としての高血圧は本態性高血圧を指す。

▶ 糖尿病

膵臓から分泌されるインスリンというホルモンの作用が不足し，慢性的に高血糖となる状態。空腹時血糖値126 mg/dl 以上，随時血糖200 mg/dl 以上，HbA1c 6.5%以上で診断される。三大合併症は糖尿病性網膜症，腎症，神経症。Ⅰ型糖尿病とⅡ型糖尿病がある。Ⅰ型は自己免疫疾患で若者に多い。Ⅱ型は生活習慣によるもので中高年に多い。日本人の糖尿病の95%がⅡ型。

▶ 脂質異常症

高 LDL コレステロール血症（140 mg/dl 以上），低 HDL コレステロール血症（40 mg/dl 以下），高中性脂肪血症（150 mg/dl 以上）のいずれかの場合を指す。動脈硬化性疾患の原因となる。以前は高脂血症と呼ばれていたが，低 HDL コレステロール血症が指摘されるようになり改名した。

→ SDH

Social Determinants
of Health：健康の社
会的決定要因のこと。
経済階層，住宅環境，
就労形態，宗教上のタ
ブー等，社会の構成要
素の多くを含む。

☐ 生活習慣病の予防と治療

　生活習慣病に含まれる，他の重大な疾病の背景となる病的状態に注目すると，予防と治療は同義だといえる。これらは，社会生活が順当に成り立っている時には目立たないが，自然災害や放射線災害，感染症のパンデミック（本書第4章第3節10項参照）など，日常生活が制約・障害された場面では，容易に顕在化する。避難命令や外出自粛の措置がとられたり，避難所が開設されたりした際には，以下の項目に留意することが重要である。

①　食生活

　過食（摂取カロリー過多）や糖質・脂質・塩分の過剰摂取，食物繊維やビタミンの不足は，ストレス環境，外食や中食の増加，雇用形態の不安定化，低所得などを背景にしている。ファストフードと呼ばれる，カロリーが多く刺激の多い食事を手軽に購入して短時間のうちに一人で食べる習慣を形成し，一定の遺伝的背景のある個人に肥満，糖尿病，脂質異常症，高血圧症を引き起こす。また，食の欧米化は，胃がんを減らすものの，乳がんや大腸がんを増やすと考えられている。

　予防のためには，雇用の安定化や労働分配率の向上，ストレスの軽減，食品の流通の改善（地産地消）や加工食品を減らすことによる減塩，伝統的食文化（和食）の振興などが必要であろう。

②　喫　煙

　喫煙には歴史的経緯があり，文化やファッションの側面もあるため，単に習慣として扱うことはできない。日本では，たばこ税が国・地方自治体の税収の一角を占めていることもあり，政治上の課題でもある。ともあれ，肺がん・喉頭がんをはじめとするすべてのがんに30％以上の寄与が疑われ，狭心症・心筋梗塞・脳血管疾患・肺気腫などにも関与する重要な因子であることには変わりがない。

　予防のためには，たばこの販売の禁止，禁煙エリアの拡大（少なくとも公共空間や屋内では禁煙を徹底すること）などの法的措置が有効であるが，過渡的対策として，医療従事者による禁煙指導や，ニコチン依存症の治療，たばこの値上げが行われる。

③　運　動

　適度な運動習慣のある人たちは，生活習慣病に関連する・しないによらず死亡率が低いという観察研究が多数あるほか，ほとんど運動していない集団に運動するよう指導すると死亡率が低下するという介入研究の結果もよく受け入れられている。あらたに運動をはじめると，中年以降でも寿命の延長に効果があるほか，ロコモティブシンドロームや，サルコペニア（sarcopenia），フレイル（frailty）（本書第6章第1

節参照）の予防にも効果的である。

　安全に運動できる施設や道路環境を整備し，一緒に楽しく運動する仲間づくりをすることも重要である。

④　社会参加

　生活習慣が社会的・文化的に規定されているものである以上，社会文化活動に参加することが生活習慣病の予防に役立つことは，容易に想像できる。実際，社会文化活動に参加する人ほど長寿であることが知られている。

　その理由としては，外出や運動の機会が増えること，食事に気を使うようになること，健康情報に多く接するようになること，目標を立てて生活する習慣がつくことなどが考えられる。

⑤　保健政策

　前述の予防施策を行政の責任として実施するため，国は2000（平成12）年に生活習慣病に関する目標値を「21世紀における国民健康づくり運動（健康日本21）」で提唱し，2013（平成25）年 4 月からは健康日本21（第二次）が進めている。並行して2003（平成15）年 5 月には健康増進法が施行され，2018（平成30）年には，受動喫煙防止に関する改正が行われた（本書第 7 章参照）。

☐ メタボリックシンドローム

　2005（平成17）年，関係学会によりメタボリックシンドロームの概念と基準が制定され，2008（平成20）年からは，特定健診とその後の特定保健指導が始まった。

　その概念は，内臓脂肪型肥満に血清脂質異常・血圧高値・高血糖のうち二つ以上を合併した状態である。内臓脂肪型肥満は，腹囲測定により，男性85 cm 以上，女性90 cm 以上で判定することとしているが，メタボリックシンドロームの概念と基準の制定とその後の健診・指導が生活習慣病の予防，ひいては重要な疾病の予防に役立ったかどうかについては議論があり，まだ結論が出ていない。

２ 心疾患

☐ 心疾患の概要

　急性心筋梗塞を代表とする心疾患は，近年，日本において悪性新生物（がん）に次いで死因の第 2 位を占めている。

　また，不整脈のうち，特に心房細動は脳梗塞の原因として重要であり，動脈硬化を背景として生じる心臓弁膜症は，長い経過のうちに心

不全となり，日常生活に制約をもたらす。

　心筋症には肥大型心筋症と拡張型心筋症があり，心機能の低下とともに心不全をきたす。

　心不全とは，血液を肺と全身に送るポンプ機能が低下した状態で，倦怠感，息切れ，むくみが主な症状である。

　① 狭心症と急性心筋梗塞（虚血性心疾患）

　動脈硬化を背景に，心臓自身に血液を送る冠動脈の内側が狭くなり，途中に血栓が生じて詰まってしまい，そこから先の心筋が働かなくなるために，胸部に圧迫感や締め付けられる感じ，あるいはもやもやした感覚が起こる。「痛み」と表現されるのは，心筋梗塞の半分程度であり，「えも言われぬ感覚」が特徴であることに注意が必要である。短時間で症状がなくなる場合が狭心症，持続して，心筋が壊死して収縮力を失う場合が心筋梗塞である。これらは，高血圧症・糖尿病・脂質異常症の高齢者・男性・喫煙者に多く発症する。糖尿病患者は，症状を全く感じない場合がある。狭心症には，別に血管が収縮するタイプがあるほか，不整脈や心筋症でも狭心症に似た症状を起こすことがある。

　② 不整脈

　文字通り脈が規則正しくなくなることで，自覚症状がない場合も多い。

　心房細動は，脈が速くなり動悸やふらつき，狭心症のような症状を感じる場合と，逆に脈が遅くなり，脈が飛び，気を失いそうになる場合がある。いずれも血流に滞りが生じ，血管内に血栓ができ，それが脳の血管に詰まると脳梗塞の直接原因となる。

　房室ブロックは，心臓の中の電気の変化がうまく伝わらなくなるため，脈が飛び，進行すれば毎分40回未満の徐脈になり，ポンプ機能が失われるため，気を失ったり，体を動かした時に著しい倦怠感や息切れを生じたりする。

　他にも多くのタイプの不整脈があるが，症状がある時に心電図検査によって正確な診断を得ることが重要であり，24時間心電図を記録するホルター心電図検査が有用である。

　③ 心臓弁膜症と心不全

　心臓には，血液の逆流を防ぐ4つの弁がある（本書第3章2節参照）。そのうち，左心房と左心室の間の僧房弁と左心室の大動脈への出口にある大動脈弁が主に異常をきたす。加齢に伴い，弁が柔軟性を失い動きにくくなって，血液を流れる部分が狭くなる僧房弁狭窄症と大動脈弁狭窄症，弁が固くなって，閉まりにくくなるために血液の逆流を生

じる僧房弁閉鎖不全症と大動脈弁閉鎖不全症，の4つが重要である。これらを心臓弁膜症と呼び，いくつかが同時に起こることも多い。

　狭窄症では，狭い弁に血液を通すために強い収縮力が必要になるために心臓が疲れるタイプの心不全と，送り出せない血液が順に滞るタイプの心不全が徐々に起こる。なかでも大動脈弁狭窄症は，かなり進行するまで自覚症状がなく，胸痛のような自覚症状が起こる頃には急に悪化して突然死の危険が増す。

　閉鎖不全症では，いったん送り出した血液が逆流してしまうため，同様に心不全が起こる。

　症状が起こる前に聴診器で心雑音が聴ければ，診断自体は容易であるが，心臓超音波検査（心エコー）をすれば，程度や重症度まで診断することができる。

　④　心筋症と心不全

　肥大型心筋症は，多くの場合高血圧症を伴い，心筋が分厚くなるが，心機能はかえって悪化して心不全となる。

　拡張型心筋症は，心筋が薄く伸びきって心臓全体が大きくなり，収縮力を失い心不全となる。いずれも遺伝因子の関係が知られているが，後者は，感染症やアルコール多飲などさまざまな原因で起こる。

☐ 心疾患の予防

　狭心症と心筋梗塞と一部の不整脈・弁膜症には，高血圧症・糖尿病・脂質異常症を伴う動脈硬化という背景があり，これらの治療を十分に行うことで発症を3割程度減らすことができる。もちろん禁煙は必須である。

☐ 心疾患の治療

　体重の適正化，血圧・脂質・血糖の正常化，禁煙が共通して重要である。

　心筋梗塞の約三分の一は，突然倒れ，心肺停止になるので，直後のバイスタンダーCPR（そこに居合わせた人による心肺蘇生法の実施）が第一の治療である。これにより救命できる可能性が高くなる。狭心症・心筋梗塞は，発症早期に心臓カテーテル検査のできる医療機関に収容できれば，検査と同時に狭くなった血管を広げる治療を行うことができる。その後，血管を拡張する内服薬が頻用されるが，徐々に「慣れ」が生じて効きにくくなるので，治療戦略の定期的な見直しが必要になる。

　不整脈は，タイプによって，それぞれに対応する抗不整脈薬により

発症（発作）を防げるが，抗不整脈薬は，別の不整脈を起してしまうことがある薬剤でもあり，正確な診断による治療選択が必要になる。心房細動が慢性化している高齢者では，血栓が生じないように，いわゆる「血液をさらさらにする」薬，すなわち血小板凝固阻害薬（抗血小板薬），抗凝固薬も併用される。発作的に心房細動が起こる非高齢者では，薬物治療（注射，内服）による発作の予防のほか，心臓カテーテルによって原因となっている部分を治療する，カテーテルアブレーションが考慮される。

弁膜症の治療は，手術によって壊れた弁を人口弁に取り換える弁置換術が最終的かつ最も効果的な手段である。最近は，心臓カテーテルを使って，狭窄部分を広げたり，弁を置き換えたりする治療が普及してきている。

心筋症の治療は，肥大型心筋症では血圧コントロールと心不全の治療が中心になり，拡張型心筋症では心不全の治療が中心になるが，根治は心臓移植による。

共通する心不全の治療は，ポンプである心臓が送り出す血液の量自体を減らして水分を尿として体外に捨てるために利尿薬が使われる。心臓の収縮力を増す強心剤や脈を遅くして効率よく働くようにする薬剤もよく併用される。生活面では水分や塩分の制限，運動量の制限が重要である。在宅酸素療法が利用されることもある。

3 脳血管疾患

□ 脳血管疾患の概要

脳血管疾患とは，突然に発症する脳の疾患で，かつては脳卒中と総称されていた。卒は倒れる，中は当たるという意味である。近年，頭部 CT や MR により病巣と病態が明確になるにつれ，後述するように，それぞれの疾患名で呼ぶようになった。

日本における全死因に占める脳血管疾患は，悪性新生物（がん），心疾患についで 3 番目に多い。また，脳血管疾患は，片側の上下肢の運動機能が失われる片麻痺のほか，嚥下障害や構語障害をも合併して，寝たきりの原因となる。加えて，認知症の 2 割程度が脳血管疾患に関連するといわれている。

日本人では，かつては脳の血管が破れて大脳実質に障害を起こす脳出血が多かったが，次第に動脈硬化を背景に脳の血管に血栓が詰まったり，血管が狭くなったりするタイプの脳梗塞が増え，現在では最多となった。

脳梗塞には，何ら症状のない無症候性（不顕性）脳梗塞も多く，高齢者の半数近くがなんらかの脳血管疾患をもっていると推定されている。

脳血管疾患の分類を**図4-1**に示す。

図4-1　脳血管疾患の分類

```
脳血管疾患 ─┬─ 脳出血 ─┬─ 脳（内）出血
           │          └─ くも膜下出血
           ├─ 脳梗塞 ─┬─ 脳血栓症
           │          ├─ 脳塞栓症
           │          └─ ラクナ梗塞
           └─ 一過性脳虚血発作
```

☐ 脳梗塞

① 概　要

脳血管疾患の三分の二以上が脳梗塞である。脳の動脈硬化から，血管の内腔（内側の空間）がまだらに狭くなり，そこから生じた物質によって生じた血栓（固まった血液の塊）のためについに閉じてしまう脳血栓と，主に心臓から流れて来た血栓が詰まってしまう脳塞栓とがある。後者の血栓の多くは，心房細動（本節2項不整脈の項参照）のため血流が不規則になり，左心房で血栓ができたものである。

血栓は，脱水や食欲不振に伴う脱水症，長年の喫煙の結果起こった多血症，寝たきりや乗り物に長時間乗るなどの過度な安静で血流が滞る場合などで生じやすくなる。

そこで，脳梗塞の予防には，適度な水分摂取，若年での禁煙，血栓予防の運動や，抗血小板薬・抗凝固薬（いわゆる「血液をさらさらにする薬」）が考えられる。

② 脳梗塞の症状

数時間から数日の間に，徐々に，または悪化と改善を繰り返しながら，同じ側の上下肢の筋力低下，顔面のゆがみ，嚥下障害によるむせ，うまく話せなくなる構語障害，言葉が出ない「失語」や「失行」といった高次脳機能障害がみられる。血流が失われた脳の部分により，これらの一部，あるいはこれらの組み合わせにより発症する。脳出血に比べゆるやかな発症と，必ずしも意識障害がないことが特徴である。一部では，重い意識障害となり死亡することもある。治療のタイミングを失わないよう，上記のいずれかの症状があれば，迷わず脳血管疾患の治療ができる医療機関に救急搬送することが重要である。

③ 脳梗塞治療

発症から最大4時間以内であれば，血管に詰まった血栓を直接取る方法（血管内血栓回収法）や，血栓を溶かす薬剤を投与する方法がある。ごく一部に脳出血を起こすが，成功すれば救命でき，後遺症を最小限にすることができる。

☐ 脳（内）出血

① 概 要

　脳血管疾患の四分の一が，脳内の血管が破たんして出血する脳出血である。出血部位に対応して，意識障害・失語・失認・構語障害・嚥下障害・運動麻痺などさまざまな症状をおこす。たとえば右の大脳半球の出血であれば，左上下肢の脱力や運動麻痺がおこる。この場合，約半数で，両方の眼球が右に向いたまま固定する「共同偏視」という状態がみられる。診断は，血圧の高値や発症が急か否か，意識障害を伴うかどうかなどである程度見通しが立つが，実際は多様であり，速やかな頭部 CT 検査により診断するほかない。ほとんどの例で，高血圧を背景とする。

② 脳（内）出血の治療と予後

　急性期には血圧の適正化，脳浮腫の軽減，止血剤，血腫の除去手術などが検討されるが，現在のところ画期的な治療法はなく，誤嚥性肺炎を合併した死亡例も多い。そのため，理学療法や作業療法，摂食嚥下リハビリテーションが重要になる（リハビリテーションについては，本書第 6 章第 1 節を参照）。

☐ くも膜下出血

① 概 要

　高血圧症と脳動脈瘤を基礎疾患として，突然発症する。大脳の周囲のくも膜腔にある血管が破たんして，大脳の周りが血液で満たされ，前述の脳血管疾患と同様な多彩な症状を示す。突然死の一定割合を占めると考えられている。くも膜下出血で特徴的なのは，時に軽い頭痛に続いて起こる強い頭痛と嘔吐，意識障害である。かつてなく強い頭痛といわれることがあるが，軽い場合もある。強い頭痛と嘔吐があればそれだけでくも膜下出血の可能性は飛躍的に高まるが，それらがないからといって除外することはできない。

② くも膜下出血の予防と治療

　脳ドックの MR で発見される脳動脈瘤のうち，一定以上の大きさのものは，未破裂脳動脈瘤と呼ばれ，いずれ破裂して，くも膜下出血を起こす。カテーテルにより，動脈瘤に細く柔らかい針金を糸の球状に押し入れて内側をふさぐ，コイル塞栓術が推奨される。対象となる患者は，動脈瘤の大きさだけでなく，個々のリスク評価によって決定される。

　脳動脈瘤がない場合は，高血圧症の治療が，くも膜下出血の予防になる。

◻ 脳血管疾患とリハビリテーション

　脳血管疾患はしばしば再発するため，再発の予防が重要になる。また，顔面・四肢の麻痺や筋力低下，嚥下障害，構語障害，失語，失認，認知症，抑うつといった症状は，放置すれば進行し，日常生活動作の障害をもたらす。これを回避するため，発症早期からリハビリテーション（理学療法，作業療法，言語療法）を導入することが必要である。

　適切な評価により，時宜を得た介入としてのリハビリテーションは，機能回復のみならず，社会参加，生きがいの維持，自己実現のために特に脳血管疾患において重要である。

4　呼吸器疾患

◻ 呼吸器疾患の概要

① 慢性閉塞性肺疾患（COPD）

　肺気腫，慢性気管支炎，びまん性汎細気管支炎と気管支喘息の一部を合わせて慢性閉塞性肺疾患（COPD：Chronic obstructive pulmonary disease）と呼ぶ。次第にひどくなる息切れ，咳，痰が共通して見られ，徐々に進行して，酸素吸入が必要になり，在宅酸素療法の対象となる。介護保険の特定疾病の一つでもある。

② 肺気腫

　長期に及ぶ喫煙と加齢が原因で，肺胞が破壊され空洞が拡がるため，酸素を取り入れ二酸化炭素を排泄することができなくなる。このため，初期には咳，痰のみであるが，次第に低酸素になり，運動時の息切れが生じる。冬期には，気管支炎・肺炎にかかりやすくなり，かかるたびに進行する。さらに進むとわずかな動きでも息切れが起こるようになるほか，気管支喘息のような呼気の延長やぜいぜいヒューヒューという狭窄音が聞こえる発作を伴うこともある。

③ 慢性気管支炎

　年間3か月以上の間，毎日連続して咳や痰がある状態が持続する状態である。原因や発症のしくみなど，さまざまな疾病を含めた概念である。発症と増悪には，加齢のほか，感染，喫煙，大気汚染，アレルギー，遺伝的素因など多くの要因が関与しているが，男性は喫煙率が高いことから，喫煙との関連が指摘されている。

④ 気管支喘息

　普段は何ら症状なく生活できているが，急に乾いた咳，ぜいぜいヒューヒュー言う「喘鳴」が生じ，息を吐く時間が長くなり，ついには呼吸困難とチアノーゼが起きて，話すことも動くこともできなくなり，

意識が薄れる。このように急に症状が起こることを「発作」と呼ぶ。

　治療が遅れるともとの状態に戻すことはできず，死亡の危険が高まる。これらの症状は，気管支粘膜のむくみと痰と気管支を取り巻く薄い筋肉（気管支平滑筋）が収縮することが相まって，気管支の内腔が狭くなり，空気が通りにくくなるために起こる。その結果，低酸素になると呼吸困難，チアノーゼ，死亡に至る。

　「発作」のきっかけは，若年者ではたばこの煙や臭い，アレルギーが多いが，高齢者では感染が多く，肺気腫や慢性気管支炎，慢性閉塞性肺疾患に合併して起こる発作もある。夜間は副交感神経が優位になり，気管支平滑筋の収縮が起きやすくなる。

　職業上の暴露が原因となる牡蠣喘息や，解熱鎮痛薬で起こるアスピリン喘息もある。

　発作を繰り返すと，長年のうちに肺胞がこわれ，肺気腫などのCOPDになる。

　⑤　肺がん

　男性の喫煙者に多く，肺門部に生じる扁平上皮がん，女性に多く，末梢に生じる腺がん，男女差のない小細胞がんなどがある。扁平上皮がんは血痰で気づかれることがあり，胸部CT，喀痰細胞診，気管支鏡による組織診によって診断される。肺がんは一般に初期には無症状で，検診での早期発見も未だ確立していない。

　⑥　肺　炎

　後期高齢者の死因の上位を占める肺炎は，咳，痰，全身倦怠感，食欲不振を主な症状とする。発熱が必発と考えられることが多いが，高齢になるほど平熱のことが多く，軽度意識障害や不穏，体が動かせないといった呼吸器以外の症状しかないことがある。一定の低酸素状態になると呼吸困難が生じる。そのほかの身体所見は，必ずしも診断に役立たず，異常な呼吸音があれば，とても肺炎らしくなるが，逆に呼吸音が正常でも肺炎でないとはいえない。つまり肺炎の全例で異常な身体所見があるわけではない。

　生命予後や重症度に関連するのは呼吸数であり，1分間に20回以上の呼吸は要注意である。血液検査で炎症所見があり，胸部X線検査で異常陰影をみる。肺炎球菌肺炎，レジオネラ肺炎など，特別な検査で診断することができる肺炎もあるが，多くは，原因となった病原体を特定することができない肺炎である。高齢者では潜在的誤嚥や口腔内不衛生を背景にした誤嚥性肺炎が多くなる。特に脳血管疾患や神経変性疾患で多い。また，入院患者や施設入所者では，医療ケア関連肺炎（Healthcare-associated pneumonia：HCAP）といわれる，緑膿菌などの

特殊な病原体による肺炎の割合が多くなる。

❏ 呼吸器疾患の予防

　すべての呼吸器疾患の予防には，禁煙が有効である。

　肺炎球菌肺炎の発症の予防には，肺炎球菌ワクチンとインフルエンザワクチンの併用が有効である。肺炎球菌ワクチンは発症と，医療費の抑制に貢献することは確実だが，亡くなる人を減らすことには貢献しない。

　誤嚥性肺炎の予防には，嚥下の評価と食事形態の工夫のほか，口腔内衛生状態の改善が有効である。

❏ 呼吸器疾患の治療

　慢性閉塞性肺疾患，肺気腫，慢性気管支炎に共通して去痰剤（痰がたまってしまい呼吸困難になるため，咳止めは使用しない）が使用される。

　肺炎では，喀痰培養で病原体が同定できれば，それに対応した抗菌薬を内服または点滴で使用する。高齢者では誤嚥性肺炎の割合が高く，一部は，誤嚥したことがわからないうちに唾液や食物が軌道に流入する，潜在的誤嚥のため起こる。このため，診断と次の肺炎の予防のため，早期に嚥下の評価を行う必要がある。

　嚥下障害の有無にかかわらず，治療初期の栄養不足は，治癒の遅れ，死亡率の上昇の原因となるので，一律に食事を止めてはならない。

　また，長期臥床は呼吸機能の低下に直結するため，ベッド上の安静をつづけないことが重要である。

　気管支喘息の治療は，気管支を広げる気管支拡張剤（吸入，内服，貼り薬），気管支粘膜のむくみを取るステロイド（吸入，点滴，内服），痰を滑らかにして出しやすくする去痰剤（内服，吸入）の組み合わせで行う。吸入は全身への副作用が少なくて済むので，最初に行われる。低酸素状態の場合は酸素吸入を行い，反応に乏しい時は**人工呼吸器**➡を使用する。

　いずれの呼吸器疾患でも症状として低酸素状態になるが，この時，過剰な酸素吸入を行うと，呼吸中枢が抑制され，呼吸数が減って，二酸化炭素が急に貯まることがある。こうなると，**経皮酸素飽和度**➡が十分高くても，眠気が増したり反応性が低下したりして，ついには意識を失う。この時も呼吸数の減少が重要であるが，より正確には，医療機関における動脈血による血液ガス分析が必要になる。

➡**人工呼吸器**

小指ほどの太さのプラスチック製の管を口や鼻から気管まで入れ（挿管），それを通して酸素を送り込んで呼吸を助ける医療機器。挿管せず鼻と口に密着させる方式のものもある。

➡**経皮酸素飽和度**

血液中の赤血球が酸素を運ぶ能力のどれだけが利用されているかを%で表す数値が酸素飽和度で，健常者は97〜100%，酸素が少ない状態では，95%未満になる。93%を下回ると，呼吸困難は確実で多呼吸にもなる。従来，酸素飽和度は，動脈血を直接採取して測定する必要があったが，現在は，手足の爪にセンサーをあてるだけで正確な値を簡単に知ることができる。しかし，呼吸数が多いか，酸素吸入をしている状態では，肺に異常があるわけで安心できない。また，過剰な酸素が投与されていても100%と表示されるので，呼吸数が減って二酸化炭素が貯まる CO_2 ナルコーシスを見逃すことがあるので，過信は禁物である。

5 消化器疾患

消化器は，口・食道・胃・十二指腸・小腸・大腸・肛門といった食物が通過する管の部分と，それに付属する肝臓，胆嚢，膵臓といった塊の臓器がある。前者を消化管，後者を実質臓器と呼ぶ。消化器は，いずれも予備能力が大きいが，加齢により能力が一定程度低下することで消化器の機能が問題となる。

また，消化管，実質臓器は，悪性腫瘍が発生しやすい器官であるため，それぞれのがんの早期発見，早期治療が重要になる。そのために診断・治療には放射線（レントゲン，CT），MR（核磁気共鳴検査），内視鏡検査（胃カメラ，大腸ファイバー）が駆使される。

❏ 消化器疾患の概要
① 歯牙の欠損

若年者では，齲歯（むし歯）が問題になる。中年以降では，口腔衛生状態の悪化に伴い，歯槽膿漏（歯周病）が起こり，歯が抜けて，義歯（入れ歯）が必要になる。歯牙の欠損は，栄養状態の悪化を招き，骨折や感染症のリスクを高め，寿命を短くする。歯科医師，歯科衛生士，言語聴覚士，栄養士などからなるチームで対応する。

② 嚥下障害

脳血管疾患や神経変性疾患のみならず，加齢とともに誤嚥をしやすくなっているため，誤嚥性肺炎のリスクとなるとともに窒息の危険が増す。言語聴覚士による評価とともに，栄養士による食形態の工夫，補助栄養食品やとろみ（増粘）剤の利用などが必要になる。

③ 逆流性食道炎

加齢により，胃の入口（噴門）が緩んだり，胃の位置が横隔膜より上にずれたり（食道裂孔ヘルニア）することで，胃酸が食道に逆流し，胸痛，胸やけ，咳などを起こす。胃酸の分泌を抑え，粘膜を保護する内服薬が使われる。

④ 胃潰瘍

加齢に伴い，胃酸は徐々に減少するが，胃粘膜から分泌される粘液もより減少するため，胃粘膜が荒れ，深いところまで粘膜がなくなったり，進行して穴が開き胃の内容が腹膜にまで達したりことがある。症状がないこともある。

若年者では，十二指腸潰瘍を伴うことがあり，高齢者では，胃がんの一部の症状としての胃潰瘍もみられる。一部に腹痛や出血の症状が

ある。胃や十二指腸で出血すると，胃酸と混ざり，便が黒くなることがある。

⑤　胃がん

日本人のがんによる死因の上位を常に占めてきたのが胃がんである。高塩分食などさまざまな要因が指摘されているが，喫煙が大きく寄与している。

胃カメラや胃透視検査により，無症状のうちに早期発見することが可能なうえ，粘膜のほんの上層だけにがん細胞がある「早期胃がん」の治療を受けた人を含めた5年生存率は，97%以上にも達し，さらに深い部分にまでがんが及ぶ「進行胃がん」でも少なくとも80%以上であり，もはや，治る病気といえるようになった。

☐ 消化器疾患の治療

①　逆流性食道炎

治療の基本は胃酸を抑制する制酸剤，粘膜保護剤などであるが，難治の場合は，少量の制酸剤を継続する維持療法が必要となる。また，喫煙や飲酒，香辛料，炭酸を禁ずることが，より治療効果を高める。噴門部の括約筋が弛緩する作用のある各種薬剤が見逃されていることがあり，可能性のある薬剤は変更を考慮する。

②　胃潰瘍

難治性の胃潰瘍には，胃酸のほか，ヘリコバクター・ピロリ菌が関与している。この菌は，自らが胃酸で消化されないよう，アルカリ性のアンモニアを作って身の回りを中和しているが，このアンモニアが胃と十二指腸の粘膜を傷つけ，潰瘍になるばかりか，胃がんの遠因となる。そこで，除菌をすることで，潰瘍が治癒し，胃がんの発症もほぼ半減することができる。

③　胃がん

早期胃がんのほとんどは，内視鏡的切除術（粘膜下層剥離術）により，開腹せずに治療を完遂することができる。進行胃がんでは，転移の有無が予後を左右するが，基本的には開腹して胃全体を切り取る手術が行われる。いずれも，術後に抗がん剤を内服することが多い。

◻ 肝胆膵疾患の概要

① 肝 炎

薬剤性，アルコール性，ウイルス性があり，急性と慢性がある。急性肝炎のうち，急な悪化で肝不全で死亡するものがある。これを劇症肝炎と呼ぶ。慢性肝炎は，特に自覚症状がなく，長期にわたり軽度から中等度の肝機能障害を示すのみであるが，いずれ肝硬変になる。薬剤性肝炎は，解熱鎮痛薬や漢方薬で起こる。アルコール性肝炎は，長期大量飲酒でおこる。ウイルス性肝炎には，牡蠣などから経口感染し，発熱，黄疸，吐き気，強い倦怠感，肝障害を起こすA型肝炎，輸血や性交渉，母児感染で起こるB型肝炎，輸血や医療行為で起こるC型肝炎がある。

B型肝炎は，感染直後は，発熱，黄疸，吐き気，強い倦怠感，肝障害が起き，まれに劇症肝炎となることがあるが，多くは，しだいに沈静化し，慢性肝炎として長くウイルスを保持するとともに感染力をもつ。この状態をキャリアという。キャリア女性から生まれた新生児は生まれながらにしてキャリアであるが，30歳前後に急性肝炎を発症し，やがてウイルスが駆逐されて，感染力がなくなる。いつ感染したか明確でない例も多い。

C型肝炎は，感染直後の症状はなく，感染時期が不明なことが多い。現在の高齢者の多くは，十分な感染予防が実施されなかった時期に予防接種や注射などの医療行為によって感染したことが推定されている。自覚症状のないうちに慢性肝炎となり，多くが肝硬変に移行する。

介護や看護の場面では，急性・慢性を問わず，ウイルスが活性化している利用者や患者から，接触する介護者，介護者への感染が問題とされるが，体液や血液が傷口や目の粘膜などに直接接触しない限り感染することはないため，手袋を使い，手を洗う「標準予防策」により完全に予防できる。

② 肝硬変

アルコール性およびB・C型の慢性肝炎は，肝細胞の破壊と再生を繰り返すことで末期には肝硬変になる。肝硬変は元に戻らない肝臓の変化であり，タンパク質を合成する力が衰えて低蛋白血症になり，むくみや腹水を生じる。同時に，肝臓でつくられる凝固因子が不足し，また，脾臓が腫大して血小板破壊が起こるため，血小板数が5万/m³未満に減少して，出血傾向を示す。分枝アミノ酸の代謝により，血中アンモニア濃度が上がり，意識障害や異常行動，上肢の震えなどが起こる。これを肝性脳症という。C型慢性肝炎から肝硬変になると，一定の割合で肝細胞がんを発症する。

③　胆嚢炎・胆石症

肝細胞でつくられ，十二指腸から小腸で脂肪の分解を担う消化液である胆汁は，肝臓全体でつくられる。小川が合流して下流で大河となるように，細い肝内胆管が合流を繰り返して1本にまとまった総胆管を通って十二指腸の食物と混ざる。食物がない時は，十二指腸への出口が締まって滞留し，胆嚢に貯まり，出番を待つ。胆嚢は，消化管に近いため細菌が流入しやすく，胆嚢炎を起こすことがある。みぞおちから右脇腹にかけての強い痛みと，発熱，黄疸が主な症状で，肝機能障害を伴い，急に DIC（播種性血管内凝固）になり死に至ることがある。また，胆汁の流れは極めて緩やかなため，胆汁やコレステロールが固まって石ができる。これが胆石で，最近はコレステロール結石が多い。胆石が胆嚢にとどまっているうちは無症状であるが，ひとたび総胆管に落ち込むと，流れをふさぎ閉塞性黄疸を伴う胆嚢炎になる。

④　慢性膵炎

大量飲酒を主な原因とし，初期には腹痛などの自覚症状に乏しい。

🟦 肝胆膵疾患の治療

①　肝　炎

いずれも肝庇護剤，利胆剤が使われる。C型肝炎では，肝機能を温存し，肝硬変への進行を抑制し，肝細胞がんの発症を減少させるため，ウイルスを抑え込む各種治療がつぎつぎと開発されている。

②　肝硬変

分子アミノ酸製剤は，タンパク質の合成能力が低下するため起こる低アルブミン血症で腹水や浮腫が起こるのを防ぎ，血清アルブミン濃度を保つ。これは同時に，アンモニアの産生を抑制し，肝性脳症の予防・治療にも用いられる。

③　胆嚢炎・胆石症

胆管につまって胆嚢炎を引き起こす可能性のある大きさの胆石がある場合は，無症状のうちに腹腔鏡により胆嚢ごと摘出する，内視鏡的胆のう摘出術が勧められる。ひとたび胆嚢炎が起こった場合には，抗菌薬により治療される。

④　慢性膵炎

膵臓の保護を中心とする薬剤が，内服・点滴静注により使用される。

6 腎・泌尿器疾患

☐ 慢性腎疾患

① 概　要

　慢性腎疾患（chronic kidney disease：CKD）は慢性的に腎臓が障害されている病態を広く包括する概念である。尿蛋白（アルブミン）陽性または腎機能低下（GFR $<60\,ml/分/1.73\,m^2$）のどちらか，あるいは両方を満たす状態が3か月以上持続している状態，と定義されている。CKD は末期腎不全だけでなく，脳血管障害や心筋梗塞などを発症する危険があり早期発見・早期治療が重要である。日本では1300万人，人口の13%が罹患していると考えられており生活習慣病の一つともいわれるようになった。高血圧や糖尿病が原疾患となって発症する CKD が多く，腎炎を原疾患とする CKD よりも心筋梗塞や脳梗塞発症のリスクが高い。

➡ GFR

糸球体濾過量（glomerular filtration rate）。腎機能検査の一つで，1分間に糸球体が血液をどれだけ濾過し尿をつくれるかをみた指標。正常は1分間に100 mℓ 前後。

② 予　防

　CKD の危険因子は，男性，加齢，喫煙，高血圧，肥満，脂質代謝異常，糖尿病，高尿酸血症，メタボリックシンドロームなどである。よって生活習慣病の予防策と重なり，食事改善，定期的な運動，禁煙，大量飲酒の回避などが予防となる。自覚症状はないので，健康診断で蛋白尿陽性で発見されることも多い。健康診断や特定健康診査を受けるよう薦めることも大切である。

③ 治　療

　原因疾患に対する治療（たとえば，慢性腎炎），危険因子に対する介入と治療（たとえば，高血圧や糖尿病），腎機能低下に対する治療と3段階で治療計画を立てる。

☐ 慢性腎不全

① 概　念

　CKD という概念の登場により，これまで慢性腎不全として語られてきた病態は CKD に含まれることになった。図4-2は CKD のステージ分類である。慢性腎不全は，数か月以上の経過で腎障害が進行し不可逆的となった状態をいい，ステージ G3以上に相当する。最重度のステージ G5が末期腎不全（ESKD）の状態である。ESKD では，排泄能の低下により，尿から体外に排泄されるべき物質が排泄されず蓄積することでさまざまな症状を引き起こす。これを尿毒症という。倦怠感，意識障害，**クスマウル（Kussmaul）大呼吸**，貧血，易出血性，

➡ ESKD

end stage kidney disease の略称で末期腎不全のこと。CKDの分類でこのように表記されている。末期腎不全を end stage renal failure（ESRF）と表記することもある。

➡ クスマウル（Kussmaul）大呼吸

速く深い規則正しい努力様の呼吸で，腎不全による電解質異常（アシドーシス）を補正するための呼吸。昏睡や死が目前の切迫した呼吸の一つ。

図4-2　CKDの重症度分類と治療法

ステージ	重症度の解釈	eGFR* (mℓ/分/1.73m²)
	ハイリスク群 糖尿病, 高血圧など危険因子(+)	90以上
ステージG1	正常または高値	90以上
ステージG2	正常または軽度低下	60〜89
ステージG3a	軽度から中等度低下	45〜59
ステージG3b	中等度から高度低下	30〜44
ステージG4	高度低下	15〜29
ステージG5	末期腎不全（ESKD）	15未満

治療：生活改善・食事療法・薬物療法／腎移植の準備・透析療法

注：＊は推算GFR。血液のクレアチニン値，年齢，性別から計算。簡便なため
　　日常診療ではeGFRを使うことが多く，GFRの代わりとしている。単位は
　　mℓ/分/1.73 m²。
出所：日本腎臓学会（2018）『CKD診療ガイドライン2018』を参考に筆者作成.

高血圧，口臭，肺水腫など多彩な症状をとる。人工透析導入の原疾患では糖尿病性腎症が最も多く，腎硬化症，慢性糸球体腎炎と続く。

② 予　防

CKDに準ずる。

③ 治　療

図4-2にあるようにステージG4，G5の重症度では腎代替療法，すなわち人工透析か腎移植を検討しなければならない。人工透析には血液透析と腹膜透析がある（図4-3）。血液透析は，血液を体外循環させ透析器を用いた血液浄化後に体内に戻す治療法である。血液透析では血液の取り入れ口で大量の血液（150〜200 mℓ/分）を採取するので，血流を確保するために動脈と静脈をつなぎ合わせたシャントを造設する必要がある。一般的に週3回，1回4時間以上かけて治療する。

一方，腹膜透析は，腹腔内に透析液を注入し，腹膜を介して血液浄化をする療法である。当事者自身が毎回2ℓ前後の透析液交換を1日3〜5回行う持続携行式腹膜透析（CAPD）と，夜間睡眠中に自動腹膜灌流装置を用いて液交換を行う自動腹膜透析（APD）がある。血液透析の方が圧倒的に多く，腹膜透析は3％ほどにすぎない。人工透析は特定疾病療養制度，身体障害者手帳の対象となる。腎移植は根治的な腎代替療法だが，日本では年間1,600件程度と徐々に増えてはいるが，透析と比べると圧倒的に少ない。

☐ 慢性糸球体腎炎

ESKDに至る疾患として頻度が高いが，紙面の関係上，詳細には記述できないので，ソーシャルワーカーに知ってもらいたい指定難病と

図4-3　血液透析と腹膜透析

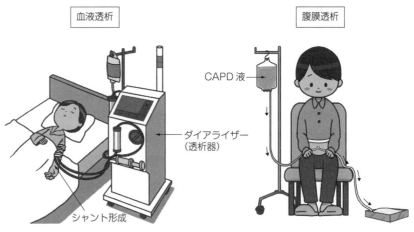

出所：筆者作成.

表4-1　腎泌尿器疾患の指定難病一覧

告示番号	病名
66	IgA 腎症
67	多発性嚢胞腎
109	非典型溶血性尿毒症症候群
218	アルポート症候群
219	ギャロウエイト・モワト症候群
220	急速進行性糸球体腎炎
221	抗糸球体基底膜腎炎
222	一次性ネフローゼ症候群
223	一次性膜性増殖性糸球体腎炎
224	紫斑病性腎炎
225	先天性腎性尿崩症
226	間質性膀胱炎（ハンナ型）
315	ネイルパテラ（爪膝蓋骨症候群）/LMX1B 腎症

して，認定されている疾患名だけを列挙するに留める。**表4-1**は指定難病のうち，腎疾患だけを抽出した一覧表である。この中でも IgA 腎症，急速進行性糸球体腎炎，一次性ネフローゼ症候群，一次性膜性増殖性糸球体腎炎，紫斑病性腎炎が，慢性糸球体腎炎の関連疾患である。難病には指定されていないが，透析導入で最も多い糖尿病性腎症は二次性の糸球体疾患と考えられる。

☐ 尿路感染症

① 概　念

尿路（腎・尿管・膀胱・尿道）の感染症の総称。ここでは腎盂腎炎と膀胱炎について説明する。腎盂腎炎は**上行性感染**で膀胱炎に続いて起こるものが多い。女性に多い理由は，解剖学的に外尿道口が膣前庭に開口しており汚染を受けやすいことや，尿道口が短いためとされてい

➡️上行性感染
尿道口から侵入した細菌が尿道，膀胱，腎と尿路をさかのぼって引き起こす感染症。

る。原因菌の70〜80％は大腸菌である。悪寒・戦慄を伴う高熱，腰背部痛を訴えることが多く，**肋骨脊柱角叩打痛**➡は重要な所見である。膀胱炎では発熱はなく，頻尿，排尿時痛，尿混濁が3徴で，残尿感も頻度の高い症状である。膀胱炎の原因菌も大腸菌が多い。

② 予　防

十分に水分摂取する。尿を我慢しない。外陰部を清潔に保つ。下着や生理用品は毎日取り換える。排泄後の清拭は前から後ろへ行う。性行為前後に排尿する。尿路感染症をきたしやすい因子としては，尿路結石・腫瘍・膀胱尿管逆流症（VUR）・前立腺肥大・神経因性膀胱・痛風・糖尿病などの基礎疾患があることや，尿道カテーテル留置，妊娠などがあり，該当する場合は発症に注意する。

③ 治　療

安静，保温，水分摂取を基本とし，抗菌薬の投与が重要である。腎盂腎炎では輸液により排尿量を増やすことも大事である。腎盂腎炎では細菌が血流にのりやすく，敗血症からのエンドトキシンショックをきたすことがあるので早期治療が望ましい。

🔲 尿路結石

① 概　要

尿路結石は，尿成分の一部が結晶化し，これらが集まり増大して石を形成し，尿路内に留まった状態をいう。男性に多く，血尿を伴う腰背部痛が出現する。疝痛発作は尿が濃縮される夜間から明け方に多い。肋骨脊柱角叩打痛の所見を認める。

② 予　防

食事の欧米化，すなわち動物性タンパク質や高脂肪な食事が原因とされており，食生活を改善する。また飲水指導など水分摂取が予防につながる。長期臥床，神経因性膀胱，尿道カテーテルの長期留置が原因であることも多く，該当する場合は，疝痛発作だけでなく，併発する尿路感染症への注意が必要となる。

③ 治　療

疝痛発作に対しては，鎮痙薬や鎮痛薬を投与するとともに輸液を行う。発作や尿路感染を繰り返す時は，体外衝撃波砕石術（ESWL），経尿道的尿管砕石術（TUL），経皮的腎砕石術（PNL）などを行う。

🔲 前立腺肥大

① 概　念

加齢に伴い前立腺が肥大化し，尿道や膀胱を圧迫して排尿障害をき

➡**肋骨脊柱角叩打痛**
CVA叩打痛ともいう。背中の肋骨と脊柱が三角に交わる部位に手を置き，手の上から叩くと，鈍痛が認められる所見。

たす状態をいう。尿勢低下，途絶，頻尿，夜間頻尿，残尿発生，排尿困難などの症状がある。ひどくなると尿閉➡が出現する。

② 予　防

前立腺肥大症は肥満，高血圧，糖尿病の人に多い。動物性蛋白や脂肪をひかえる食事の改善，定期的な運動，水分摂取，大量飲酒を控えるなどを行う。

③ 治　療

交感神経を抑制する薬（α1遮断薬など），抗男性ホルモン剤，漢方薬などの薬物療法が用いられる。薬物の効果が不十分な場合や，尿閉・尿路結石・尿路感染・腎機能障害などを合併する場合には，経尿道的前立腺切除術（TUR-P）をはじめとする外科的療法の適応となる。

7 神経疾患

神経疾患は大脳，脳幹，小脳，脊髄の中枢神経系と，末梢神経系に分けられ，さまざまな疾患を認めるが，代表的な疾患を概説する。

☐ パーキンソン病

① 概　要

パーキンソンにより1817年に振戦麻痺としてはじめて報告された疾患である。中脳にある神経核（黒質）の神経細胞の減少や消失がみられ，黒質・線条体系で働く神経伝達物質（ドーパミン）が減少して発症する。身体の運動を司る錐体外路系という神経経路の障害であり，本疾患による諸症候は錐体外路症状といわれる。発病は40〜60歳に多く，徐々に発病し慢性の経過をとり，しだいに病状が進行する。日本での有病率は人口10万対100〜150といわれる。

症状として，(1)安静時振戦➡，(2)筋固縮➡，(3)無動・寡動➡，(4)姿勢反射障害➡，の4つの兆候がみられる。

これらはパーキンソニズムと総称され，本疾患だけでなく後述するパーキンソン症候群や，他の疾患による錐体外路症状でも認められる。症状は，上肢または下肢の一側性にはじまり，経過とともに両側，四肢に進展する。前屈姿勢をとり，歩行はすり足で，小刻み歩行となる。症状が進むと，突進現象，すくみ足が出現し，さらに進むと歩行不能となる。嚥下障害をきたして経口摂取が困難になることもある。便秘，起立性低血圧，多汗，流涎，脂顔などの自律神経症状を合併することもある。運動障害の程度については，ホーエン-ヤール（Hohen-Yahr）重症度分類が用いられる（**表4-2**）。特定疾患認定には本分類が用い

表4-2　ホーエン-ヤール重症度分類

Ⅰ度	片側の振戦，筋固縮がみられる
Ⅱ度	両側の振戦，筋固縮，無動などがみられ，日常生活に不便を感じる
Ⅲ度	明らかな歩行障害，姿勢反射の障害。生活は自立できる
Ⅳ度	起立や歩行などの日常生活動作が著しく低下し，日常生活に何らかの介助を要する。歩行はかろうじて可能
Ⅴ度	移動に車椅子が必要または寝たきり状態になり，日常生活の介助が全面的に必要となる

られる。

② 予　防

予防法はない。

③ 治　療

薬物療法としては，ドーパミンを補うためにL-ドーパ，ドパミンアゴニストが使用される。このほか各種の抗パーキンソン病薬があり，症状に合わせて適宜組み合わされる。パーキンソン病に薬物療法は不可欠であるが，長年薬剤を使用していると，薬の有効時間が短縮し（Wearing-off現象），この場合は薬剤の少量頻回投与などの工夫が必要になる。薬物療法だけでなく，二次的な筋力低下を予防するためのリハビリテーションや，できる範囲で活動的な生活を促すなど，生活への介入も重要である。

☐ パーキンソン症候群

脳循環障害，脳炎，一酸化炭素中毒，マンガン中毒，向精神薬（ハロペリドール等）の副作用などで，パーキンソン病に類似した症状がみられることがあり，パーキンソン症候群と呼ばれる。パーキンソン症候群では，L-ドーパなどのパーキンソン病治療薬は効きにくいのが特徴である。

☐ 脊髄小脳変性症

① 概　要

脊髄小脳変性症（spinocerebellar degeneration：SCD）は，脊髄，小脳，および関連する神経経路に病変を生じる原因不明の変性疾患の総称であり，種々の疾患（病型）に分類されている。脊髄病変が強い病型以外のものでは，中年以降に発症することが多い。病型によっては，遺伝性・家族性発現を呈するものがある。主症状は運動失調で，発症は緩徐であり，進行性の経過をとる。運動失調では，軀幹のふらつき，歩行障害，言語障害，上肢の失調による書字障害などがみられる。障

害がすすむと歩行不能となる。嚥下障害を呈することもある。

　② 予　防

　予防法はない。

　③ 治　療

　運動失調に対して甲状腺刺激ホルモン放出製剤が使用されることがある。またパーキンソン症候には抗パーキンソン薬，痙縮には抗痙縮薬などが対症的に用いられることがある。他の運動機能低下をきたす変性疾患同様に，リハビリテーションも検討されるべきである。

□ 筋萎縮性側索硬化症

　① 概　要

　筋萎縮性側索硬化症（amyotrophic lateral sclerosis：ALS）は，上位および下位の運動ニューロンが選択的におかされる原因不明の神経変性疾患である。通常40～60代で発病し，全身の運動麻痺と筋萎縮が進行する。上肢または下肢の脱力で発症する型，**球麻痺**（構音障害，嚥下障害，舌萎縮など）から発症する型（進行性球麻痺ともいう）がある。知覚障害，膀胱・直腸障害がみられないのが特徴である。発症は緩徐であり，運動麻痺，球麻痺，呼吸筋麻痺といった一連の症状がそれぞれ進行していく。

　② 予　防

　予防法はない。

　③ 治　療

　治療薬として，グルタミン酸拮抗剤はALSの進行を遅らせる作用があるが，根治的な治療方法はない。嚥下障害が進行した際には胃瘻などの経管栄養，呼吸障害が進行した際は人工呼吸器使用が考慮されるが，患者本人のQOLを考慮し，十分な説明と同意のもとにこれらの治療が決定されるべきである。

□ その他の神経変性疾患

　① 進行性核上性麻痺

　大脳基底核や脳幹が障害され，眼球運動障害とパーキンソニズムを中核症状とする。

　② 多系統萎縮症

　小脳失調優位のオリーブ橋小脳萎縮症（MSA-C），錐体外路症状優位の線条体黒質変性症（MSA-P），自律神経症状優位のシャイ・ドレーガー症候群の3病型がある。

➡ 球麻痺
「球」とは脳幹部の延髄を指し，延髄から出ている脳神経の麻痺により，構音障害や嚥下障害などをきたすことをいう。

③　脊髄性筋萎縮症

下位ニューロンの変性，近位筋優位の骨格筋萎縮と全身の筋力低下を認める。

□ 多発性硬化症

①　概　要

多発性硬化症（multiple screlosis：MS）は，中枢神経組織の**脱髄性疾患**である。中枢神経のみ侵され，末梢神経は通常障害されない。症状は病巣部位によって多彩であり，視神経炎では視力障害が，大脳病変では運動障害や感覚障害が，脳幹や小脳病変では複視や失調が，脊髄病変では対麻痺や排尿障害などが出現する。上記のように多彩な神経症状（空間的多発性）と寛解と増悪を繰り返しながら，しだいに悪化していく経過（時間的多発性）をとるのを特徴とする。

②　予　防

予防法はない。

③　治　療

急性期治療としてはステロイドパルス療法，すなわち高用量のステロイドの短期集中投与が行われる。その他は，痙縮に対しては抗痙縮薬，けいれんに対しては抗てんかん薬などの対症療法が行われる。

□ ギランバレー症候群

①　概　要

ギランバレー症候群（guillan-barré syndrome：GBS）とは，急性の運動麻痺を主症状とする，多発性の炎症性末梢神経炎である。約70％で何らかのウイルス，細菌感染が先行する。神経の炎症の場所によって，軸索障害型と髄鞘障害型に分かれる。典型例では，数日から数週間の経過で左右対称の四肢の運動麻痺を認める。約10％は呼吸筋麻痺のために人工呼吸器での管理が必要となる。

②　予　防

予防法はない。

③　治　療

免疫グロブリンの投与や血漿交換療法が行われる。予後は通常良好だが，運動麻痺などの後遺症を残すことがある。

➡ 脱髄性疾患
中枢神経および末梢神経の多くは，神経線維の周囲をミエリンという幾層もの脂肪組織で覆われ，髄鞘と呼ばれる組織を形成し，神経伝達を速くする役割をもっている。この髄鞘が障害される病気を脱髄性疾患といい，種々の神経症状を呈する。

8 血液疾患

◻ 貧 血
① 概 念

貧血は末梢血の赤血球成分が減少した状態を指し，ヘモグロビン濃度の低下で定義される。正常参考値は年齢，性別，人種によって異なるが，WHO の基準では男性が13 g／dℓ 以下，成人女性が12 g／dℓ 以下とされている。症状は，全身倦怠感，めまい，疲労感，顔面蒼白，動悸，息切れなど。身体所見としては眼瞼結膜の蒼白，心雑音，匙状爪などがある。貧血は多数の名称に分類されるが，最も多いのは鉄欠乏性貧血である。原因は，偏食，月経過多，消化管出血，子宮筋腫，成長期女性，妊娠，授乳などさまざまである。

再生不良貧血は，骨髄で**造血幹細胞**[→]が減少して起こり，指定難病の対象疾患である。巨赤芽球性貧血は，ビタミン B_{12} の欠乏や葉酸欠乏が原因とされている。ビタミン B_{12} 欠乏は菜食主義者や胃術後にみられ，葉酸欠乏は妊婦や慢性アルコール中毒にみられる。

その他，二次的に起こる貧血も多数あり，慢性感染症（肺炎，尿路感染症，HIV など），慢性炎症性疾患（関節リウマチなど），悪性腫瘍（消化器系，婦人科系のがん），肝疾患（肝硬変，肝炎など），腎疾患（慢性腎不全），内分泌疾患（甲状腺機能低下症など），妊娠などがあげられる。

② 予 防

偏食に注意する。鉄分，ビタミン B_{12}，葉酸などの不足が原因の場合は，補うような食事を考える。

③ 治 療

原因がわかれば，原因疾患に対する治療を行う。鉄欠乏性貧血では，食事指導とともに鉄剤を投与する。鉄剤の内服をすると便が黒くなり，血便と間違われるので知っておくとよい。消化管出血，がん，慢性炎症などの慢性失血を見逃さないことが大事で，二次的貧血の場合は原因精査を要する。原因疾患が改善すると貧血も改善する。

◻ 白血病
① 概 念

白血病は血液のがんの総称である。骨髄の造血幹細胞は分化し，白血球，赤血球，血小板など成熟した血液細胞となって血管を流れるが，この分化の過程で，造血管細胞や前駆細胞に遺伝子変異が生じ，がん化した細胞が異常に増殖する。正常の血液細胞の増殖と機能は阻害さ

[→]造血幹細胞

赤血球，白血球などすべての血液細胞は骨髄に存在する造血幹細胞が分化したものである。

れ，白血病細胞が骨髄に留まることなく，ついには末梢血にまであふれ出てくるという疾患である。白血病の症状は多彩であるが，血球の機能が失われることによる現象と考えると整理できる。貧血による易疲労感・めまい・息切れ，好中球減少による易感染性・発熱・敗血症，血小板減少による出血傾向などが主な症状となる。もともと白血病は，数日から数週間の単位で悪化し死に至る急性白血病と年余にわたる経過で進行する慢性白血病に分類されていたが，リンパ系細胞と骨髄性という細胞成分による分類が加わり，現在では急性骨髄性白血病（AML），急性リンパ性白血病（ALL），慢性骨髄性白血病（CML），慢性リンパ性白血病（CLL）の大きく 4 種類に分類される。日本の白血病の内訳は，AML が50%，CML と ALL が20%，CLL が 5 %未満である。40歳以上の発症が増加傾向で，小児は横ばいから減少傾向である。

② 予 防

　広島・長崎の原子爆弾による被爆や，チェルノブイリの原発事故後に白血病が発症したことから，放射線との関係は明らかである。また喫煙と CML の関係も明らかとなった。南九州，沖縄，五島列島に多い成人 T 細胞白血病は HTLV-1というウイルスが原因で母乳を介して母から子へつたわる。その場合，母乳を与えないなどの工夫が予防につながる。

③ 治 療

　原因にもよるが白血病は，"total cell kill"（白血病細胞を根絶させること）の治療理念に基づき完全に治すことを目指す。寛解導入療法といって複数の抗がん剤を併用する治療を行う。治療後に，末梢血に白血病細胞が存在せず骨髄の芽球比率が 5 %未満の状態を，完全寛解（complete remission：CR）と呼ぶ。CR となっても再発の可能性があるため，寛解後療法として，地固め療法，維持療法などを行う。化学療法が効かない場合は，造血幹細胞移植法（骨髄移植）の適応となる。

□ 悪性リンパ腫

① 概 念

　リンパ球ががん化する悪性腫瘍で，リンパ節組織が病巣である。前述の ALL や CLL などリンパ性白血病が，血管内でがん化した細胞が増殖するのに対し，悪性リンパ腫はリンパ節などで増殖する。罹患率は人口10万人あたり年間10人といわれており，成人の血液腫瘍の中では最も頻度が高い。特に中高年に多い。症状は，頸部，腋窩，鼠径部のしこりを主訴に，見つかることが多い。全身症状としては，発熱，体重減少，盗汗などを伴うこともある。悪性リンパ腫の種類は70種類

➡ 末梢血
骨髄に対して，血管を流れる血液のこと。

➡ 盗汗
寝汗のこと。パジャマやシーツを取り換えるほどの激しい寝汗をいう。

以上もあるが，ホジキンリンパ腫と非ホジキンリンパ腫に大別され，日本人は非ホジキンリンパ腫が圧倒的に多い。腫瘍の広がりの程度によってⅠ期からⅣ期までの病期が決定される。簡単にいえば，Ⅰ期は体の一部に留まっているもので，Ⅳ期は全身に転移している状態である。

② 予 防

原因は明らかではなく予防法はない。ただし，一部の悪性リンパ腫はEBウイルス，HTLV-1ウイルス，ピロリ菌との関連が指摘されている。HTLV-1については前述の通り。ピロリ菌は胃潰瘍や胃がんなどの原因として知られているが，陽性であれば，除菌すれば予防につながる。

③ 治 療

抗がん剤を用いる化学療法が中心となる。悪性リンパ腫の種類と病期によって，それぞれ治療内容は異なる。

□ 多発性骨髄腫

① 概 念

リンパ球B細胞から分化した形質細胞ががん化した悪性腫瘍である。形質細胞は，体のさまざまな器官に分布して，抗体をつくる機能をもち，ウイルスなどの外敵から守る働きをしている。この形質細胞ががん化して骨髄腫細胞となり，多発性骨髄腫を発症する。骨髄腫細胞が骨髄内に増殖し，役に立たない抗体（M蛋白と呼ばれる）をつくり続け，本来の造血のプロセスが阻止され，さまざまな症状を引き起こす。高齢者に多い。発症は緩徐で，骨痛や腰痛を初発とすることが多く，腰椎圧迫骨折などをきっかけに診断されることが多い。貧血，高カルシウム血症，腎機能障害を伴う。貧血による息切れや倦怠感，白血球減少による易感染性，血小板減少による出血傾向がみられる。

② 予 防

原因はわかっておらず，予防法はない。染色体や遺伝子の異常と考えられている。

③ 治 療

化学療法が中心となる。

9 悪性腫瘍

□ 悪性腫瘍の概要

2020（令和2）年の日本の死因をみると，1位が悪性新生物，2位

が心疾患，3 位が老衰，4 位が脳血管障害，5 位が肺炎となっている[1]。悪性新生物は1981（昭和56）年以降，不動の 1 位である。2018年については全死亡者の3.6人に 1 人が悪性新生物で死亡したこととなる。

悪性新生物（がん，悪性腫瘍ともいう）とは，上皮性組織（皮膚，粘膜，神経組織など）から生じるがんのほか，筋肉・骨・結合組織から生じる肉腫，血液の悪性新生物である白血病・悪性リンパ腫・多発性骨髄腫などの総称である。統計調査では悪性新生物という用語を使うことが多いが，本節では文脈に応じて用語を使い分ける。

さて，死因 1 位の悪性新生物の内訳を男女別にみると，男性は，1 位肺がん，2 位胃がん，3 位大腸がん，4 位膵臓がん，5 位肝がんである。一方，女性は 1 位大腸がん，2 位肺がん，3 位膵臓がん，4 位乳がん，5 位胃がんとなっている。男女ともに60歳代から増加し，高齢になるほど発症率が高い。男女差では60歳以降は男性が顕著に多い。

同じ臓器に発症したがんでも，たとえば肺がんであっても胃がんであっても，それぞれ数種類の病理学的な分類がある。病期の違いもある。そこまで診断して，治療方針が決まっていく。したがって，がんの治療について一概に論ずることはできない。ここではがんに共通している概念，予防，治療について論じた後，頻度の高い肺がん・胃がん・大腸がんについて簡潔に整理し，緩和ケアについても触れていく。

☐ 悪性腫瘍（がん）と良性腫瘍のちがい

がんが良性ではなく悪性腫瘍といわれる理由は以下の 3 つに基づく。

① 自律的に増殖

がん細胞は，ヒトの正常な新陳代謝を阻止し，周囲からの制御を受けずに，自律的に止まることなく無秩序に増殖する。

② 浸潤と転移

浸潤とは，周囲の組織や臓器にがん細胞が浸み込んで拡がっていくことである。転移とは，離れた別の臓器にがん細胞が飛び，そこで増殖していくことである。転移のルートは血液（血行性），リンパ管（リンパ行性），播種（胸水や腹水を伝わって）の 3 種類がある。

③ 悪液質

正常な組織が摂取すべき栄養をがん組織が奪い，体が衰弱していくこと。

☐ 悪性腫瘍（がん）の予防

生活習慣の中で，がんと最も関係が深いのは喫煙である。肺がんをはじめ，口腔，鼻咽頭，喉頭，食道，胃，膵臓，肝臓，膀胱，子宮頸

部，卵巣のがん，骨髄性白血病の原因であることがわかっている。喫煙の習慣のない人も，受動喫煙により肺がんのリスクは1.3倍高くなる。塩分の過剰摂取，多量の飲酒は，胃がん，食道がんの危険因子である。脂肪の過剰摂取は大腸がん，乳がん，膵臓がんと関連があることが明らかとなっている。したがって禁煙，節酒，脂肪分の少ない食事はがんの予防につながる。また緑黄色野菜や食物繊維が，がんの発生を抑制することが知られており，以上のような生活習慣を心がけたい。

　がんの早期発見という意味では，がん検診の意義は大きい。胃がんは早期に見つかれば，内視鏡手術で治癒にいたる。

☐ 悪性腫瘍（がん）の治療

　EBM➡️の考えが浸透したおかげで，本書で紹介するような頻度の高いがんについては，各学会が臓器別にガイドラインを作成している。臓器別，病理診断別，病期別に治療の手順をアルゴリズムやフローチャートで示しているものが多い。病期はTNM分類といって，T（がんの病巣の大きさ），N（周辺リンパ節への転移），M（別臓器への転移）によって0期からⅣ期の5段階で示している。ガイドラインの登場により，現代では全国どこでも診断や治療法が標準化されている。インフォームド・コンセントという意味でもガイドラインは役立っている。がんの3大治療法は以下の通りである。

① 外科療法

　手術で病巣を切除する治療法である。根治手術，姑息手術，機能温存手術，再建手術などがある。がんの種類，病期によっては侵襲の少ない内視鏡手術もある。

② 化学療法

　抗がん剤を投与することで，がん細胞を死滅させたり，増殖を防ぐ治療法である。脱毛や吐き気などの副作用が知られているが，医学の進歩により以前ほどではない。内服薬による化学療法が発展し，種類や投与法は多様化している。

③ 放射線療法

　がんの病巣部に放射線を照射して，がん細胞を死滅させる局所療法である。医学の進歩により局所だけに焦点をあてた照射が可能となり，その効果は向上している。

　その他，白血病などでは，造血幹細胞移植（骨髄移植）が治療法の一つである。免疫療法も研究が進み，今後期待される。

➡️ EBM (Evidence-based Medicine)
日本語訳は，「根拠に基づく医療」となる。臨床疫学を土台に1990年代に医学界で生まれた概念。社会福祉学のEBPのもととなる考えである。エビデンスのよりどころが基礎研究から臨床研究にパラダイムシフトした。

□ 肺がん・胃がん・大腸がん

　日本における，男女を合わせた死因のトップ3である肺がん・大腸がん・胃がんについて整理する。

① 肺がん

　原発性肺がんと転移性肺がんに大別される。原発性肺がんは，扁平上皮がん，腺がん，大細胞がん，小細胞がんの大きく4種類に分けられる。扁平上皮がんと小細胞がんは喫煙との関係が深く，**肺門**部に発症する。腺がんと大細胞がんは肺野に多い。腺がんが最も頻度が高い。咳，血痰，体重減少，発熱，倦怠感，呼吸困難などが主な症状であるが，一般的にⅠ期Ⅱ期はほとんど無症状。検診で発見されることも多い。また原発巣は別にあり，転移性肺がんとなって致死的になるケースもある。

> **➡ 肺門**
> 左右の主気管支が肺に入る入口部分。これに対し，肺野は細気管支や肺胞などがある末梢を指す。

② 大腸がん

　食生活の欧米化に伴い増加しており，赤肉・加工肉・肥満が危険因子であり，生活習慣病の一つと考えられるようになった。高齢の男性に多い。早期にはほとんど症状はない。進行例では血便や腹痛を生じる。腸閉塞で見つかる場合もある。直腸がんの場合は人工肛門（ストーマ）を造設することがあり，術後の生活が大きく変わる。

③ 胃がん

　以前は日本において最も多いがんであったが，男女ともに減少傾向にある。ヘリコバクター・ピロリ菌の感染により，萎縮性胃炎などを経て胃がんになることが多い。胃潰瘍でピロリ菌陽性の場合に除菌療法がなされるのは予防目的である。早期胃がんの場合は無症状で健診で発見されることが多い。食欲不振，体重減少，嘔吐，吐血，下血，黒色便などが主な症状である。進行するとリンパ節転移，血行性に肝転移，腹膜転移を認める。

□ 緩和ケア・支持療法

　がんによる苦痛は身体的苦痛，精神的苦痛，社会的苦痛，スピリチュアルペインと，4つがあり，合わせて全人的苦痛と呼ぶ。これらの痛みを和らげる治療のことを緩和医療もしくは緩和ケアという。積極的な治療ができなくなってからはじめるのではなく，がんと診断された時から開始する。がんにおいては，医療用麻薬（オピオイド）を使用するのが世界標準となっている。一方，支持療法は，化学療法による副作用，たとえば吐気や便秘などに対する治療をいう。緩和ケアは支持療法を含む概念で，非がん疾患にも使われる用語なので，第4節で詳細を記述する。

➡接触感染

皮膚や粘膜との接触による感染，手指などを介する感染をいう。**梅毒**➡，HIV，Ｂ型肝炎，クラミジアなど。

➡梅毒

梅毒トレポネーマによる感染症。性交渉により感染。数週間の潜伏期間を経て全身に多様な症状がでる。長らく減少傾向であったが，2010年頃から再び増え始めている。

➡飛沫感染

咳，くしゃみ，会話などの際に病原体を含む飛沫（水しぶき）を吸い込むことによって感染がおこる。インフルエンザ，マイコプラズマ，アデノウイルスなど。１～２ｍ程で落下してしまうので遠方の人には及ばない。新型コロナウイルス感染が流行した時には「ソーシャルディスタンス」と称し，２ｍ距離を空けることが推奨された。

➡空気感染

病原体を含む飛沫の水分が蒸発し，その芯である飛沫核が空中を浮遊し，それを吸い込むことで感染する。**結核**➡，麻疹，水痘など。

➡結核

昭和20年代まで日本の死因の第１位であったが，現在は抗生物質の開発により治癒する病気となった。しかし今もなお２万人近くが発症しており，早期発見が重要である。

➡経口感染

病原体を含む水や食べ物を介して感染することをいう。カンピロバクター，ノロウイルス，アニサキス，サルモネラなど。

10　感染症

感染症の概要

　私たちの身体は微生物とともに生きている。健康な人にも，口，皮膚，喉，胃腸などにさまざまな微生物がいる。多くの微生物は人体に害を与えず，むしろ消化や生理的な働きを助けるなど，人と共存しており，常在菌と呼ばれる。一方，病気を引き起こす微生物もあり，これを病原微生物（病原体）と呼び，病原体が体に侵入し増えた状態を感染という。感染によって熱，痛み，腫れ，倦怠感などの症状があった場合を感染症という。感染しても無症状の場合もあり，これを不顕性感染という。また症状がないのに検査で病原体が検出されることがあり，これをキャリアという。感染してから一定の期間を経て発病する場合，感染から発病までの期間を潜伏期間と呼ぶ。

　病原体には，ウイルス，細菌，真菌，原虫，寄生虫などさまざまな種類があり，それぞれ大きさや構造が異なる。細菌が１～５ μm（マイクロメートル，1000分の１mm）に対し，ウイルスは10～400 nm（ナノメーター，100万分の１mm）と極めて小さい。感染経路別に，**接触感染**➡，**飛沫感染**➡，**空気感染**➡，**経口感染**➡，**媒介動物による感染**➡，**血液や体液を介する感染**➡，**母子（垂直）感染**➡などがある。

インフルエンザ

①　概　要

　インフルエンザウイルスによる気道を中心とした急性感染症である。Ａ型，Ｂ型，Ｃ型の３種類があり，Ａ型が最も重症で流行の原因となる。毎年年末から３月に流行する。38℃以上の高熱，筋肉痛，関節痛などで発症する。肺炎，脳炎，脳症などを合併し重篤化する場合もある。

②　予　防

　手洗い，うがい，マスクを着用するとともに，人ごみを避けるなどする。インフルエンザワクチンの効果は５か月間持続する。ワクチン接種していれば罹患したとしても重篤化は防げる。医療機関，介護・福祉施設，学校では集団感染の予防対策が重要である。

③　治　療

　発症48時間以内にノイラミニダーゼ阻害薬，オセルタミビル（タミフル®），ザナビル（リレンザ®），ラニナビル（イナビル®）を投与する。小児には解熱鎮痛剤のアスピリンを投与しない。**ライ症候群**➡を合併す

る可能性があるためである。

◯ ウイルス性胃腸炎（ノロウイルス，ロタウイルス）

① 概 要

お腹のかぜといわれるもので，下痢，嘔吐，腹痛などが主な症状である。ロタウイルスは乳幼児に多く，白色の下痢が特徴で，保育園や幼稚園で毎年みられる。潜伏期間は24〜72時間。ウイルスのついた食品や患児の便に触れた手を介するなど，経口感染と接触感染がある。ノロウイルスは成人の冬のウイルス性腸炎では最も多く，ロタウイルスと同様に経口感染と接触感染が主な感染経路である。吐物を放置することで空気中に漂う飛沫から感染する場合もある。潜伏期間は24時間から48時間。主な症状は吐気，嘔吐，下痢，腹痛で発熱は軽度である。症状の期間は短く，通常1〜2日で改善する。介護保険施設などでの集団感染があり注意を要する。

② 予 防

手洗いを励行する。ロタウイルスは日本でも予防接種を受けられるようになった。

③ 治 療

下痢や嘔吐に伴う脱水症状に対しては水分補給，輸液を行う。

◯ 食中毒

① 概 要

食中毒とは，食品に起因する下痢，腹痛，発熱，嘔吐などの症状の総称である。サルモネラ菌，病原性大腸菌，ボツリヌス菌，ノロウイルス，アニサキス，ふぐ毒，きのこ毒などがある（それぞれの微生物については用語解説を参照）。ここでは病原性大腸菌 O-157を紹介する。O-157はベロ毒素を産生する大腸菌で，腹痛，水様性下痢，嘔吐，血便があり，重症化すると溶血性尿毒症症候群となり死に至ることがある。医療，介護，福祉の施設から子ども食堂まで，食事を扱う組織は，食中毒に細心の注意を払わなければならない。

② 予 防

厚生労働省は，菌をつけない（清潔），菌を増やさない（迅速），菌をやっつける（加熱または冷却）を予防3原則としている。手洗い，包丁・まな板・食器の清潔，速やかに調理して食べる，調理に際しては十分に加熱し，保存はラップをして冷蔵庫に入れる，などを指す。

③ 治 療

原因菌によって治療は異なる。下痢や嘔吐で脱水となるので輸液は

▶ 媒介動物による感染

病原体が付着・感染した動物を介して感染する。マラリア，疥癬，オウム病など。

▶ 血液や体液を介する感染

B型・C型肝炎やHIVなど輸血や血液の接触により起こる感染である。

▶ 母子（垂直）感染

母体から胎児もしくは新生児へ，胎内・産道・授乳を介しておこる感染である。梅毒，風疹，HIV，HTLV-1などがある。

▶ ライ症候群（Reye syndrome）

インフルエンザや水痘等のウイルス感染後にみられる肝障害を伴う急性脳症。アスピリンを服用した児にみられるが原因は不明。

▶ サルモネラ菌

夏季に多発。食肉類，卵などが感染源。発熱を伴う頻回の下痢症状がみられる。

▶ 病原性大腸菌

大腸菌は健康な人の体内にも存在する。一方で，腸炎などの症状を引き起こす大腸菌のことを病原性大腸菌と呼ぶ。その中でもベロ毒素と呼ばれる強い毒素をつくるものを腸管出血性大腸菌と呼び，最も多いのが O-157である。O-26，O-111などもある。

➡ **ボツリヌス菌**

いずし，真空パックの
ソーセージなどによる。
またハチミツは，乳児
ボツリヌス症の原因に
なる。複視，眼瞼下垂
などの眼症状，発声困
難，嚥下障害などの神
経症状が出現し，悪化
すると四肢麻痺，さら
には呼吸筋麻痺で死に
至る。

➡ **ノロウイルス**

感染経路は接触による
ものが多いが，食中毒
の原因としては生牡蠣
などの貝類があげられ
る。主な症状は，吐気，
嘔吐，下痢，腹痛等で
ある。通常１～２日で
改善する。

➡ **アニサキス**

寄生虫の一種で，サバ，
イワシ，カツオ，サケ，
イカなどに寄生し，刺
身などを食べた後に激
しい腹痛を起こす。胃
カメラで確認し，虫体
（２～３cm）を摘出す
る。

➡ **ふぐ毒**

テトロドトキシンと呼
ばれる強力な神経毒で，
運動麻痺から呼吸麻痺
に至るが，毒性は可逆
的なので適切な人工呼
吸管理により予後はよ
い。

➡ **きのこ毒**

甲信越以北が全国のき
のこ中毒の８割を占め
る。潜伏期は短く，神
経の刺激症状，麻痺症
状，臓器障害がみられ
る。

➡ **日和見感染**

免疫力が低下すること
により，健常人では病
気を起こさないような
病原性の弱い微生物で
感染してしまうこと。
AIDSによる，ニュー
モシスチス肺炎など。

共通して行う。細菌が原因の場合は抗菌剤を投与する。

☐ 後天性免疫不全症候群（AIDS）

① 概　念

ヒト免疫不全ウイルス（HIV）感染により免疫不全になった状態を
いう。性行為，血液製剤，輸血，母子感染などにより感染する。HIV
に感染後，数年から10年の無症候期をへて AIDS（acquired immuno-
deficiency syndrome：エイズ）に至る。日和見感染を併発しやすくなる。

② 予　防

コンドームの使用。早期発見。

③ 治　療

抗HIV薬の開発により死の病ではなくなった。

☐ ウイルス肝炎

主な肝炎ウイルスとしてA～E型の５種類がある。A型肝炎は，川
を介した飲み水，生牡蠣などから経口感染して発症する。集団発生す
ることがあるが慢性化することはなく予後はよい。B型肝炎は，針刺
しなどでの血液感染，性行為，母子感染などにより感染する。劇症肝
炎を起こし重篤化することがある。C型肝炎は，輸血や刺青，覚せい
剤の回し打ちなどで感染し，慢性化する。治療薬インターフェロンの
開発が進み，現在では治癒する病気となった。

☐ 院内感染

院内感染の菌として代表的なものは，メチシリン耐性黄色ブドウ球
菌（MRSA）である。抗生物質の乱用により生まれた黄色ブドウ球菌
の一種で，病院内の水道の蛇口などに生息する。健常者には問題ない
が，高齢者など免疫力が低下していると肺炎など２次的感染を来たし
重篤化する。医療従事者は手洗いや手指消毒を徹底し，マスク・ガウ
ン・ゴーグルをつけて接する。

☐ 疥　癬

ヒゼンダニを病原体とする皮膚の感染症で，接触感染によって人か
ら人へ，あるいは肌着やシーツを介して伝搬する。介護保険施設など
で集団感染することがある。好発部位は指間，肘の屈強，腋窩などで，
激しい痒みを伴う。皮膚に特徴的なトンネルを形成する。

☐ 新型コロナウイルス

　コロナウイルス自体は，風邪の原因としてこれまでも知られていたが，2019年12月，中国武漢から広がった新型コロナウイルス covid-19 により**パンデミック**■が起こった。飛沫感染および接触感染による。発熱，咳，鼻汁などの感冒症状のほか，味覚・嗅覚異常を伴うことがある。8割は自然軽快するが，2割は肺炎を合併し重篤化する。世界各国の都市が**ロックダウン**■を実施した。日本でも2020年，史上初の緊急事態宣言が出された。

➡パンデミック (pandemic)
世界的大流行。感染症や伝染病が世界的に流行している状態。

➡ロックダウン (lockdown)
都市封鎖。感染症への対策としてとられる措置。

11 目・耳の疾患

　ここでは，眼の疾患と耳の疾患について紹介する。目では高齢者に多い疾患，失明の原因となる疾患を中心に整理した。また，耳の障害は，聞こえだけでなく，平衡感覚も失われることに注意。ここでは日常的によくみられる疾患について整理した。

☐ 白内障
① 概　念
　白内障とは，目の中でレンズの役割をする水晶体が濁る疾患である。初期は感じられないが，症状が進行すると白っぽく霞んで見えたり，視野が暗くなったり，夜に光を眩しく感じたりする。9割は加齢によるもので，早い人は40代から水晶体が濁りはじめる。
② 予　防
　加齢以外の原因としては，紫外線，喫煙，アトピー性皮膚炎，糖尿病，薬剤（ステロイド，抗精神病薬）などが知られている。よって，禁煙，生活習慣病に準じた食事療法，投薬内容の見直しなどが予防につながる。
③ 治　療
　初期の段階では点眼薬で進行を遅らせたりするが，根本的治療は手術である。濁った水晶体を取り除き，眼内レンズを挿入する。日本は医学の技術が進んでおり，白内障による失明の頻度は少ないが，世界的には失明の原因の第1位である。

☐ 緑内障
① 概　念
　緑内障は，何らかの原因で視神経が障害され，視野狭窄（視野が狭くなる）を引き起こす疾患である。もともと，眼圧が上昇することに

よって視神経が圧迫され発症すると考えられていたが，眼圧が正常でも起こることがあり，実に日本人の緑内障の6割が正常眼圧であることが明らかとなり，考え方が変わってきた。日本においては失明の原因疾患としては第1位である。眼圧上昇の原因としては目の中を満たす房水の流れが滞ることがあげられる。暗点の出現や視野狭窄，時に激しい眼痛など訴え救急外来を受診することもあるが，初期は無症状のことが多い。

② 予 防

家族性，遺伝疾患などの可能性が指摘されており，家族歴がある場合は注意が必要である。加齢との関係もあり，40歳以上の場合は検診を勧める。

③ 治 療

眼圧を下げるための点眼薬，レーザー治療，手術を行う。

☐ 加齢黄斑変性症

① 概 念

加齢による変化で，網膜の中心部に位置する黄斑が障害され，見え方が悪くなる疾患である。ゆがんで見えたり（変視症），中心部分が暗く見える（中心暗点），視力低下などの症状がある。加齢のほか，喫煙，高血圧，偏った食事，太陽光，遺伝などが発症にかかわっているといわれている。脈絡膜から正常でない新生血管が発生し，血液成分が漏れ出たり，出血しやすく，これが視力障害の原因となる。欧米では失明の原因として第1位の疾患である。

② 予 防

食生活の欧米化が原因とされており，生活習慣病予防と同様の食事に準じる。禁煙。

③ 治 療

抗VGEF療法[2]（新生血管の発生を抑える），光線力学的療法（レーザーで新生血管を閉塞），レーザー光凝固術（新生血管凝固）。

☐ 糖尿病性網膜症

① 概 念

糖尿病の3大合併症の一つ。日本では失明の原因疾患として第2位である。網膜に脆弱な新生血管が多数発生し，網膜出血，増殖網膜症により硝子体出血や網膜剥離をきたす。

② 予 防

糖尿病に準じる。糖尿病のコントロール，血圧コントロールも重要

である。
③ 治　療
　レーザー治療（新生血管の発生予防，凝固），硝子体手術（硝子体出血や網膜剝離の場合），硝子体注入法（抗 VGEF，ステロイド注入）などを行う。

☐ 難　聴
　音の聞こえるしくみについては，本書第3章第2節を参照。難聴には伝音性難聴と感音性難聴がある。伝音性難聴は外耳から中耳に原因がある。中耳炎，外耳道閉塞（耳垢塞栓など），鼓膜穿孔などがあげられる。一方，内耳に原因がある難聴を感音性難聴という。加齢性（老人性），突発性，メニエル病などがある。伝音性難聴と感音性難聴の両者が併存することもあり，混合性難聴と呼ぶ。たとえば中耳炎が悪化して内耳が侵された時などは混合性難聴となる。

☐ 加齢性難聴（老人性難聴）
① 概　念
　加齢により蝸牛内部の有毛細胞が減少することによって起こると考えられている。内耳の障害なので感音性難聴である。高音領域が聞き取れない，騒音下や大勢で話すと言葉が聞き取れない，リクルートメント現象などの症状がある。
② 予　防
　高血圧，糖尿病，脂質異常症，喫煙，過度な飲酒が加齢性難聴を悪化させるいわれており，生活習慣病に準じたライフスタイルの改善が予防につながる。
③ 治　療
　根治的治療はなく，早めに補聴器を導入することを勧める。加齢性難聴がきっかけで引きこもり，うつ，認知症などをきたすことがある。

☐ 良性発作性頭位めまい
① 概　念
　頭の位置を変えた時に突然，発作的に起こる回転性めまいである。良性のめまいで後遺症もなく，命にかかわる類の疾患ではない。半規管と蝸牛の間にある卵形嚢と呼ばれる部位から脱落した耳石が，半規管内に迷入することによって起こると考えられている。特定の頭位にするとめまいが誘発される。更年期以降の女性に多い。

耳石を三半規管にためないこと，また長時間同じ姿勢などを避けるなどの行動が予防につながる。同じ方向で横向きに寝ない，寝返りを心掛けるなど。

③ 治　療

頭を特定の方向に特定の手順で傾け耳石を排出させる頭位治療。自然軽快することもある。

☐ メニエル病

① 概　念

難聴や耳鳴り，耳閉塞感などを伴う回転性めまいが繰り返しおこる。吐気や嘔吐を伴うことも多い。30歳から40歳の女性に多い。内リンパ水腫といって，内耳のリンパ液のバランスがくずれて水脹れの状態が原因である。

② 予　防

疲れやストレスが誘因となるので，睡眠時間をたっぷり確保し，栄養バランスのとれた食事と規則正しい生活をこころがける。

③ 治　療

発作時は安静を保ち，抗めまい薬，制吐剤などを用いる。発作がおさまってからはリンパ水腫の軽減を目的に利尿薬などを用いる。

12 　骨・関節の疾患

骨・関節の代表的な疾患と，高齢者に多く骨折後の生活に影響を及ぼしやすい骨折について，以下に概説する。

☐ 骨粗鬆症

① 概　要

骨量の低下と骨梁の構造の悪化のため，骨がもろくなり，骨折しやすくなった状態を骨粗鬆症という。骨粗鬆症を背景にした骨折は脆弱性骨折と呼ばれ，脊椎圧迫骨折，大腿骨近位部骨折が代表的である。脆弱性骨折は，それだけで骨粗鬆症とされるが，診断には**骨密度**が参考にされる。

原因疾患の有無により，原発性骨粗鬆症と続発性骨粗鬆症に分けられる。続発性骨粗鬆症は，甲状腺機能亢進症，**クッシング症候群**，肝疾患，腎疾患といった疾患に伴うもの，ステロイドなどの薬剤内服など，さまざまな原因がある。原発性骨粗鬆症については，全身の骨量

➡ 骨密度
単位面積あたりに骨を構成するカルシウム等の成分がどの程度詰まっているかを示すもので，骨の強さを示す指標である。X線や超音波で測定される。

➡ クッシング症候群
副腎皮質ステロイドホルモンの一つであるコルチゾールが，過剰に分泌され，それにより多彩な症状を呈する疾患をクッシング症候群といい，その中で，下垂体の副腎皮質刺激ホルモン（ACTH）が下垂体腺腫により過剰分泌され，二次的にコルチゾールの分泌が促進される場合，クッシング病という。

は，30歳代にピークを示し，その後，年とともに低下する傾向を示す。特に女性では，閉経以降**エストロゲン**の分泌が低下して，骨のカルシウムの減少が促進され，骨量低下が進む。骨粗鬆症による骨折は，高齢者のADL低下やQOL低下を招き，予防に向けた方策が重要である。

② 予　防

骨粗鬆症をもたらす危険因子として，カルシウムやビタミンDの摂取が少ないこと，運動不足，喫煙，多量飲酒などが知られており，こういった点に配慮した生活が予防としてすすめられる。

③ 治　療

薬物療法としては，その作用機序から骨吸収抑制薬と骨形成促進薬があり，両者に分類されない薬剤もある。治療薬の選択は，骨折のリスクや年齢や病態に応じて行われる。上記のように，予防的な生活指導も治療の一環として重要である。

☐ 関節リウマチ

① 概　要

関節リウマチ（rheumatoid arthritis：RA）は，慢性に経過する関節滑膜の炎症を主体とする多発性関節炎である。寛解と悪化を繰り返しながら関節軟骨や骨の破壊が進行し，しだいに関節機能の障害をきたす。発症には，遺伝的要因と環境要因とが関与する自己免疫疾患と考えられている。男女比は1：5～6で女性に多く，有病率は0.5～0.6%で，全国に60万人ほどの患者がいると推定されている。診断については，2010年米国・欧州リウマチ学会合同（ACR/EULAR）関節リウマチ分類基準にて6点以上が関節リウマチとされる（**表4-3**）。間質性肺炎や心膜炎，胸膜炎などの内臓合併症を伴う場合は悪性関節リウマチとされ，医療費公費負担対象の特定疾患に指定されている。

② 予　防

予防法はない。

③ 治　療

関節破壊の進行を抑えることが治療目標であり，メトトレキセートなどの抗リウマチ薬を中心とした薬物療法が治療の中心である。症例によってはステロイド剤投与や，また，抗リウマチ薬の効果が不十分な場合は**生物学的製剤**などの投与が検討される。関節破壊が進行して疼痛やADLへの影響が大きい場合は，整形外科的手術を行う場合もある。

➡ エストロゲン
女性ホルモンの一つであり，卵巣で産生される。エストロゲンは骨吸収を抑制するので，更年期以降では骨量が低下する。

➡ 生物学的製剤
化学的に合成したものではなく，生体が産生する物質を薬物として使用するものをいう。炎症性サイトカインを分子標的とする生物学的製剤は，関節リウマチの治療に用いられ，その有効性は高く評価されている。その他にも，種々の疾患で治療に用いられている。

表4-3　2010年米国・欧州リウマチ学会合同（ACR/EULAR）関節リウマチ分類基準

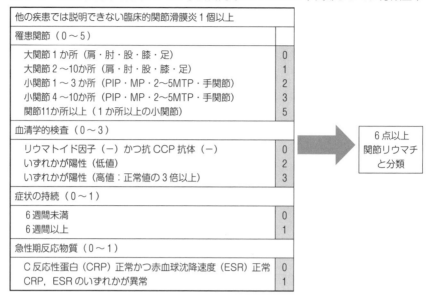

他の疾患では説明できない臨床的関節滑膜炎1個以上	
罹患関節（0〜5）	
大関節1か所（肩・肘・股・膝・足）	0
大関節2〜10か所（肩・肘・股・膝・足）	1
小関節1〜3か所（PIP・MP・2〜5MTP・手関節）	2
小関節4〜10か所（PIP・MP・2〜5MTP・手関節）	3
関節11か所以上（1か所以上の小関節）	5
血清学的検査（0〜3）	
リウマトイド因子（−）かつ抗CCP抗体（−）	0
いずれかが陽性（低値）	2
いずれかが陽性（高値：正常値の3倍以上）	3
症状の持続（0〜1）	
6週間未満	0
6週間以上	1
急性期反応物質（0〜1）	
C反応性蛋白（CRP）正常かつ赤血球沈降速度（ESR）正常	0
CRP，ESRのいずれかが異常	1

→ 6点以上 関節リウマチと分類

□ その他の自己免疫疾患・膠原病

　異物を認識して排除するはずの免疫系が，自分自身の正常な細胞や組織に対して攻撃するといった免疫寛容の破綻による疾患を総称して，自己免疫疾患という。前述の関節リウマチは自己免疫疾患の中で頻度が高いが，他に，全身性エリテマトーデス，強皮症，シェーグレン症候群など，さまざまな疾患がある。膠原病は結合組織（真皮・靱帯・腱・骨・軟骨など）の自己免疫疾患である。それぞれの疾患が合併することは稀ではない。

□ 変形性関節症

① 概　要

　変形性関節症は，股関節，膝関節，肘関節などの関節に変形，痛み，運動制限がもたらされる疾患である。関節軟骨の変性・破壊，骨軟骨の増殖を伴う。中年期以降の女性に多く，肥満があると関節に負担がかかり，変形性膝関節症が生じやすくなる。

② 予　防

　先述の骨粗鬆症同様に，定期的な運動習慣などは骨の老化を遅らせ，変形性変化を予防できる可能性がある。

③ 治　療

　鎮痛抗炎症剤の内服，関節腔内へのステロイド剤注入，人工関節置換術などの外科的手術などが行われる。

🔲 脊柱管狭窄症

①　概　要

　脊柱管狭窄症とは，**脊柱管**➡周辺の骨や軟部組織の肥厚により脊柱管が狭小化し，神経の圧迫症状により一連の症状を呈する疾患である。高齢者に多く，下部腰椎での狭窄症の頻度が多い。症状としては，腰部脊柱管狭窄症の場合，慢性の腰痛や下肢痛や下肢のしびれがあり，歩行時に痛みが出るが，歩行をやめると痛みが改善する間欠性跛行が特徴である。

②　予　防

　予防法はない。

③　治　療

　薬物治療としては，痛みに対して神経の血流改善を図る血管拡張剤や鎮痛剤等を用いる。症状の程度によっては手術が選択される場合もある。

> ➡ **脊柱管**
> 椎骨の椎体の後方にある椎孔という穴が椎骨の重なりで管状になったものであり，その中を脊髄が通っている。

🔲 後縦靱帯骨化症

①　概　要

　脊柱管の前壁で上下に椎骨をつないでいる後縦靱帯が骨化（石灰化・肥厚）して，脊髄や神経根を圧迫し，神経症状が出現する疾患である。40代，50代に発病することが多い。靱帯の骨化は頸椎に最も多く，手足（上下肢）のしびれ感，痛み，運動障害を生じ，進行すると痙性四肢麻痺となる。

②　予　防

　予防法はない。

③　治　療

　脊髄等への圧迫を軽減させるため，外科的手術（椎弓切除術）が行われる場合がある。

🔲 大腿骨近位部骨折

①　概　要

　大腿骨近位部骨折は，関節面に近い側から骨頭骨折，頸部骨折，頸基部骨折，転子部骨折，転子下骨折に分類される（図4-4）。骨粗鬆症といった骨の脆弱性を背景に，高齢者の転倒を原因とすることが多く，転倒後の歩行困難と股関節痛から，レントゲン撮影あるいはCTにて診断される。多くは手術が行われるが，その後の歩行能力や日常生活自立度に影響を及ぼす。

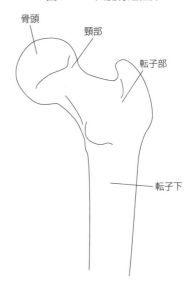

図4-4　大腿骨近位部

骨頭
頸部
転子部
転子下

② 予 防

筋力を強化し，転倒を予防することが重要である。

③ 治 療

骨折部位によって検討されるが，基本的には手術が行われる。手術法は，大腿骨頸部骨折に選択される人工骨頭置換術と，大腿骨頸部骨折の一部と大腿骨転子部骨折など骨頭より遠位の骨折には，内固定術が施行されることが多い。骨に脆弱性があれば，骨粗鬆症に対する治療も行われる。

☐ 腰椎圧迫骨折

① 概 要

脊椎椎体の圧壊型骨折であり，大腿骨近位部骨折と同様に骨粗鬆症を基盤とすることが多い。転倒による尻もちといった軽微な外力でも発症するが，骨の脆弱性があると，骨折の契機となる転倒といった外傷がなく発生することもある。腰椎 X 線にて椎体の変形が診断の根拠となるが，最近生じた骨折（新鮮骨折）と過去の骨折により椎体の変形が残った骨折（陳旧性骨折）の鑑別には MRI が有用である。

② 予 防

大腿骨近位部骨折同様，骨脆弱性があれば骨粗鬆症に対する治療や，筋力を強化し転倒を予防することが重要である。

③ 治 療

疼痛の強い時期は安静臥床を主とするが，コルセットを作製して外固定を行い，積極的な離床が重要とされる。骨粗鬆症の治療も並行して行われることが多い。椎体形成術などの手術療法を行われることもある。

13 先天性疾患

☐ 先天性疾患の概要

先天性疾患とは，生まれた時にすでに存在している疾患，あるいは疾患の発生原因である遺伝子の変異が生まれる前から存在している疾患をいう。先天性疾患は，先天奇形にみられる形態異常と，先天性代謝異常のような機能異常に分類できる。

先天性疾患には，遺伝要因により発生するもの，環境要因によって発生するもの，両者の相互作用によって発症するものが含まれている。受精から出産の期間のどの時期に異常が発生したかによって，遺伝障害，胎生期障害，周産期障害に分類できる。

ここではまず，先天奇形について整理し，つづいて遺伝・胎生期・周産期障害についてまとめる。

☐ 先天奇形

先天奇形は，先天性疾患のうち形態異常を示すものをいう。外表奇形，内臓奇形，中枢神経系奇形，小奇形などに分類される。遺伝子異常，染色体異常あるいは環境要因（後述の催奇形因子など）の影響など，さまざまな要因により発生しうる。

内臓奇形には，心臓奇形，血管系奇形，消化管奇形などがある。心臓奇形には心室中隔欠損症，心房中隔欠損症などが含まれ，先天性風疹症候群やダウン症候群では心臓奇形を高率に有する。

中枢神経奇形には，大脳奇形（無脳回症，裂脳症，脳梁欠損症など），小脳奇形（小脳虫部欠損など），脊髄奇形（二分脊椎など），血管奇形（脳動脈奇形，脳動脈瘤など）がある。また小頭症，水頭症など頭蓋や頭囲の異常もある。いずれも精神発達遅滞やてんかんを伴っていることが多い。

小奇形は，通常の生活をするうえでは機能的な制限を生じない奇形であるが，3個以上の小奇形をもつ場合には，他に大奇形や精神遅滞を合併している確率が高いので精査が必要である。

☐ 遺伝性疾患

遺伝子の変異によって生じる先天性疾患には，単一の変異遺伝子が原因で起こる単因子遺伝病，染色体の数や構造の異常による染色体異常症がある。

単因子遺伝病の大部分は細胞核ゲノムに含まれる単一遺伝子の変異によるもの（単一遺伝子病）であるが，細胞質のミトコンドリアDNAの異常が原因で起こる疾患（ミトコンドリア性疾患）も含む。

単一遺伝子病にはさまざまな先天性代謝異常，神経筋疾患などが含まれている。**常染色体優性遺伝**病には，神経疾患であるハンチントン病，先天性小人症の代表疾患である軟骨形成不全症などがある。**常染色体劣性遺伝**病には，フェニルケトン尿症等の先天性代謝異常が含まれる。1977年よりすべての新生児を対象に**新生児マススクリーニング事業**が行われており，これらの疾患では早期発見後，特定の食事療法を行うことで知的障害（精神遅滞）の発生を予防することができる。**伴性劣性遺伝病**には血友病やデュシャンヌ型**進行性筋ジストロフィー症**があり，男子にのみ現れる。ミトコンドリア性疾患では，ミトコンドリア脳筋症がある。

➡ 常染色体優性遺伝
遺伝染色体には性染色体と常染色体がある。遺伝によって子孫に伝えられる性質（形質）が常染色体上の遺伝子で決定され，その形質が現れる場合を常染色体優性遺伝という。

➡ 常染色体劣性遺伝
病気の原因となる遺伝子が常染色体の上にあり，一対の遺伝子療法に異常があると発病する場合をいう。常染色体の片方の遺伝子で発病する場合を優性遺伝という。

➡ 新生児マススクリーニング事業
新生児期にスクリーニングの対象となる先天性代謝異常は，フェニルケトン尿症，メープルシロップ尿症，ホモシスチン尿症，ガラクトース血症の4種類。いずれも常染色体劣性遺伝病。

➡ 伴性劣性遺伝病
母親が保因者（無症状）となり変異を生じた性染色体が伝わった男の子どもに症状が発現れる。X連鎖劣性遺伝病ともいう。

➡ 進行性筋ジストロフィー症
遺伝性筋疾患の総称で進行性に筋力低下が進む。遺伝様式，発症年齢，臨床像と経過により，デュシャンヌ型，肢帯型，顔面肩甲上腕型，眼筋型などに分類される。

→ 登はん性起立
ガワーズ徴候ともいう。
すっと立ち上がれず，
まず手を床につき，次
に膝に手を交互に当て
ていきながら立ち上が
る。

遺伝性疾患は，疾患によって発現する時期に特徴がある。デュシャンヌ型進行性筋ジストロフィー症は2〜5歳で発症し，しだいに筋力低下が進み，9〜12歳頃には起立，歩行不能となる車椅子生活となる。立ち上がり方は**登はん性起立**（ガワーズ徴候）と呼ばれる特徴的なものとなる。その後，全身性に筋萎縮，骨格変形，関節拘縮が進み，20代に呼吸不全，心不全が出現し，死に至る。一方，常染色体優性遺伝病は遅発性のものが多く，ハンチントン病は30〜50代に発病することが多い。

染色体異常症

ヒトの染色体は46本で，44本の常染色体と2本の性染色体からなる。性染色体にはX染色体とY染色体の2種類があり，女性はX染色体が2本，男性はX染色体とY染色体が1本ずつある。

染色体異常は，卵子や精子の形成過程において染色体異常を生じたもので，染色体数の異常や構造異常がある。具体的にはダウン症候群，ターナー症候群，クラインフェルター症候群などがある。

21番目の染色体が3本ある場合を21トリソミーと呼び，これがダウン症候群である。つりあがった目尻，扁平な鼻根部，耳介の変形，大きな舌など特徴的な顔貌で，身体発達や精神発達の遅れが生じる。ターナー症候群は性染色体異常によるもので，代表的な型では，X染色体が1本しかない。女性の外性器をもつが，第二次成徴がなく卵巣の発育不全があり，無月経である。これは女性ホルモン療法を行う。クラインフェルター症候群は，男性にX染色体が2つ以上あるもので，多くはXXYという性染色体の組み合わせを有し，性腺発育不全，女性化乳房などが生じる。

胎生期障害

本書第1章第1節で臨界期と表記したが，妊娠4か月頃までは胎児の器官が形成される時期で，胎芽期と呼ばれる。この時期に催奇形因子に暴露されると奇形を生じやすい。奇形発生の要因には薬物，放射線暴露，感染などがある。サリドマイドという薬物は四肢の奇形をもたらし，母体が風疹に感染すると，白内障・難聴・心臓奇形をもたらす。

胎児期になると，股関節脱臼や内反足などの先天異常を生じることがある。これは発育中の胎児に比べ，子宮が狭いなどの原因により変形が生じる。

周産期障害

周産期とは出産の前後の時期をいい，周生期とも呼ばれる。この時期に生じる障害を周産期障害という。たとえばこの時期に脳の酸素欠乏などが原因で起こる脳障害などを指す。先天性疾患は，生まれた時にすでに存在する疾患という定義から，周産期障害の一部は先天性疾患に含まれることになる。

周産期障害として生じた脳障害は，脳性麻痺というカテゴリーの一部を構成する。脳性麻痺（cerebral palsy：CP）は，胎生期，周産期および2歳くらいまでの乳幼児期に起こる脳障害で，非進行性の機能障害，特に運動障害を主症状とする症候群である。その原因は，胎生期では脳の先天奇形，感染（風疹，水痘，帯状疱疹など），母親の薬物・アルコール中毒，栄養不良があげられる。周産期の原因としては，新生児仮死（酸素欠乏），難産で起こった頭蓋内血腫，重症黄疸（大脳基底核に障害をもたらすので核黄疸という）がある。乳幼児期の原因は，脳外傷，脳炎などである。周産期障害が脳性麻痺の約6割，胎生期の障害が3割を占める。麻痺の型には，①痙直型（随意運動の麻痺と筋緊張の亢進が特徴），②アテトーゼ型（顔面，頸部および四肢の筋肉に絶えずおこるゆっくりとくねるような不随意運動が生じる強調性運動の障害が特徴），③混合型がある。肢体不自由児施設の入所児は，脳性麻痺の子どもが60％を占める。

14　精神疾患：総論

精神医学の歴史

紀元前から精神障害の存在は確認されており，ヒポクラテスは精神障害を身体疾患と同様の自然現象とみなして，体液説を唱えた。ローマ時代には精神障害が脳の病気であるということが根付いていったが，中世では宗教的な背景から精神障害は悪魔が憑くものとされ，悪魔払いなどが行われ，15世紀頃からは当時行われていた「魔女狩り」の中で多くの精神障害者が犠牲となった。18世紀後半頃からヒューマニズムの台頭が始まり，これを背景に欧米では精神病者に対しても人道的な処遇が求められるようになった。

その後，精神病に関するさまざまな研究が行われ，1893年にクレペリン（Kraepelin, E.）が早発痴呆の概念を提唱し，1911年にはブロイラー（Bleuler, E.）が心理学的立場から統合失調症の病名を提唱した。躁うつ病についても1851年にフランスのファルレ（Falret, J. P.）が周期性精神病の概念を発表し，クレペリンはこれを早発痴呆と並ぶ代表的

表4-4　精神医学的現症のまとめ

1. 一般的記載	**外見**：着衣，頭髪など
	体型：細長型，肥満型，闘士型など
2. 意識	**明暗度**：昏蒙，昏眠，昏睡など
	内容の質的変化：もうろう状態，せん妄，アメンチアなど
3. 知覚	**幻覚**：幻聴，幻視，幻味，幻臭，幻触，体感幻覚など
	錯覚：錯聴，錯視，錯味，錯臭，錯触など
4. 思考	**思路の障害**：思考滅裂，連合弛緩，思考制止，思考途絶，迂遠，保続，観念奔逸，思考散乱など
	思考内容の障害：一次妄想（妄想知覚，妄想着想，妄想気分），二次妄想もしくは妄想様観念（敏感関係妄想など），内容による区別（関係妄想，被害妄想，追跡妄想，被毒妄想，嫉妬妄想，微小妄想〔罪業妄想・貧困妄想・心気妄想〕，誇大妄想，憑依妄想など）
	強迫・恐怖：強迫思考，強迫観念，対人恐怖，赤面恐怖，広場恐怖，閉所恐怖，高所恐怖，先端恐怖，不潔恐怖，疾病恐怖など
5. 記憶	記銘，保持，再生（追想），再認
	時間的：即時記憶，近時記憶，遠隔記憶
6. 見当識	時，場所，人，状況
7. 知能	知的障害（精神遅滞），認知症，偽認知症
8. 自我（意識）	離人症，させられ（作為）体験〔思考（考想）吹入，思考奪取，思考伝播，思考察知など〕，多重人格
9. 疎通性	疎通，ラポール，接触
10. 感情	不安，抑うつ，爽快（児戯的爽快，多幸症），両価性，感情失禁，感情鈍麻
11. 欲動	**欲動減退**：意欲減退，無為もしくは発動性欠乏，（意志）制止など
	欲動亢進：躁（病）性興奮，緊張病性興奮など
	その他：食欲（低下，亢進，異食），性欲（亢進，減退，小児性愛，老人性愛，動物性愛，フェティシズム，加虐性愛〔サディズム〕，被虐性愛〔マゾヒズム〕，自己愛など）

出所：筆者作成.

➡ 内因精神病

身体に基礎づけない，内的な原因による精神疾患で，外因（器質的要因や薬剤性要因によるもの），心因（生活体験やさまざまな精神的刺激によるもの）による精神疾患とは区別されていた。クレペリンは，内因精神病として躁うつ病，統合失調症，てんかんをあげていた。

な**内因精神病**として確立した。このように内因精神病を統合失調症と躁うつ病とに2大別するクレペリンの考え方は，現在に至るまで臨床精神医学体系の基礎になっている。

　一方で，1800年代後半にフロイト（Freud, S.）が精神医学における心理学的・精神論的立場から精神分析学を確立し，アメリカの精神医学に大きな影響を及ぼした。1906年，マイヤー（Mayer, E.）は精神生物学の考えを提唱し，アメリカの力動精神医学の基礎を築いた。

□ 精神症候学

　精神症状には客観症状と主観症状とがある。

　客観症状は，第三者が観察できる症状で，なんらかの行動や動作として表出された症状であり，表情，言語，行動，作業（心理検査など），筆跡，作品などがこれに該当する。

　主観症状は，患者が直接に体験するもので，観察者は患者の言葉による説明を通してしか知ることができない。知覚，思考，感情の異常など多くの精神症状は主観症状に属する。

　精神症状は，上記の障害が個々に出現することもあるが，主に関連

のある症状が複数まとめてあらわれる「症候群」として出現すること
が多い。さらに患者の状態は，症状または症候群によって形成された
全体像，すなわち「**状態像**」として把握される。代表的な精神症状を
表 4 - 4 にまとめた。

現在の診断分類

　現在，精神医学の領域では世界保健機関（WHO）による国際疾病分
類（International Classification of Diseases, Injuries, and Causes of
Death：ICD）や，米国精神医学会で独自に作成された精神疾患分類で
ある「診断・統計マニュアル（Diagnostic and Statistical：DSM）」が用い
られている。

　ICD は第11版（ICD-11）が完成しているが，2020年 4 月現在，日本
では保険診療などでは第10版が使用されている（将来的には第11版に
移行する予定である）。また，DSM は2013年に第 5 版（DSM-5）が公開
され，日本でも使用されている。

15　精神疾患：成人の精神障害

　成人の精神障害は**表 4 - 5** に示したように多岐にわたるが，本項で
は代表的な精神障害として，統合失調症，気分障害，物質関連障害お
よび嗜癖行動障害について概説する。

統合失調症

①　成因，疫学

　統合失調症の原因は現在のところ不明であるが，生物学的な「病的
過程」が存在するという生物学的病因説をとるもの，心因性で起こる
との立場をとるものもあった。最近ではそれらの折衷的立場として，
もともと生物学的原因による病的素因ないし中枢神経機能の脆弱性が
あり，これに心理社会的ストレス（環境因，心因）が加わることで症状
が出現するという考え（脆弱性・ストレスモデル）が提唱されている。
統合失調症の生涯有病率は約0.7～0.8％程度で，これは時代や世界各
国との間でもさほど大きな差はみられない。

②　症　状

　ブロイラー（Bleuler, E.）は，統合失調症の基本症状として **4 つの A**
をあげたが，後にシュナイダー（Schneider, K.）が，統合失調症に特徴
的な症状として **1 級症状**をあげた。しかし，シュナイダーの 1 級症状
は，統合失調症によく認められる症状ではあるが，特異的な症状では

➡ 状態像

主なものとして幻覚妄
想状態，躁状態，うつ
状態，錯乱状態（意識
混濁に精神運動性興奮，
幻覚などを伴う。せん
妄やもうろう状態を含
む），神経衰弱状態
（過労により心身が疲
労し，注意集中困難，
焦燥感などを伴う）な
どがある。

**➡ 統合失調症の基
本症状 4 つの A**

両価性，思考における
連合障害，自閉性，感
情障害。

**➡ 1 級症状（統合
失調症）**

思考化声，話しかけと
応答の形の幻聴，自己
の行動に随伴して口出
しする幻聴，身体への
被影響体験，思考奪取
やその他の思考領域で
の影響体験，思考伝播，
妄想知覚，感情や衝動
や意志の領域に現れる
その他のさせられ体験
など。

表 4 - 5　疾患の判断分類

ICD-10		ICD-11		DSM-5	
F　精神および行動の障害		第 6 章　精神・行動・神経発達の疾患		精神疾患の分類と診断の手引	
F0	症状性を含む器質性精神障害	6A0	神経発達症（障害）群	1	神経発達症群／神経発達障害群
F1	精神作用物質による精神および行動の障害	6A2	統合失調症または他の一次性精神症群	2	統合失調症スペクトラム障害および他の精神病性障害群
F2	統合失調症，統合失調症型障害および妄想性障害	6A4	カタトニア	3	双極性障害および関連障害群
F3	気分（感情）障害	6A6, 7, 8	気分症（障害）群 • 双極症（性障害）群 • 抑うつ症群	4	抑うつ障害群
F4	神経症性障害，ストレス関連障害および身体表現性障害	6B0	不安または恐怖関連症群	5	不安症群／不安障害群
F5	生理的障害及び身体的要因に関連した行動症候群	6B2	強迫性障害および関連障害群	6	強迫症および関連症群／強迫性障害及び関連障害群
F6	成人の人格および行動の障害	6B4	ストレス関連症群	7	心的外傷およびストレス因関連障害群
F7	精神遅滞	6B6	解離性症群	8	解離症群／解離性障害群
F8	心理的発達の障害	6B8	食行動または摂食症群	9	身体症状症および関連症群
F9	小児期および青年期に通常発症する行動および情緒の障害および特定不能の精神障害	6C0	排泄症群	10	食行動障害および摂食障害群
		6C2	身体的苦痛症群または身体的体験症群	11	排泄症群
		6C4, 5	物質使用症（障害）群または嗜癖行動症（障害）群	12	睡眠-覚醒障害群
		6C7	衝動制御症群	13	性機能不全群
		6C9	秩序破壊または非社会的行動症群	14	性別違和
		6C10, 11	パーソナリティ症（障害）群および関連特性	15	秩序破壊的・衝動制御・素行症群
		6D3	パラフィリア症群	16	物質関連障害および嗜癖性障害群
		6D5	作為症群	17	神経認知障害群
		6D7, 8	神経発達症（障害）群	18	パーソナリティ障害群
		6. 00E+02	妊娠，出産および周産期に関連する精神および行動の症群	19	パラフィリア障害群
		6. 00E+04	他のどこにも分類されない症群や疾患群に影響を及ぼす心理的および行動上の要因	20	他の精神障害群
		6. 00E+06	他に分類される障害または疾患に関連する二次的な精神または行動症候群	21	医薬品誘発性運動症群および他の医薬品有害作用
		（第 7 章　睡眠・覚醒障害）		22	臨床的関与の対象となることのある他の状態
		（第17章　性の健康に関連する状態）			

なく，アルコール精神病，てんかん性もうろう状態，症状精神病など
でも認められることが明らかとなった。統合失調症の精神症状として
は，妄想気分や妄想着想などの1次妄想や被害妄想，関係妄想などの
思考内容の障害，連合弛緩や思考滅裂，思考途絶など思路の障害，幻
聴（特に話しかけられるような，命令されるような幻聴）や幻味，幻臭な
どの幻覚，思考伝播（自分の考えていることが伝わってしまう），思考吹
入（考えを吹き込まれる），思考奪取（考えていることを急に奪い取られ
る），させられ（作為）体験（他人に操られている）などの自我障害が急
性期に多く認められる。

　しかし，幻覚や妄想，自我障害などは，慢性的に経過することもあ
る。慢性期には，感情鈍麻とともに能動性，自発性の低下が起こる。
患者は仕事や勉強に対し消極的となり，一日中生産的なことは何もせ
ず怠惰な生活を送るが，退屈を感じない（無為）。そして外界との接触
を拒否し，自分だけの世界に閉じこもって生活しようとする態度（自
閉）がみられる。

　また，統合失調症の精神症状を陽性症状（その症状が存在することが
異常であると考えられるもの：幻覚や妄想，顕著な思考障害，奇異な行動
など）と陰性症状（その症状が欠落していることが異常と考えられるも
の：感情の鈍麻と平板化，無感情，寡動，社会的引きこもりなど）に分け
て表現することも臨床上よく行われる。陽性症状はドパミン神経伝達
の異常に起因し，抗精神病薬に対する反応が比較的良好であるが，陰
性症状は神経細胞の消失や脳の構造異常に起因し，抗精神病薬への反
応が不良で不可逆的な経過をとりやすい。

③ 治　療

　統合失調症の**診療ガイドライン**は各国で発表されているが，日本で
は日本精神薬理学会が，薬物療法に関するガイドラインを2018年に発
表しており，その内容はWeb上で閲覧可能である（http://www.asas.
or.jp/jsnp/csrinfo/03.html）。

　前駆期に心理社会的な介入を行うことによって，精神病エピソード
への進展を防げる可能性がある。また，副作用の少ないものを選び，
薬物療法を行う場合もある。

　急性期には，症状を改善するために積極的に薬物療法を行う。回復
期も同様であり，症状の再燃を防ぐために持続的薬物療法を行う。薬
物療法開始と同時に，不安を軽減し治療が円滑に進むよう，患者や家
族に対して精神療法的アプローチを行う。

　安定期には，症状の再発を防ぐために維持的薬物療法を続けるとと
もに，本格的な心理社会的治療を開始する。患者の病気への理解を深

診療ガイドライン
科学的根拠（エビデンス）などに基づいて最適と思われる治療法を提示するもので，医療者と患者が治療法を意思決定する際に重要な判断材料となる。日本の精神医学領域では，日本神経精神薬理学会が「統合失調症薬物治療ガイドライン」を，日本うつ病学会が「うつ病（DSM-5）／大うつ病性障害」「双極性障害」の治療ガイドラインを発表している。また，認知症については日本神経学会が「認知症疾患　診療ガイドライン」を，てんかんについては日本てんかん学会が「てんかん診療ガイドライン」をそれぞれ発表している。また，世界各国でその国の実情に合わせた診療ガイドラインが発表されている。

めること，家族の病気や治療方針への理解を深め情緒的に安定した家庭環境をつくることは，再燃の予防につながる。

一方で，社会活動への参加を再開するにあたり，各種の社会資源（施設，支援活動）を活用したリハビリテーション活動を行う。近年，**リカバリー**➡を目指した取組みが行われるようになっているが，その際には各患者個人に適したプログラムをつくるためのケアマネジメントが重要となる。

④ 経 過

統合失調症の経過はかなり多様で，発病の急性・慢性，経過の直線的進行・波状経過などさまざまな組み合わせによって分類される。統合失調症患者全体の20〜30％は正常な生活を送ることができるが，20〜30％は引き続き中等度の症状を有し，40〜60％が生涯にわたって重度の障害を有していると考えられている。最近は薬物療法，生活療法などが進歩し，それに伴って各症例の経過はさらに複雑となっている。

また統合失調症患者は，統合失調症を有さない人と比較して，心疾患，糖尿病，肥満，肺疾患などの身体疾患を合併しやすく，自殺での死亡を除いても平均寿命が短いことが報告されている。

☐ 気分障害

① 成因，疫学

ICD では気分障害の中でうつ病，双極性障害を分類しているが，DSM-5では抑うつ障害群，双極性障害および関連障害群として独立したカテゴリーに分類している。気分障害は種々の精神的・身体的ストレスを契機に発病することは以前から知られており，病前性格や精神的・身体的誘因が重要である。

うつ病の生涯有病率は欧米では5〜17％とされているが，最近の日本における大規模調査では約5.7％と報告されている。一方で，双極性障害の生涯有病率は欧米ではⅠ型（うつ病エピソードと躁病エピソードが出現）が0〜2.4％，Ⅱ型（うつ病エピソードと軽躁病エピソードが出現）が0.3〜4.8％とされているが，最近の日本における大規模調査では，Ⅰ型，Ⅱ型合わせて約0.2％と報告している。

② 症 状

気分障害の症状は躁状態とうつ状態とでは対照的であり，感情の障害，欲動・意志・行為の障害，思考の障害，身体症状などに分けて比較するとわかりやすい。

うつ状態における感情の障害は，すなわち抑うつ気分である。抑うつ状態では，はっきりした原因なしに気分がゆううつになる。また，

➡リカバリー
定義はさまざまなものが存在するが，精神症状の回復だけを意味せず，自身の社会的価値を見出すプロセスや，社会的役割を取得する個別のプロセスと表現されることが多い。他者との良好な関係，将来への希望，自己同一性の確立，生活の意義（雇用を含む），エンパワメントなどから構築される。

何事にも興味がもてなくなり，よいことがあっても気分が晴れない。判断力や決断力が低下するため，思考のテンポが遅くなり考えが進行しない（思考制止）。さらには，自己評価が著しく低下し，物事を悪い方にばかり解釈してしまう微小妄想と呼ばれるものもある。時に希死念慮や自殺念慮を有し，自殺へ至る症例もある。そのほか，朝早く目が覚める早朝覚醒，食欲低下による体重減少などもみられることが多い。

一方，躁状態の際には，病的なまでに気分が高揚して，開放的あるいは易怒的になる。気分は爽快で，好機嫌で元気よく話す。しかし自分の考えや行為が妨げられると些細なことに激怒し，周囲の人に対して攻撃的になりやすい。自己評価が過大かつ楽観的で世の中のすべての人が自分に共感してくれるように感じ，時に誇大妄想へと発展する。ギャンブルや買い物による浪費が問題となることもある。身体症状としては抑うつ状態と同様に早朝覚醒を認めるが，重症の時には，ほとんど一睡もせず興奮状態が続く。

うつ病ではうつ状態のみを，双極性障害ではうつ状態，躁状態，そして混合状態といわれる躁とうつが混在した状態がみられる。

③ 治　療

気分障害の治療については，日本うつ病学会が最新版のうつ病治療ガイドラインを2016年に，双極性障害治療ガイドラインを2018年にそれぞれ発表しており，Web上で閲覧可能である（https://www.secretariat.ne.jp/jsmd/iinkai/katsudou/kibun.html）。

軽症のうつ病に対しては，患者の背景，病態を理解した上で，支持的精神療法と心理教育を行う。その上で，必要に応じて新規抗うつ薬による薬物療法や認知行動療法を検討する。中等症以上の場合には新規抗うつ薬，三環系・非三環系抗うつ薬，電気けいれん療法の使用が推奨されている。うつ病エピソードの急性期治療は外来通院でも可能だが，希死念慮が強い場合や食欲低下で脱水など身体的な問題が生じた場合には入院治療が導入される。双極性障害の躁病エピソードに対しては炭酸リチウムや非定型抗精神病薬による治療が推奨されている。

しかし，うつ病エピソードの場合には，うつ病と異なり，非定型抗精神病薬，気分安定薬が推奨されている。双極性障害のうつ病エピソードでは診療ガイドライン上は抗うつ薬の使用は推奨されていないが，実際の臨床上では使用されることがある。

④ 経　過

気分障害の特徴は，多くの場合，病相期が周期的に反復することである。気分障害の経過は，病相の種類からみると，双極性障害でもう

微小妄想
自身を不当に低く評価する妄想である。うつ病の3大妄想といわれる罪業妄想（自分は罪深いことをしてしまったと思い込む），貧困妄想（貧しくないのに貧しいと思い込む），心気妄想（実際には悪い病気ではないのに悪い病気になってしまったと思い込む）などが代表的である。

自殺
定義はさまざまだが，重要な点は「死にたいと思うこと」と「その行為を行うことにより死に至ると予測していること」であると考えられている。自殺を考え，その方法を計画し，実際に自殺行動を起こすことを自殺企図といい，その結果，死に至るものを自殺既遂，死に至らなかったものを自殺未遂という。また，自殺という能動的な行為で人生を終わらせようという考え方を自殺念慮といい，自殺までは考えていないが，死を願う考え方を希死念慮という。

つ病相の方が多い。また，うつ病，双極性障害ともに，初回の病相は
うつ病相が圧倒的に多い。うつ病では，20歳代あるいは30歳代に発病
して，数か月ないし数年の間欠期を隔てて病相を反復するものが多く，
周期性うつ病あるいは反復性うつ病と呼ばれる。双極性障害では，最
初から双極型のものと，最初はうつ病相あるいは躁病相ではじまり，
しだいに双極型に移行するものとがある。

☐ 物質関連障害および嗜癖行動障害

① 成因，疫学

従来，精神作用物質を常用することによって生じる精神障害は薬物
依存という概念にまとめられていた。しかし，精神作用物質使用に伴
う精神障害には，急性中毒のほかにも，現状での依存はないが精神障
害（健忘，認知症，精神病状態）が残遺している状態などが存在する。
したがって，最近は「精神作用物質による精神・行動異常」として扱
われる。その代表はアルコール依存症とそれに伴う精神障害だが，覚
せい剤，コカインや大麻などの麻薬なども含まれる。物質関連障害の
疫学はその種類の多さや調査の難しさから正確に把握することが難し
い部分も多いが，2012年には全米人口の約10％が何らかの物質関連障
害に罹患していると概算されている。

また，嗜癖行動障害としてICD-11では**ギャンブル障害**➡，ゲーム障
害を，非物質関連障害としてDSM-5ではギャンブル障害をそれぞれ
カテゴリー化している。

② 症状

症状は多様で，薬物ごとに特徴があるが，同種の薬物はほぼ類似し
た反応を示す。それらに共通した症状・性状として，(1)急性中毒，(2)
有害な使用，(3)依存症候群，(4)離脱症状，(5)せん妄を伴う離脱症状，
(6)精神病性障害，(7)健忘症候群，(8)残遺性及び遅発性の精神病性障害
などがあげられている。

アルコール関連の精神障害については，出現頻度や社会的重要性が
ほかの物質関連障害の場合より大きいため，詳述する。急性アルコー
ル中毒は，アルコール飲用により起こる身体的中毒症状のことで，ア
ルコール酩酊という。有害な使用とは，身体的もしくは精神的に飲酒
者の健康に直接に害を及ぼすアルコールの使用パターン（たとえば飲
酒で肝障害を起こすなど）である。依存には**精神依存と身体依存**があり，
アルコール依存症では精神症状と身体症状の両方がみられる。当初は
機会飲酒でも，しだいに習慣的飲酒へ移行し，飲酒量が増加していく。
離脱症状としての手指振戦，倦怠感，不快感などを抑えるために，起

床後から飲酒するようになる。依存が進むと，社会生活が破綻したり，家族など周囲の援助を受けられなくなり，現実逃避のために，一層飲酒量が増加する。また，長期大量飲酒者の飲酒中断後，1〜3日ほどでせん妄を伴う離脱症状が出現することがある。頭痛，嘔気，発汗などの自律神経症状や手指の振戦が現れ，ついで不安，焦燥，易刺激性などが出現し，そのうち意識障害や幻覚を伴うせん妄状態に至る。この際の幻視は，小動物幻視，こびと幻覚，情景的幻視が特徴的である。

　アルコールの過量飲用が続くと，食事のバランスも乱れ，栄養障害によるビタミン欠乏症がみられることがある。これにより意識障害，眼症状（動眼神経麻痺，瞳孔障害），失調性歩行がみられるウェルニッケ脳症に至ることがある。ウェルニッケ脳症は，死に至ることもあるが，死を免れても，記憶の障害や見当識障害，作話症などの健忘症候群（コルサコフ症候群）が持続的に出現することがあり，ウェルニッケ・コルサコフ脳症ともいわれる。また，嫉妬妄想が目立つアルコール性妄想状態が出現することもある。これらの急性中毒や離脱状態の期間を過ぎてなお残存する精神症状として，前頭葉などの器質性障害による人格あるいは行動の障害がある。他に残遺性気分障害や認知症も関連があるといわれている。

③ 治　療

　第1は対象薬物の中止である。本人に中止の意志はあっても自宅では実行困難なことが多く，重篤な離脱症状が出現する恐れもあるので，入院が必要となることもある。離脱時の一般的身体療法としては，必要に応じた栄養補給，ビタミン類の投与となる。アルコールの場合には，離脱症状を抑えるためのベンゾジアゼピン系薬剤による薬物療法も有効である。通常，幻覚症は放置してもしだいに回復するが，必要な場合には抗精神病薬を使用することもある。

　急性期における離脱のための治療後に，断薬状態を維持するための依存そのものの治療が必要になる。アルコールであれば抗酒薬などを使用することもある。また，離脱症状が消失した後も不安，緊張，抑うつといった状態を呈しやすいため，抗不安薬を使用することもある。理想は患者自身の意志で断薬および禁酒を継続することだが，外見上は継続の意志を示しながらも，意志が強固でない者も少なくない。このため，精神療法と心理・社会的リハビリテーションが重要となる。患者自身に対する精神療法も必要だが，同時に集団精神療法，家族の指導，アルコール依存症であれば断酒会への参加など包括的な治療とリハビリテーションを行う。

④ 経　過

　薬物の種類により経過は多様な形態をとる。アルコール依存症の場合，死亡率は一般より高く，死因は心疾患，肝障害などである。依存症は症状そのものが経過と密接に結びついている。適切な時期に医学的治療，家庭や社会からの援助などが行われれば，早期の治療につながる。

16　神経発達症（発達障害）

☐ 神経発達症（発達障害）

　発達障害は，児童期以前に発症または顕在化する，先天的な中枢神経系の生物学的機能の発達の障害により，その後の発達に持続的影響を及ぼす疾患群である。DSM-Ⅳ-TR では，発達障害概念は明記されなかったが，これまで，広汎性発達障害や注意欠如・多動性障害，学習障害，チック，知的障害などが発達障害に含まれると考えられてきた。これらの疾患概念は，DSM-Ⅳ-TR では「通常，幼少期・小児期または青年期に初めて診断される障害」の大カテゴリーに分類されたが，2013年に公刊された DSM-5では，神経発達症群の大カテゴリーに分類されるようになった。すなわち，DSM-5は，発達障害概念を「神経発達症」として，精神医学上の概念として認めるに至った。

　DSM-5の神経発達症群には，知的能力障害群（Intellectual Disabilities）とコミュニケーション症群，自閉スペクトラム症（Autism Spectrum Disorder，以下 ASD），注意欠如・多動症（Attention-Deficit/Hyperactivity Disorder，以下 ADHD），**限局性学習症**➡，運動症群，他の神経発達症群の 7 つに細分化されている。以下では，臨床上特に重要な，知的能力障害群，ASD，ADHD について解説する。

☐ 知的能力障害群

　知的能力障害群は，知的能力障害（知的発達症／知的発達障害）と全般的発達遅延から構成される。臨床上中心となる知的発達症は，論理的思考や判断，計画，学習のような全般的精神機能の欠陥により日常生活や社会生活への適応が困難な病症である。

　知的発達症の原因としては遺伝的要因や胎生期もしくは周生期の異常，器質的病因によるものが大きく関与しており，有病率はおよそ 1 ％で男児の方が多いとされている。これまでに，知的発達症の重症度は知能指数の **IQ 測定**➡により分類されていたが，DSM-5では，知的能力を概念的領域と社会的領域，実用的領域の 3 つの領域に分類し，

➡限局性学習症

知的な遅れや視聴覚の障害もなく，また本人も努力をしているが，読み・書き・計算など学習面の一部，または全部に困難さがみられる病症をいう。なお，会話能力や判断力など知能の他の面では症状を認めない。

➡IQ 測定

知能検査結果の表示法の一つで，知能指数＝（精神年齢／生活年齢）×100で表される。他にも同年齢集団内での位置を基準とした偏差知能指数（Deviation IQ, DIQ）があり，知能検査には，田中ビネー知能検査やウェクスラー成人知能検査（Wechsler Adult Intelligence Scale：WAIS），児童向けウェクスラー式知能検査（Wechsler Intelligence Scale for Children：WISC）などの知能検査が用いられている。

その臨床像により重症度が特定されることになった。

　軽度知的発達症では，就学前は明らかな差はみられないが，学齢期では読字や書字，算数，時間，金銭などの学習技能を身につけることが困難であり，支援を必要とする。中等度知的発達症では，発達期を通して，常に同年代の人と比べて言語や金銭などの概念の理解の発達に遅れがみられ，明らかに制限される。成人においても学習技能の発達は初等教育の水準であり，日常生活や社会生活のほとんどの場面で援助を必要とする。重度知的発達症では，個人の概念的な能力の獲得は限られており，言語や数，時間，金銭などの概念はほとんど理解できず，生涯にわたり支援を必要とする。

□ 自閉スペクトラム症（ASD）

　自閉スペクトラム症（以下，ASD）の基本的な臨床像は，持続する社会的コミュニケーションや対人的相互反応の障害，および限定された反復的な行動，興味，または活動の様式である。具体的には，視線を合わせにくい，身振りがぎこちない，言葉を字義通りに解釈しがち，興味を他者と共有することが乏しい，会話が一方向的になりがち，雰囲気や状況に合わせて柔軟に行動することが不得手，儀式的行為や習慣，規則への固執，限局した興味への執着，融通が利かない，などの場症状が日常的に認められる。そのほかに，特定の音に過剰に反応するなどの聴覚過敏や，ボール遊びなどがうまくできないなどの協調運動障害も認められることがある。

　これらの認知・行動特性が幼児期の早期から認められ，日々の活動に支障をきたすが，症状の重症度や年齢などにより大きく変化するため，スペクトラムという言葉で表現されている。DSM-5による ASD の診断基準は，①社会的コミュニケーション，②限定された興味と反復行動の2つの領域で診断した上で重症度を Level 1 ～ 3 で評価する。

　ASD の有病率はおよそ1％であり，男性の頻度が高い。主な併存症は，注意欠如・多動症（ADHD）や限局性学習症，てんかん，睡眠障害，チック症などである。

　ASD の治療は，心理社会的治療が中心であり，社会生活上の支障を軽減することを目標とする。児童では，本人の特性を両親や学校の教員がしっかりと理解した上で支援することが望ましい。すなわち，環境調整に加え，本人を取り巻く支援者への養育指導が中心となる。

　具体的には，早期からの療育による対人関係技術や，言語および非言語的なコミュニケーションを理解・伝達する技術の習得であり，これらの技術の習得により，子どもの適応性が高まり二次障害の発症を

抑えられると考えられている。ASD の薬物療法は，強迫行為や衝動性，二次障害による不安や抑うつに対する有効性の報告はあるが，ASD の中核的な特性に対する治療薬は，現状のところ存在しない。

❏ 注意欠如・多動症（ADHD）

　注意欠如・多動症（ADHD）の基本的な臨床像は，日常生活および社会生活の中で支障をきたすほどの多動・衝動性と不注意，またはそのいずれかが持続している状態である。具体的には，不注意症状は，不注意な間違いをする，課題への集中が困難，優先順位を付けることが困難，課題を避けようとする，なくしものや忘れものをする，気が散りやすい，といった症状をしばしば認める。また，多動は，手足をそわそわ動かす，じっとしていられなかったりしゃべりすぎたりする，といった症状を，衝動は，他人の邪魔をする（会話に割り込むなど），といった症状をしばしば認める。一般的には，多動性は青年期早期までに軽減するが，不注意症状はしばしば成人期まで持続すると考えられており，成人期の ADHD では不注意症状が中心となる。

　ADHD の有病率は学童期で 4 〜 7 ％とされ，成人期では2.5％とされる。また，学童期および成人期の ADHD の特徴として ASD や気分障害，不安障害，物質使用障害，パーソナリティ障害など，多くの併存障害が存在することがあげられる。ASD と ADHD の認知特性をともに認めることは珍しくなく，ASD と診断された者の30〜50％に ADHD の症状が認められるとの報告もある。DSM-5に基づく ADHD の診断に際しては，本人や家族からの詳細な生育歴の聴取に加え，学校や家庭，職場での本人の状況を把握し，多動・衝動性の症状のいくつかが，2つ以上の状況で，かつ12歳になる前から存在することを確認するとともに，他疾患との鑑別や併存を慎重に確認することが求められる。

　児童期の ADHD の治療は，親ガイダンスや環境調整などの心理社会的治療を十分に行い，同治療の治療効果が不十分な場合に，初めて薬物療法を慎重に導入する。実際に，ADHD と診断された場合，保護者や教員に対して，ADHD の正確な情報や本人の特性を支援者がていねいに説明し環境調整を図ることで，薬物療法を行うことなく，同診断を受けた者が家庭や学校で適応できるようになることも少なくない。成人期の ADHD の治療も，まずは十分な心理社会的治療（家族や職場での疾患概念の理解と環境調整）を行うことは児童期の場合と同じであるが，本人への疾病教育が中心となる。すなわち，成人の場合，自分自身の特性を十分に理解することが，治療の出発点となる。

疾病にかかわる知っておきたい知識

☐ 医療的ケア

　医学の進歩に伴い，救えなかった命が救えるようになってきた。これに伴い，在宅，施設，学校など生活の場でも医療機器を使いながら生活する人が増えている。これらの機器や処置は医療的ケアと呼ばれる。ソーシャルワーカーにとっては，医療的ケアの有無で，療養の場，当事者と介護者の負担，ケアスタッフの環境など検討すべき内容が変わってくる。以下，主な医療的ケアについて紹介する。

①　経管栄養

　嚥下機能が低下し，口から食べれなくなった時の処置。(1)胃ろう，(2)腸ろう，(3)経鼻経管栄養の3種類がある。胃ろうは，直接，胃に栄養を入れるための孔でチューブを介して注入する。経鼻経管栄養は鼻から胃にチューブを挿入する。交換頻度が多く，肺への誤挿入に注意。

②　喀痰吸引

　痰，唾液，異物などを吸い取る操作をいう。鼻腔内，口腔内，気管カニューレ内と3つの技術がある。

③　導　尿

　自己導尿と膀胱留置カテーテルの2つの方法がある。尿道の損傷，尿路感染に注意を要する。

④　酸素療法

　在宅酸素療法や，人工呼吸器を設置する方法などがある。在宅酸素療法では引火の危険性があるので火の元に注意が必要である。人工呼吸器は，同時に喀痰吸引の手技も加わる。

⑤　ストーマ

　人工の排泄孔で，消化器系では，直腸がんの術後で，人工肛門を造設した場合をいう。尿路系では，回腸導管，尿管皮膚ろう，膀胱ろう，腎ろうなどがある。回腸導管は人工肛門に類似しており，膀胱ろうや腎ろうは経皮的にチューブが挿入されている状態である。

⑥　インスリン注射

　糖尿病の治療薬であるインスリンの注射。自分でうてる場合は問題ないが，老々介護や独居でうてない場合は，検討事項が多い。

⑦　中心静脈栄養

　消化器疾患や抗がん剤での治療中，経口摂取できない人に実施され

ることがある栄養の補給方法。抗がん剤の投薬のために皮下埋め込み型ポート（CVポート）を設置した人などに多い。

🔲 褥瘡

　褥瘡とは，体が長時間圧迫された状態になると，血液の流れが遮断され，皮膚に**びらん**や潰瘍を形成する状態である。よって褥瘡の予防には，**体位変換**を行ったり，エアマットを活用することで体圧を分散させる必要がある。

　近年，圧迫だけが原因ではないといわれるようになった。褥瘡の皮膚側の原因として，皮膚の乾燥，摩擦やずれ，汗や失禁による皮膚の汚れ，ふやけ等があげられている。全身的な原因として，低栄養，やせ，むくみなども一因とされている。社会的な原因としては，マンパワー不足，情報不足などもあげられるようになった。好発部位は，仰臥位では仙骨部に，側臥位では大転子部に，座位では坐骨部に多い。すなわち，骨が突出している部位が好発部位ということになる。

　褥瘡の治療で最も変わったのは，処置である。以前は，創を消毒し，軟膏を塗布し，ガーゼをあてる処置が主流であった。現在では，これらの処置は感染が疑われる創のみに実施され，感染が疑われない創では消毒はせず水で洗浄しフィルムやドレッシング剤，場合によってはラップなどで密封する処置が主流となってきている。

🔲 摂食・嚥下

　加齢によって，あるいは疾病によって，終末期になると摂食・嚥下機能が低下する。高齢者の多くは肺炎で亡くなるが，その原因として誤嚥性肺炎が少なくない。むせる等の症状があれば発見が容易であるが，無症状で唾液を慢性的に誤嚥して発症する場合もある。一方，口腔ケアをしっかりやると誤嚥性肺炎の予防につながることも明らかで，嚥下評価と口腔ケアは重要である。その人らしい最期をということで，嚥下機能が低下しても経管栄養を希望しない人が増え，嚥下評価の目標も変わりつつある。リスクがある中で好きなものを食べるには，どう環境を整えるかという視点である。介護食の形態や味も多様化している。

　オーラルフレイルという概念も登場した。これは「老化に伴う様々な口腔の状態（歯数・口腔衛生・口腔機能）の変化に，口腔健康への関心の低下や心身の予備能力の低下も重なり，口腔の脆弱性が増加し，食べる機能障害に陥り，さらにはフレイルに影響を与え，心身の機能低下にまで繋がる一連の現象及び過程」と定義されている。口のささ

➡ びらん
表皮が剥離している状態を指す。褥瘡の重症度では軽症にあたる。

➡ 体位変換
体の向きや位置を変えることで，ベッドや椅子に接触して圧迫されている部位への負担を軽減すること。

128

資料４-１　緩和ケアとは（WHO 定義2002）

- 痛みやその他のつらい症状を和らげる
- 生命を肯定し，死にゆくことを自然の過程と捉える
- 死を早めようとしたり遅らせようとするものではない
- 心理的およびスピリチュアルなケアを含む
- 死を迎えるまで患者が人生を積極的に生きて行けるよう支援する体制を提供する
- 患者の病の間も死別後も，家族が対処していけるように支援する体制を提供する
- 患者と家族のニーズに応えるためにチームアプローチを活用し，必要に応じて死別後のカウンセリングも行う
- QOL を高め，病の経過にも良い影響を及ぼす
- 病の早い時期から適用することが可能であり，延命を目的とした治療，たとえば化学療法や放射線療法，合併症の診断とマネジメントに必要な検査と並行して行われる

出所：WHO ホームページ；日本ホスピス緩和ケア協会ホームページ；日本医師会監修（2017）『新版 がんの緩和ケアガイドブック』青梅社より，筆者改変.

いな変化からフレイルに至るという概念である。

☐ 終末期医療・緩和医療

　WHO は2002年に「緩和ケアとは，生命を脅かす疾患による問題に直面している患者とその家族に対して，痛みやその他の身体的問題，心理社会的問題，スピリチュアルな問題を想起に発見し，的確なアセスメントと対処（治療・処置）を行うことによって，苦しみを予防し，和らげることで QOL を改善するアプローチである」と定義した。**資料４-１**は定義とともに記された WHO の指針で，これは緩和ケアを具体的に示している。以前は積極的治療ができなくなって緩和ケアに変更という考え方が一般的であったが，現在は診断時より緩和ケアをはじめ，当事者が亡くなった後の**グリーフケア**➡まで含めるよう変わった。

　図４-５は病気によって死のプロセスが異なることを示している。老衰などは寝たきりの時間が長く，枯れていくように亡くなるが，末期がんは最後の数週間で急激に ADL が低下する。また心不全や呼吸不全は，急変を繰り返し何度目かの急変で亡くなる。寝たきりの患者の多くは肺炎や尿路感染で亡くなる。死のプロセスを知ることはソーシャルワーク実践に役立つ。

　緩和ケアでは，痛み，つらさ，苦痛などを全人的苦痛（total pain）としてとらえ，①身体的苦痛，②精神的苦痛，③社会的苦痛，④スピリチュアルペインの４つに分けてアプローチする。身体的苦痛は，痛みだけでなく倦怠感，呼吸困難なども含まれ，オピオイド（医療的麻薬）を使用するのが世界的な標準治療である。WHO の指針やガイドラインに従って行えば，安全に痛みを緩和できる。**死を受容する経過**➡で，うつ状態になるなど精神的苦痛を伴うことが多く，状況に応じて

➡**グリーフケア**
（grief care）
死別による遺族の悲嘆を受け止め，立ち直れるよう支援すること。

➡**死の受容**
キューブラー＝ロスは人が死を受け入れる際に，否定・怒り・取引・抑うつ・受容という５段階を経ると説明した。

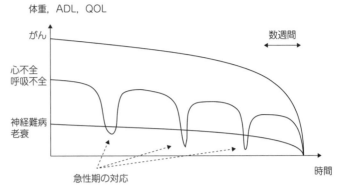

図4-5　病いの軌跡（Illness Trajectory）

体重，ADL，QOL

がん

心不全
呼吸不全

神経難病
老衰

数週間

時間

急性期の対応

出所：Lynn J.（2001）Serving patients who may die soon and their families: the role of hospice and other services. *JAMA*, 285（7）: 925-932, の図を筆者改変.

抗うつ剤なども使う。社会的苦痛とは，仕事ができない，経済的に困窮するなどによる痛みである。スピリチュアルペインとは，霊的苦痛と訳されることもあり宗教的な意味合いもあるが，むしろ，時間が失われること，人間関係が失われること，自律できなくなることに対する苦痛ととらえる。社会的苦痛やスピリチュアルペインは，医療者よりもむしろ福祉職や介護職の支援が重要である。

　がんについては予後予測やオピオイドの使い方が確立されており，在宅においても安心して看取りができる時代になりつつある。近年，がんだけでなく非がん疾患，たとえば難病，心不全，老衰などについても緩和ケアが行われるようになってきている。

　自分らしく最期まで暮らすということを実現するためには，ACP[▶]が重要である。エンディングノートや**リビングウィル**[▶]も ACP に含まれる。厚生労働省は2018年11月に ACP の愛称を「人生会議」と定め，毎年11月30日を「人生会議の日」と定めた。

☐ 薬の知識

　介護や福祉の現場で知っておきたい薬の知識を少しだけであるが紹介する。

①　抗凝固療法・抗血小板療法

　脳梗塞後遺症や心筋梗塞の既往のある人は，血栓予防のためにアスピリンをはじめとする薬を内服している。これらの薬は出血傾向がある。打撲で皮下出血，歯の治療での出血などに注意を要する。ワーファリンの場合は，納豆が食べられないなどの食事制限がある。

②　糖尿病の薬

　経口糖尿病薬もインスリンも低血糖発作を起こす可能性がある。低

▶ACP

アドバンス・ケア・プランニング（advance care planning）の略語。ACP とは，人生の最終段階における医療とケアについて，本人，家族，医療・ケアチームと繰り返し話し合うことをいう。死が迫った状態では7割が自分の意思を伝えられないため，ACP により事前に話し合っておこうという取組みである。

▶リビングウィル

生前遺書，事前指示書などと訳される。自らが判断力を失った時に備えて，自分に行われる医療行為に対する意向を前もって意思表示すること。ACP に対して AD（advance directive）ともいう。

表4-6　トリアージにおける4つのカテゴリー

識別色	分　類	傷病の状態	優先順位
赤色（Ⅰ）	最優先治療群（重症群）	直ちに処置を行えば，救命が可能な者	1位
黄色（Ⅱ）	待機治療群（中等症群）	多少治療が遅れても生命に危険がない。基本的にバイタルサインが安定。	2位
緑色（Ⅲ）	保留群（軽症群）	上記以外の軽易な傷病で，専門医の治療を必要としない者	3位
黒色（0）	不処置群（死亡群）	既に死亡している者。又は直ちに処置を行っても救命不可能な者。	4位

血糖の症状と対処法はそれぞれ異なるので確認する。経口薬は種類が増え，インスリンのうち方は1日数回のものから週1回まで多様である。個々の処方内容は異なるので飲み方などに確認を要する。

③　悪性症候群

抗精神病薬やパーキンソン病治療薬を急に中止すると，高熱，発汗，意識障害，呼吸困難など重篤な症状を起こすことがある。これらの薬は急にやめてはいけない。

④　ポリファーマシー

多剤併用のことを指し，高齢者医療の大きな問題である。6剤以上の併用で有害事象の頻度が増える。

□ 災害医療

災害とは，医学的には，地域の医療能力を圧倒する傷病者が発生した場合や，地震などで医療機関の機能が低下し日常の医療サービスを提供できない場合をいう。わが国では阪神大震災，東日本地震，津波，原発事故，台風，地下鉄サリン事件，新型コロナウイルスによるパンデミックなど近年多数の災害を経験してきた。災害時の医療救護活動の中核を担う病院として，各地域で災害拠点病院が指定されている。

また急性期の被災地支援としてDMATがある。被災現場および現地の医療機関では，傷病者の重症度，緊急度，搬送・応急処置の能力，病院の医療能力などを考慮に入れ，誰を先に搬送するか，誰を先に治療するか，誰の治療を諦めるか等の決断を迫られ，これをトリアージという。表4-6のように赤，黄，緑，黒色の4つのカテゴリーに振り分け，トリアージ・タッグと呼ばれる識別票をつけ可能な限り多数の救命を目指す。

▶ DMAT

Disaster Medical Assistance Team の略称。「災害急性期に活動できる機動性をもったトレーニングを受けた医療チーム」と定義され，医師，看護師，コメディカル，業務調整員などから構成される。

❍注 ─────────

⑴　厚生労働省（2021）『令和2年（2020）人口動態統計月報年計（概数）の概況』（https://www.mhlw.go.jp/toukei/saikin/hw/jinkou/geppo/nenngai20/dl/gaikyouR2.pdf）（2021. 10. 26).

⑵　VGEF：vascular endothelial growth factor. 目の中にある血管内皮増殖因子のこと。抗VGEF療法は脈絡膜新生血管の発生を抑える。

❍参考文献 ─────────

第1節

岩田隆子監修／恒吉正澄・小田義直編（2017）『わかりやすい病理学（改訂第6版）』南江堂.

梶原博毅・神山隆一監修／沢辺元司・長坂徹郎編（2017）『スタンダード病理学』文光堂.

桜井勇監修（2012）『Qシリーズ新病理学（改訂第5版フルカラー新装版)』日本医事新報社.

槻木恵一・清水智子（2018）『病理学・口腔病理学』医歯薬出版.

第3節1項

近藤尚己（2016）『健康格差対策の進め方』医学書院.

第3節8項

矢崎義雄総編集（2017）『内科学（第11版)』朝倉書店.

第3節13項

黒田研二・住居広士編著（2009)『人体の構造と機能及び疾病』ミネルヴァ書房.

第3節14〜16項

井上令一監訳（2016）『カプラン臨床精神医学テキスト　DSM-5診断基準の臨床への展開（日本語第3版／原著第11版)』メディカル・サイエンス・インターナショナル.

大熊輝雄（2013）『現代臨床精神医学（改訂第12版)』金原出版.

加藤敏ほか（2016）『現代精神医学事典』弘文堂.

融道夫・中根允文・小見山実監訳（2005）『ICD-10　精神および行動の障害──臨床記述と診断ガイドライン（新訂版)』医学書院.

高橋三郎・大野裕監訳（2013）『DSM-5　精神疾患の分類と診断の手引』医学書院.

斎藤万比古（2016）『注意欠如・多動症—ADHD —の診断・治療ガイドライン（第4版)』じほう.

第4節

WHO, WHO Definition of Palliative Care（https://www.who.int/cancer/palliative/definition/en/）（2020. 4. 1).

日本医師会監修（2017）『新版 がんの緩和ケアガイドブック』青梅社.

粕田晴之・髙橋昭彦・村井邦彦・泉学・益子郁子編（2019）『こうすればうまくいく在宅緩和ケアハンドブック（第3版)』中外医学社.

■第5章■
障害の概要

① 障害のとらえ方

□「障害」という用語の多義性

　1949（昭和24）年に公布された身体障害者福祉法において,「障害者」「障害」という語が用いられ,「障害」は法律用語として定着している。しかし近年,「障害」という用語に関して, 否定的な意味合いを包含する「害」の字を避け,「障がい者」「障がい」と書く動きが広まっており, 一部の地方自治体では行政の公式文書でも「障がい」を採用している。こうした議論があるものの, 本章では法律上の語として普及している「障害」を使用することにする。

　日本語で「障害」という語で表現されている概念は, 英語では多様な言葉で表現されている。いいかえると, 日本語は「障害」にかかわる現象を表現する語彙に乏しく,「障害」という語に多様な意味を付与して使用している。

　1981年に WHO（世界保健機関）が策定した ICIDH（International Classification of Impairments, Disabilities and Handicaps；国際障害分類）では, 障害を 3 つの次元に区分した。すなわち, impairment, disability, handicap であり, それぞれ機能・形態障害, 能力障害, 社会的不利と訳された。impairment は生物学的次元でとらえられる障害, disability は個人レベルでとらえられる障害, handicap は社会的次元で生じる不利益に着目した概念である。

　2001年の WHO の総会で, ICIDH は ICF（International Classification of Functioning, Disability and Health；国際生活機能分類）へと改訂された。ICF では, それまでの障害の 3 つの次元に対応する概念は, それぞれ impairment（機能障害・構造障害）, activity limitation（活動制限）, participation restriction（参加制約）と呼ばれることになった。また, body functions and structures（心身機能・身体構造）, activity（活動）, participation（参加）のすべてを含む包括的な用語として functioning（生活機能）が使用されることになり, impairment, activity limitation, participation restriction のすべてを含む包括的な用語として disability が使用されることになった。この経緯からわかるように, ICF で用いる disability は, ICIDH で用いられていた disability よりも広い意味合いの概念となっている（ICIDH, ICF については, 本書第 6 章第 2 節も参照）。

　一方，イギリス障害学では impairment を「医学的に分類された身体の状態」，disability を「認定されたインペアメントをもつ人が経験する社会的不利益」と定義して用いており，impairment を disability に含めるのではなく，異なる概念として用いている。このように英語圏でも，「障害」にかかわる用語がさまざまな意味合いで用いられており，時代や論者によって異なった定義のもとで使用されていることがわかる。

　WHO が策定した国際的な疾病分類基準である ICD-10 の第 5 章のタイトルは，mental and behavioral disorders（精神および行動の障害）であり，日本語では disorder を「障害」と訳している。この場合の disorder は，正常な状態（order）からの偏倚を示すもので，疾患に近い概念であるが，日本語の「障害」では disorder と disability とを区別することができない。

❑ 法律における「障害」「障害者」の定義

　日本の法律において「障害」あるいは「障害者」はどのように定義されているのであろうか。

　身体障害者福祉法第 4 条では，「この法律において，『身体障害者』とは，別表に掲げる身体上の障害がある18歳以上の者であつて，都道府県知事から身体障害者手帳の交付を受けたものをいう」とし，法律の別表に身体障害者手帳の交付対象となる障害を列挙している。身体障害者手帳の交付対象となる障害には，①視覚障害，②聴覚又は平衡機能の障害，③音声機能，言語機能又はそしやく機能の障害，④肢体不自由，⑤心臓機能障害，⑥じん臓機能障害，⑦呼吸器機能障害，⑧ぼうこう又は直腸の機能障害，⑨小腸機能障害，⑩ヒト免疫不全ウイルスによる免疫機能障害，⑪肝臓機能障害が含まれる。⑤〜⑪は内部障害ともいわれる。この場合の障害は impairment の意味合いで定義されている。

　精神保健及び精神障害者福祉に関する法律（精神保健福祉法）第 5 条では，「この法律で『精神障害者』とは，統合失調症，精神作用物質による急性中毒又はその依存症，知的障害，精神病質その他の精神疾患を有する者をいう」と述べ，精神障害を disorder としてとらえていることがわかる。知的障害者福祉法の条文には知的障害者の定義はない。

　発達障害者支援法第 2 条では，「この法律において『発達障害』とは，自閉症，アスペルガー症候群その他の広汎性発達障害，学習障害，注意欠陥多動性障害その他これに類する脳機能の障害であってその症状

が通常低年齢において発現するものとして政令で定めるものをいう」
としており，ここでも障害を disorder ないし impairment としてとら
えている。ただし第2項で「この法律において『発達障害者』とは，
発達障害がある者であって発達障害及び社会的障壁により日常生活又
は社会生活に制限を受けるものをいい，『発達障害児』とは，発達障
害者のうち18歳未満のものをいう」と述べ，発達障害者を「生活に制
限を受けるもの」，すなわち disability がある者としてとらえている。

　障害者の日常生活及び社会生活を総合的に支援するための法律（障
害者総合支援法）第4条における「障害者」の定義では，身体障害者福
祉法，知的障害者福祉法，精神保健及び精神障害者福祉に関する法律，
発達障害者支援法における障害者の規定に基づくとし，さらに「治療
方法が確立していない疾病その他の特殊の疾病であって政令で定める
ものによる障害の程度が厚生労働大臣が定める程度である者」，すな
わち難病の患者も「障害者」に含めている。「障害者」と「障害児」は
年齢によって区別され，「障害」のある18歳未満の人は児童福祉法に
基づき「障害児」とされる。

　障害者基本法第2条における障害者の定義には，「身体障害，知的
障害，精神障害（発達障害を含む）その他の心身の機能の障害（以下
「障害」と総称する。）がある者であつて，障害及び社会的障壁により継
続的に日常生活又は社会生活に相当な制限を受ける状態にあるものを
いう」と書かれている。ここでは「障害」を impairment としてとら
え，「障害者」は「生活に制限を受ける状態にあるもの」としており，
ICF で定義される disability のある者としてとらえていることがわかる。
なお，「障害」とともに disability を生み出す原因となる「社会的障
壁」は，第2項で「障害がある者にとつて日常生活又は社会生活を営
む上で障壁となるような社会における事物，制度，慣行，観念その他
一切のものをいう」と定義されている。「障害」がある個人に帰属す
るのではない「社会的障壁」によっても disability が生み出されうる
という考え方（disability 要因の社会モデル）を，障害者基本法が採用し
ていることがわかる。

　このように，日本の各種の法律では，「障害者」や「障害」の定義が
一様ではない。以下，障害の概要を述べるにあたって，Impairment
ないし Disorder の次元でとらえて概要を記述する。

② 身体障害

　身体障害者福祉法の別表および同施行規則に含まれる身体上の障害には，①視覚障害，②聴覚又は平衡機能の障害，③音声機能，言語機能又はそしゃく機能の障害，④肢体不自由，⑤心臓機能障害，⑥じん臓機能障害，⑦呼吸器機能障害，⑧膀胱又は直腸の機能障害，⑨小腸機能障害，⑩ヒト免疫不全ウイルスによる免疫機能障害，⑪肝臓機能障害が含まれる。⑤～⑪の障害は，内部障害と総称される。

☐ 視覚障害

　視覚障害とは，視力がまったくないか，あるいは弱いため，日常生活や就労などの場で支障を生じる状態である。視覚障害は，視覚をもたない全盲（blindness）と，残存視覚を有する弱視（low vision）に分けられる。なお，視覚障害者の対語は「晴眼者」である。

　視覚障害の原因で最も多いのは糖尿病である。次いで，緑内障などが続く。緑内障，白内障などの各種眼疾患のほかにも，脳腫瘍，ベーチェット病のような全身性疾患でも視覚障害を伴う場合がある。交通事故や労働災害などの事故も視覚障害の原因となる。出生時の損傷による視覚障害（未熟児網膜症など）も存在するが，頻度は比較的少ない。

　身体障害者手帳では，身体障害者障害程度等級表をもとに視覚障害を「視力障害」と「視野障害」とに区分して認定する。重複する場合，重複障害認定の原則に基づき認定が行われる（**資料5-1**）。

☐ 聴覚または平衡機能の障害

　聴覚障害者とは，耳が聞こえない人，または聴覚に障害をもつ人のことである。この聴覚障害者には聾者，軽度難聴から高度難聴などの難聴者，成長してから聴覚を失った中途失聴者が含まれる。

　聴覚障害の原因には，風疹症候群のような先天性のものと，後天性のものがある。後者には，ストレプトマイシンなどの薬の副作用，長期間にわたる重度騒音や頭部への衝撃による聴覚障害，突発性難聴，加齢によるものなどがある。聴覚障害は，伝音性と感音性と混合性に分類される（本書第4章第3節11項参照）。

　先天的に，または3～5歳までの言語機能形成期に聴覚を失った場合には発話障害を伴う場合がある。聾唖という言葉は，聞こえないこ

資料5-1　視覚障害の等級

1級：視力の良い方の眼の視力（万国式試視力表によって測ったものをいい，屈折異常のある者については，矯正視力について測ったものをいう。以下同じ）が0.01以下のもの。
2級：(1)視力の良い方の眼の視力が0.02以上0.03以下のもの。 (2)視力の良い方の眼の視力が0.04かつ他方の眼の視力が手動弁以下のもの。 (3)周辺視野角度（Ⅰ/4視標による。以下同じ）の総和が左右眼それぞれ80度以下かつ両眼中心視野角度（Ⅰ/2視標による。以下同じ）が28度以下のもの。 (4)両眼開放視認点数が70点以下かつ両眼中心視野視認点数が20点以下のもの。
3級：(1)視力の良い方の眼の視力が0.04以上0.07以下のもの（2級の2に該当するものを除く）。 (2)視力の良い方の眼の視力が0.08かつ他方の眼の視力が手動弁以下のもの。 (3)周辺視野角度の総和が左右眼それぞれ80度以下かつ両眼中心視野角度が56度以下のもの。 (4)両眼開放視認点数が70点以下かつ両眼中心視野視認点数が40点以下のもの。
4級：(1)視力の良い方の眼の視力が0.08以上0.1以下のもの（3級の3に該当するものを除く）。 (2)周辺視野角度の総和が左右眼それぞれ80度以下のもの。 (3)両眼開放視認点数が70点以下のもの。
5級：(1)視力の良い方の眼の視力が0.2かつ他方の眼の視力が0.02以下のもの。 (2)両眼による視野の2分の1以上が欠けているもの。 (3)両眼中心視野角度が56度以下のもの。 (4)両眼開放視認点数が70点を超えかつ100点以下のもの。 (5)両眼中心視野視認点数が40点以下のもの。
6級：視力の良い方の眼の視力が0.3以上0.6以下かつ他方の眼の視力が0.02以下のもの。

出所：身体障害者福祉法施行規則の身体障害者障害程度等級表をもとに筆者作成.

ととと話せないことを意味している。最近では小児期より発話訓練を行い，ろう者でも話せるようになることが多い。

聴覚神経に音が伝わらない場合，内耳の中に電極を挿入して，補聴システムでとらえた音声信号を電気信号に変えて，その電極から聴覚神経へ直接伝える人工内耳が普及してきた。電極の数に制限があり，一方，残存聴覚神経にも個体差があるため，電子回路で患者一人ひとりに合わせた信号補正を行っている。人工内耳の手術後も，言語聞き取りのために訓練期間が必要である。加齢などで聴覚障害が生じた場合，補聴器を装用することが多い。そのような場合，特定周波数をとらえる聴覚神経が欠損している場合もあり，補聴器の性能を個人の特性に合うよう調整することも可能になってきた。一般に，加齢に伴う聴力低下は高い周波数（高音領域）で生じやすい。

聴覚障害の最も大きい問題は，外見上，障害が判別できないことである。そのため，周囲の人が聴覚障害を理解できず，聴覚障害者には二次的な社会的不利益が生じやすい。

聴覚障害の程度は，医学的にはデシベル（dB）で区分する。デシベルとは，音圧の単位で，健康な場合に対しどれだけ聞こえが悪くなったか（どの程度大きな音でないと聞こえないか）を示す。両耳で70 dB以上になると，身体障害者手帳を交付される。40 dB前後を超えると「話すのにやや不便を感じる」レベルになる。身体障害者手帳が交付

資料 5 - 2　聴覚障害の等級

> 2 級：両耳の聴力レベルがそれぞれ100 dB 以上のもの（両耳全ろう）
> 3 級：両耳の聴力レベルが90 dB 以上のもの（耳介に接しなければ大声語を理解し得ないもの）
> 4 級：(1)両耳の聴力レベルが80 dB 以上のもの（耳介に接しなければ話声語を理解し得ないもの）。
> 　　　(2)両耳による普通話声の最良の語音明瞭度が50％以下のもの
> 6 級：(1)両耳の聴力レベルが70 dB 以上のもの（40 cm 以上の距離で発声された会話語を理解し得ないもの）。
> 　　　(2)一側耳の聴力レベルが90 dB 以上, 他側耳の聴力レベルが50 dB 以上のもの
> （補足）同一の等級について 2 つの重複する障害がある場合は, 1 級上の級とする。ただし, 2 つの重複する障害が特に本表中に指定されているものは, 該当等級とする。異なる等級について 2 つ以上の重複する障害がある場合については, 障害の程度を勘案して, 当該等級より上の級とすることができる。

されない40～70 dB の人たちも含めると, 聴覚障害者は全体で約600万人いるといわれる。そのうち約75％は加齢に伴う老人性難聴である。

　身体障害者障害程度等級表に基づき, 聴覚障害の等級を**資料 5 - 2**に示す。平衡機能の障害については, 3 級（平衡機能の極めて著しい障害）と 5 級（平衡機能の著しい障害）に 2 区分されている。

音声機能・言語機能・咀嚼機能の障害

　言語障害とは, 言語の適切な理解と表現が困難な状態をいう。言語障害には, 「音声機能の障害」と「言語機能の障害」とがある。

　音声機能の障害とは, 音声や構音（発音）, 話し方の障害のことである。構音障害によるもの, 吃音症（話し方の流暢性とリズムの障害）のほか, 脳性麻痺や聴覚障害, 口蓋裂, 喉頭摘出, 舌切除等によっても音声障害が生じる。構音障害とは, 発音が正しくできない状態を指し, 器質性（音声器官における形態上の異常により引き起こされるもの）, 運動障害性（音声器官の運動機能障害によるもの）, 聴覚性（聴覚の障害による二次的な発音上の障害）, 機能性（上記のような原因の認められないもの）といった区分がある。

　言語機能の障害とは, 言葉の理解や表現の障害である。失語症によるもの, 言語発達障害によるものなどがある。失語症は, 大脳皮質の言語機能にかかわる部位の損傷によって生じる言語機能障害である。高次脳機能障害の一種であり, 脳出血, 脳梗塞などの脳血管障害によって生じることが多い。損傷された部位によって, いったん獲得した, 聞く, 話す, 読む, 書くといった言語機能が障害される。言語発達障害には, 特異的言語発達遅滞のほか, 学習障害との重なり, 知的障害, 自閉症（広汎性発達障害）等に伴う場合がある。

　咀嚼機能とは, 口腔内で食物をかみ砕く機能のことであるが, 咀

嚼のための筋肉が麻痺することで障害を生じる。構音障害や嚥下障害（食物を飲み込む機能の障害）を伴うことが多い。

　言語障害に対するリハビリテーションは，医療機関等で言語聴覚士によって行われている。幼児，児童，生徒に対しては，幼児療育施設や，小学校・中学校の言語障害学級での言語指導が，言語聴覚士のほか，保育士や教員等によっても行われている。

　身体障害者障害程度等級表では，3級（音声機能，言語機能又は咀嚼機能の喪失）と4級（音声機能，言語機能又は咀嚼機能の著しい障害）に2区分されている。

▢ 肢体不自由

　肢体不自由とは，先天性か後天性かを問わず，四肢の麻痺や欠損，あるいは体幹の機能障害のため，日常の動作や姿勢の維持に不自由のある状態を指す。身体障害者福祉法に定められている障害の分類のうちで最も対象者が多く，身体障害者手帳を交付されている人の約半数が該当する。

　身体障害者障害程度等級表では，上肢，下肢，体幹，乳幼児期以前の非進行性の脳病変（脳性麻痺）による運動機能障害の4つの領域別に，こまかく1級から7級までに区分されている。

　原因疾患となるのは脳血管障害（片麻痺を生じることが多い），脊髄損傷，脳性まひ，パーキンソン病や筋萎縮性側索硬化症などの神経疾患，事故による切断等である。かつてはポリオ，骨関節結核などの感染症や先天性股関節脱臼などによる肢体不自由が多くみられたが，予防により，これらは現在では著しく減少した。

　脊髄損傷は，事故や転倒等により生じる運動麻痺と知覚麻痺が主な症状である。胸髄および腰髄の損傷により起こる体幹・両下肢の麻痺を対麻痺という。頸髄の損傷により起こる両側上下肢，体幹の麻痺を四肢麻痺という。発生しやすい合併症として褥瘡がある。

　健常者と一緒に授業を受けるのが困難なほどの肢体不自由者に対しては，特にそうした困難をもつ人のための特別支援学校が設置されている。肢体不自由者のための特別支援学校に通う人たちは，その大部分が重度の肢体不自由者と呼ばれる人たちである。

▢ 心臓機能障害

　心不全症状，狭心症症状または重篤な不整脈のため繰返し意識消失発作（アダムスストークス発作）を生じ，胸部エックス線や心電図で一定の所見がある場合や，人工弁移植，弁置換，ペースメーカーの植え

込みを行っていて，日常生活や社会生活に制限がある場合に身体障害者手帳が交付される。身体障害者障害程度等級表では，1級（自己の身辺の日常生活活動が極度に制限される），3級（家庭内での日常生活活動が著しく制限される），4級（社会での日常生活活動が著しく制限される）の3区分である。この3区分は，他の内部障害についても同様である。

□ 腎機能障害（慢性腎不全）

高度の腎機能障害が持続する状態を慢性腎不全といい，症状として，尿量減少，浮腫，食欲不振，悪心・嘔吐，肺浮腫，高血圧，意識障害，痙攣などが生じる。血液中の老廃物の濃度が一定以上になると血液透析治療を必要とするようになる。慢性腎不全で低下した腎機能を回復させることは困難で，治療としては血液透析または腹膜透析の継続，あるいは腎臓移植が行われる（第4章第3節6項参照）。

□ 呼吸器機能障害（慢性呼吸不全）

呼吸機能の障害により生体が正常な機能を営むことができない状態を呼吸不全という。呼吸不全の医学的診断基準は，動脈血の酸素分圧（PaO_2）が一定レベル以下（$PaO_2 \leq 60Torr$）の場合であり，そのような状態が1か月以上続くものを慢性呼吸不全という。呼吸不全の症状として，労作時息切れ，易疲労感，呼吸数増加，努力性呼吸，チアノーゼなどがみられる。慢性呼吸不全の原因疾患となるのは，肺換気量低下をきたす慢性閉塞性肺疾患（COPD），陳旧性肺結核，胸郭形成術後などである。治療として，低酸素血症の改善のための酸素吸入が必要となる。

呼吸筋の筋力低下が著しい筋萎縮性側索硬化症，デュシャンヌ型筋ジストロフィー症等では，生存期間を延長させるためには人工換気（人工呼吸）療法が必要になる。

現在では，在宅酸素療法，在宅人工換気療法が行われるようになり，家で生活をしながら慢性呼吸不全に対応することが可能となった。

□ 膀胱または直腸の機能障害

膀胱がん，直腸がん，結腸がん等の手術後，人工の排泄孔（ストーマ）を造設して生活している人が増加している。ストーマの管理の方法を指導したり，管理の援助をすることをストーマケアといい，そのための専門家が養成されている。

❏ その他の内部障害

　身体障害者福祉法および同法施行規則では，そのほか小腸機能障害，ヒト免疫不全ウイルスによる免疫機能障害，肝臓機能障害が，身体障害者手帳の交付対象となっている。

③ 精神障害

❏ 精神障害とは

　Mental disorders は精神障害または精神疾患と訳される。精神疾患については第4章第3節14項「疾病の概要」で述べているので，ここでは Mental disorders の分類基準として世界的に採用されている2つの基準を紹介する。米国精神医学会の「精神疾患の分類と診断の手引（DSM）と，WHO（世界保健機関）が策定している国際疾病分類（ICD）である。

❏ 分類：DSM と ICD

　『精神疾患の診断・統計マニュアル』（DSM：Diagnostic and Statistical Manual of Mental Disorders）とは，米国精神医学会が作成している医師のための精神疾患の診断マニュアルである。1952年に DSM-Ⅰが発表され，1968年第2版（DSM-Ⅱ），1980年に第3版（DSM-Ⅲ）が発表され，1987年にその改訂版（DSM-Ⅲ-R（Revised））が出版された。さらに，1994年に第4版（DSM-Ⅳ）へと改訂され，2000年には第4版の解説（Text）部分を改訂（Revision）したもの（DSM-Ⅳ-TR）が出版された。

　2013年には第5版（DSM-5）に改訂され，現在使用されている。DSM-5では，第Ⅱ章「診断基準とコード」において精神疾患等が22の大分類に区分されて，記述されている。日本語訳では，児童青年期の疾患（disorder）を「障害」と呼ぶと大きな衝撃を与えるため，「障害」を「症」に変えることが提案された（第4章第3節14～16項参照）。

　WHO は，国際的に統一した死因および疾病の分類基準である国際疾病分類（ICD：International Statistical Classification of Diseases and Related Health Problems）を策定しており，その第10版（ICD-10）が1990年に策定された。ICD-10の第5章が「精神と行動の障害」であることは前述したが，ICD と DSM はできるだけ共通性をもたせるようにしてつくられている。2018年6月に第11版（ICD-11）への改訂が公

表され，翌年の WHO 総会で承認された。日本は，統計法に基づく統計基準として ICD に準拠した「疾病，傷害及び死因の統計分類」を採用しており，現在，国内での適用に向けて準備が進められている。ICD-11では第 6 章に「精神・行動・神経発達の障害」（Mental, behavioural or neurodevelopmental disorders）が記載されている。

　診断基準を作成する目的は，診断の信頼性（一致性）を高めることである。臨床家や研究者が一致した基準のもとに種々の精神疾患の診断を下し，意見を交換し，研究を行い，治療を行うことができるように，診断カテゴリーの明確な記述を提供することを目的としている。DSM や ICD では，そのために精神疾患を症候学的に分類し，操作的な定義を与えている。

　ところで，精神保健及び精神障害者福祉に関する法律（精神保健福祉法）第 5 条では，「この法律で『精神障害者』とは，統合失調症，精神作用物質による急性中毒又はその依存症，知的障害，精神病質その他の精神疾患を有する者をいう」と規定している。「精神作用物質による急性中毒又はその依存症」は DSM-5の「16 物質関連障害および嗜癖性障害群」に含まれる。「統合失調症」は，「2 統合失調症スペクトラム障害および他の精神病性障害群」に含まれる。「知的障害」は，「神経発達症群」に含まれるが，日本の障害者施策では，別の法律（知的障害者福祉法）があるので，そちらで取り扱われる。この条文には，「精神病質」という今ではほとんど使用されていない用語が使われているが，DSM-5の「18 パーソナリティ障害群」に含まれると考えられる。

☐ 精神障害者保健福祉手帳

　1995（平成 7 ）年に精神保健法が改称され精神保健福祉法になった際，精神障害者に対する手帳制度（精神障害者保健福祉手帳）が規定された。この制度は，精神障害者が一定の精神障害の状態であることを証する手段となり，各種の支援策を受けることを可能とするものである。身体障害者に対する身体障害者手帳，知的障害者に対する療育手帳とあわせて，精神障害者保健福祉手帳が定められたことにより，三障害に対する手帳制度が整った。発達障害者に対しても，知的障害を伴わない場合で基準を満たせば，精神障害者保健福祉手帳が交付されることになっている。この手帳を所持していると，所得税・住民税の障害者控除の対象となる。また，手帳所持者を雇用した場合，企業や官公庁には障害者雇用促進法の障害者枠が適用される。その他，日常生活および社会生活の自立を促進することを目的とした各種のサービ

スを利用することができる。

　身体障害者手帳，療育手帳とは異なり，精神障害者保健福祉手帳には2年の有効期限がある。2年ごとに医師の診断書とともに申請をし，手帳を更新する。診断書には，申請者の能力障害，機能障害（精神疾患）の状態が記載される。手帳申請の窓口は，市町村に置かれている。手帳の支給の可否，障害の等級を判定する業務は，都道府県または政令指定都市に設置されている精神保健福祉センターが行う。

　精神障害の状態は，重い順に1級・2級・3級の3つに区分される（「精神障害者保健福祉手帳の障害等級の判定基準について」）。1級は「日常生活の用を弁ずることを不能ならしめる程度のもの」。2級は「日常生活が著しい制限を受けるか，又は日常生活に著しい制限を加えることを必要とする程度のもの」。3級は「日常生活若しくは社会生活が制限を受けるか，又は日常生活若しくは社会生活に制限を加えることを必要とする程度のもの」とされている。手帳の等級によって受けられるサービスに差がある。本手帳の1級は障害基礎年金の1級に，2級は障害基礎年金の2級にほぼ該当するが，3級については障害厚生年金の3級よりも幅が広い。本手帳と障害年金は別の制度であり，障害基礎年金の判定業務は日本年金機構が行っている。障害年金の受給者は，医師の診断書の代わりに年金証書を提示することで，年金と同じ等級の手帳の交付を受けられる。

　精神障害者保健福祉手帳の交付の対象となる精神障害は，統合失調症，躁鬱病，非定型精神病，てんかん，中毒精神病（有機溶剤などの産業化合物，アルコールなどの嗜好品，麻薬，覚醒剤，コカイン，向精神薬などの医薬品），器質精神病（精神遅滞を除く），その他の精神疾患（発達障害を含み，精神遅滞を伴うものを除く）とされている。

☐ 高次脳機能障害

　「高次脳機能障害」という用語は，学術的には，脳の部分的な損傷に起因する，言語，思考，記憶，行為，学習，注意など知的な機能に障害が起こった状態を指す。症状として，失語・失行・失認のほか記憶障害，注意障害，遂行機能障害，社会的行動障害などが含まれる。高次脳機能障害は，脳血管障害が原因であることが多く身体障害者手帳の対象となることも多いが，「器質性精神障害」として精神障害者保健福祉手帳の対象となることもあるので，ここで説明する。

　2011（平成13）年度に開始された高次脳機能障害支援モデル事業において集積された脳損傷者のデータの分析結果より，記憶障害，注意障害，遂行機能障害，社会的行動障害などの認知障害を主たる要因と

して，日常生活および社会生活への適応に困難を有する人々が存在し，これらについては診断，リハビリテーション，生活支援等の手法が確立しておらず，早急な検討が必要なことが明らかとなった。そのため，そのような障害のある人々が示す認知障害を「高次脳機能障害」と呼び，その障害をもつ人々を対象とした相談支援に取り組むことになった。障害者総合支援法における地域生活支援事業の中には，都道府県が実施する必須事業として「専門性の高い相談支援事業」があり，その中に「高次脳機能障害およびその関連障害に対する支援普及事業」が含まれている。

　記憶障害は，物の置き場所を忘れる，新しいできごとを覚えられない，同じことを繰り返し質問する，といった行動として現れる。注意障害では，ぼんやりしていてミスが多い，2つのことを同時に行うと混乱する，作業を長く続けられない，などがみられる。遂行機能障害では，自分で計画を立ててものごとを実行することができない，人に指示してもらわないと何もできない，約束の時間に間に合わない，といったことが生じる。社会的行動障害としては，興奮する，暴力を振るう，思い通りにならないと大声を出す，自己中心的になる，などがある。これらの症状により，日常生活または社会生活に制約がある状態であれば，高次脳機能障害と診断される。

　その診断基準は以下のように定められている。主要症状等について，脳の器質的病変の原因となる事故による受傷や疾病の発症の事実が確認されている。日常生活または社会生活に制約があり，その主たる原因が記憶障害，注意障害，遂行機能障害，社会的行動障害などの認知障害である。検査所見では，MRI，CT，脳波などにより認知障害の原因と考えられる脳の器質的病変の存在が確認されているか，あるいは診断書により脳の器質的病変が存在したと確認できる。除外項目として，脳の器質的病変に基づく認知障害のうち，身体障害として認定可能である症状を有するが，上記の主要症状を欠く場合は除外する。診断にあたり，受傷または発症以前から有する症状と検査所見は除外する。先天性疾患，周産期における脳損傷，発達障害，進行性疾患を原因とする者は除外する。高次脳機能障害の診断は，脳の器質的病変の原因となった外傷や疾病の急性期症状を脱した後において行う。その際，神経心理学的検査の所見を参考にすることができる。

　高次脳機能障害と診断される原因で最も多いのは，脳血管障害である。次いで頭部外傷が多く，その他にも脳腫瘍，脳炎，低酸素症などさまざまな原因で生じる。

4 発達障害

❑ 発達障害とは

　発達障害者支援法第２条において，「『発達障害』とは，自閉症，アスペルガー症候群その他の広汎性発達障害，学習障害，注意欠陥多動性障害その他これに類する脳機能の障害であってその症状が通常低年齢において発現するものとして政令で定めるものをいう」と定義されている。

　発達障害の概念が形成されたのは他の精神障害と比べると新しく，この障害に対する社会的理解は十分ではない。精神保健福祉法が対象とする精神障害や，知的障害者福祉法が対象とする知的障害とも異なる施策が必要との判断から，2004（平成６）年12月に「発達障害者支援法」が策定され，翌年４月から施行された。この法律は，第１章で，目的・用語の定義・基本理念・国および地方公共団体や国民の責務について述べ，第２章で，児童の発達障害の早期発見および発達障害者の支援のための施策を規定している。第３章では，発達障害者支援センターや専門的な医療機関の確保等について，第４章では補則，そして，発達障害者を支援する民間団体への支援や国民に対する普及・啓発，医療・保健業務に従事する者に対する知識の普及・啓発，専門的知識を有する人材の確保・調査研究などを行政や社会全体に要請している。

❑ 分　類

① 広汎性発達障害（PDD）

　自閉症，アスペルガー症候群，特定不能の広汎性発達障害，小児期崩壊性障害，レット障害の５つの総称である。

　自閉症は，①対人関係の障害，②コミュニケーションの障害，③限定した常同的な興味と行動という３つの特徴をもつ障害である。３歳までには何らかの症状がみられる。言語の獲得ができない場合，知的障害を伴う。

　アスペルガー症候群は，対人関係の障害があり，限定した常同的な興味，行動および活動をするという特徴は，自閉症と共通するが，明らかな言語発達の遅れを伴わない。

　小児期崩壊性障害は，いったん年齢相応な正常発達をした後，２～

　5 歳で言語の理解や表出能力の退行を生じ，知的・社会・言語機能の崩壊が起こり，自閉症と類似した症状が残る疾患である。

　レット障害は，女児に起こる進行性の神経疾患であり，知能や言語・運動能力が遅れ，常に手をもむような動作や，手をたたいたり，手を口に入れたりなどの動作を繰り返すことが特徴である。まれな疾患で小児慢性特定疾患に指定されている。

②　学習障害（LD）

　全般的な知的発達に遅れはないのに，読む，書く，計算するなどの特定の能力を学んだり，行ったりすることに著しい困難がある状態をいう。

③　注意欠陥多動性障害（AD／HD）

　注意持続の欠如もしくは，その子どもの年齢や発達レベルに見合わない多動性や衝動性，あるいはその両方が特徴の障害である。症状は通常 7 歳以前にあらわれる。一般的に多動や不注意といった様子が目立つのは学齢期だが，思春期以降はこういった症状が目立たなくなることもある。

　DSM-5 では，自閉症，アスペルガー症候群，特定不能の広汎性発達障害，小児期崩壊性障害を含む新しい概念として「自閉スペクトラム症」を採用しており（スペクトラムとは「連続体」の意味），発達障害は「自閉スペクトラム症」「限局性学習症」（学習障害に相当），「注意欠如・多動症」（注意欠陥多動性障害に相当）に区分されて記載されている（第 4 章第 3 節16項参照）。

 知的障害

☐　知的障害とは

　先天性もしくは発達期（おおむね18歳未満）において発症し，知的機能と適応機能の両面に制限がみられる状態を知的障害と呼ぶ。臨床的評価および標準化された知能検査（田中ビネー式知能検査，WISC，K-ABC など）によって，知的機能の制限や適応機能の制限が認められること，そうした状態が先天的に，または発達期の間に生じることによって，知的障害と判定される。

　標準化された知能検査では，「知能指数が70ないし75未満（以下）のもの」といった定義がなされることが多い。適応機能の制限は，意志伝達，自己管理，家庭生活，社会的・対人技能，地域資源の利用，自

律性，学習能力，仕事，余暇，健康，安全といった領域で認められる。適応機能については，コミュニケーション能力，身辺自立能力，家庭および社会生活への適応状況などをみて，総合的に判断される。

❏ 分　類

DSM-5では「1．神経発達症群」の中で「知的能力障害（Intellectual Disability）」という用語で分類されており，ICD-11では，「知的発達障害（Intellectual Developmental Disorder）」という用語が用いられている。軽度，中等度，重度，最重度に重症度を区分している。

知的障害を生じる要因には，①出生前の要因（染色体異常，先天性代謝異常，脳形成発達障害，重金属中毒など環境的要因），②周産期の要因（子宮内障害，新生児期の障害），③出生後の要因（頭部外傷，感染症，脱髄疾患，変性疾患，けいれん性疾患，中毒・代謝障害，栄養障害，環境遮断）がある。

以下，比較的頻度の高い原因疾患について述べる。

①　ダウン症候群

染色体異常の一つで，21番染色体のトリソミー（3個ある状態）によって生じる。出生頻度は，800〜1000分の1で，人種差は認められない。小奇形の組み合わせである一定の身体的特徴により，外見上から容易に診断が可能である。生命予後に影響する大奇形の合併頻度が一般より高い。心奇形，易感染性，白血病，自己免疫疾患，てんかんを伴うことがある。早期に老化する傾向がある。

②　脆弱X症候群

遺伝性疾患で，ダウン症候群に次いで頻度が高い。男性2500人に1人の発症率である。X連鎖の知的障害を伴う家系の約30％が本症候群にあたる。大きな耳，突出した眼窩上縁，下顎突出，巨大な睾丸が特徴である。情緒は不安定で多動が認められ，自閉症と診断されている場合もある。

③　フェニルケトン尿症

フェニルアラニンをチロジンに変換する水酸化酵素の先天性欠損による常染色体劣性遺伝疾患である。メラニン色素欠乏として，赤毛，色白，淡い虹彩色が特徴である。体内に蓄積された過剰のフェニルアラニンが脳代謝を阻害し，生後6か月〜1歳頃にかけて知能が急速に低下する。約半数にけいれんを認め，点頭てんかんが多い。マス・スクリーニング（ガスリー法）が全出生児に実施され，早期発見・早期治療が可能となっている。生後2〜3か月までに低フェニルアラニン食を開始すると発症を予防できる。

④ 結節性硬化症

神経皮膚症候群の代表的な疾患とされてきたが，皮膚，神経系以外にも腎，肺，骨などにも病変を生じることがある全身疾患であり，頻度は数万人に1人である。乳児期からみられる白斑や，表面がぶつぶつしたシャグリー斑，あるいは3〜4歳から出現する顔面血管線維腫（皮脂腺腫）が認められる。多くはてんかんを合併する。診断技術の進歩に伴い，知的障害のない軽症例があることがわかってきた。

☐ 療育手帳

知的障害児・者に対して，一貫した相談支援や各種の支援サービスを受けやすくすることを目的に，療育手帳が交付される。身体障害者手帳については身体障害者福祉法に，精神障害者保健福祉手帳については精神保健福祉法にそれぞれ条文化されているが，療育手帳に関しては知的障害者福祉法にその規定はなく，1973年9月27日に当時の厚生省が出した通知「療育手帳制度について」とそれに添付された「療育手帳制度要項」が根拠となっている。このため福祉施策としては，都道府県（および政令指定都市）の独自事業という位置づけになるため，都道府県や政令指定都市によって名称が異なる（東京都：愛の手帳，さいたま市：みどりの手帳，横浜市：愛の手帳，名古屋市：愛護手帳など）。また，障害の程度を判定する基準や階級分けの方法が異なるといった問題を抱えている。

18歳未満の知的障害児については児童相談所，18歳以上の知的障害者は知的障害者更生相談所が判定を行う。障害の程度は「療育手帳制度要項」によれば，A（重度）とB（それ以外）に大きく区分される。

手帳を取得していると，税の諸控除および減免や，障害者雇用促進法に基づき企業や官公庁の雇用において障害者枠が適用される，公営住宅の優先入居など各種支援サービスの利用などの便宜が図られる。

6 認知症

☐ 認知症とは

介護保険法第5条の2には，認知症の説明として「脳血管疾患，アルツハイマー病その他の要因に基づく脳の器質的な変化により日常生活に支障が生じる程度にまで記憶機能及びその他の認知機能が低下した状態をいう」と書かれている。

かつて認知症は痴呆と呼ばれていた。しかし一般の人々には誤解も多く，この用語に侮蔑的な意味合いを感じる人も少なくなかった。厚生労働省に設置された「『痴呆』に替わる用語に関する検討会」は，2004年12月に報告書を提出し，「痴呆」に替わる新たな用語として「認知症」を提言した。

　認知症を示す英語は，一般に dementia が用いられることが多いが，DSM-5では，major neurocognitive disorder と変更されている。従来の dementia も並行して用いられているが，日本語訳ではいずれにも認知症という用語をあてている。

　認知症とは，脳の器質的な障害により，成長の過程でいったん獲得された知能が病的に低下し，日常生活や社会生活に支障をきたす状態を指している。認知症になると，記憶，思考，見当識，理解，計算，学習，言語，判断など多様な高次脳機能の障害が生じてくる。

□ 分　類

　認知症をもたらす疾患にはさまざまなものがあるが，頻度が多くて重要なものはアルツハイマー病（アルツハイマー型認知症），レビー小体型認知症，前頭側頭型認知症などの脳変性疾患と血管性認知症である。表5-1に認知症の原因となる疾患の主なものをあげる。これらのうち最も多いのがアルツハイマー病，次に血管性認知症で，この2つで認知症の7割ほどを占める。レビー小体型認知症も1割ほどを占めるといわれる。残りを前頭側頭型認知症のほかさまざまな疾患が占める。慢性硬膜下血腫，正常圧水頭症，甲状腺機能低下症，ビタミンB$_{12}$欠乏症など頻度が少なくても，早期発見によって治癒しうる疾患が含まれるので早期の鑑別診断が重要である。

　アルツハイマー病は，大脳皮質全般に異常に強い変性と萎縮が生じ，神経細胞が脱落していく疾患である。アルツハイマー病の患者の脳には，健康な人にはわずかしかみられない老人斑やアルツハイマー神経原線維変化が多数認められる。

　発病は緩徐で，最初に気づかれる症状は「もの忘れ」であることが多い。当初は近時記憶（最近生じた事の記憶）の障害が主である。認知症の進行とともに次第に遠隔記憶にも障害が現れる。脳神経細胞の脱落，脳の萎縮は徐々に進行し，基本症状である記憶力障害，見当識障害，判断力の低下は次第に強まっていく。しかし，体が覚えている動作などの「手続き記憶」や感情反応は，病気が進んでも保たれていることが多い。塩酸ドネペジルをはじめ，アルツハイマー病の進行を遅らせる薬が開発されており，早期診断が重要である。

表5-1　認知症の原因となる代表的な疾患

脳変性疾患	アルツハイマー病，レビー小体型認知症，前頭側頭型認知症，ハンチントン病
脳血管障害（血管性認知症）	脳梗塞，脳出血
外傷性疾患	頭部外傷後遺症，慢性硬膜下血腫
感染性疾患	脳炎，髄膜炎，進行麻痺，AIDS
内分泌代謝性疾患	甲状腺機能低下症，低血糖，ビタミン B_{12} 欠乏症
中毒性疾患	アルコール中毒，一酸化炭素中毒，有機水銀中毒
腫瘍性疾患	脳腫瘍
その他	正常圧水頭症

出所：筆者作成.

　血管性認知症は，脳血管障害が原因で生じる認知症である。血管性認知症では，記憶障害は顕著であるのに対人対応における理解や判断は普通にできるなど，知的機能の一部が低下し，一部は保たれるといった状態を呈することがある。脳血管障害が原因であるため，認知障害のほか片麻痺，言語障害などの局所神経症状を呈することは，アルツハイマー病に比べるとはるかに高頻度にみられる。本疾患は，脳梗塞を繰り返しながら段階的に認知症が増悪するという経過をたどることが多い。治療としては脳梗塞の再発防止が重要となる。日本人にみられる高齢期の認知症は，欧米と比べて血管性認知症の割合が高いことが特徴だとされてきたが，近年は脳血管性障害の予防が進み，その分アルツハイマー病の割合が増えてきている。なお，アルツハイマー病と血管性認知症の混合型も認められる。

　レビー小体型認知症は，大脳皮質の神経細胞の中にレビー小体という異物ができ神経細胞が死滅し認知症がもたらされる疾患であり，初老期から老年期にかけて発症する。注意や覚醒レベルの変動を伴う認知機能の動揺，幻視，パーキンソン病に似た症状（歩行障害，筋固縮，振戦）などがみられる。

　前頭側頭型認知症は，初老期に発症することが多い疾患である。前頭葉と側頭葉を中心に神経細胞の脱落と脳の萎縮がみられるため，アルツハイマー病と区別される。ピック病と呼ばれる疾患もこの中に含まれる。周囲の状況に配慮することがなくなり，人格が変化したような症状を伴うことが多い。

☐ 認知症の有病率

　認知症の有病率に関して，2012年8月に厚生労働省から推計値が公表された。介護保険の要介護認定を受けている「認知症高齢者の日常生活自立度」ランクⅡ以上の高齢者数の推計により，2010年時点で280万人（65歳以上人口の9.5％）が認知症であり，2025年には478万人

（同じく12.8％）になると推計している。ただしこれは介護保険の認定を受けている人で自立度ランクⅡ以上の人に限った値である。その後，地域住民の悉皆的疫学調査に基づいた有病率推計値が厚生労働科学研究をもとに報告され，それによると，65歳以上における認知症の全国有病率推定値は15％，有病者数は439万人（2010年）と推計された。さらにそれ以外に，認知症予備群とされる軽度認知障害（MCI：mild cognitive impairment）の有病率は13％，有症者数380万人と推計された。

○参考文献 ─────

黒田研二・住居広士編著（2009）『人体の構造と機能及び疾病』ミネルヴァ書房.
厚生労働統計協会編（2020）『国民衛生の動向2020/2021』.
国立障害者リハビリテーションセンター・高次脳機能障害情報・支援センターホームページ（http://www.rehab.go.jp/brain_fukyu/）.
国立障害者リハビリテーションセンター・発達障害情報・支援センターホームページ（http://www.rehab.go.jp/ddis/）.
日本精神神経学会監修（2014）『DSM-5® 精神疾患の診断・統計マニュアル』医学書院.

■第6章■
ICF とリハビリテーション

① リハビリテーションの概要と範囲

1 概　要

☐ リハビリテーションとは

　リハビリテーション（rehabilitation）とは，疾病や外傷，加齢等により生じた障害を克服して，それを契機に，そして，それ以降，人としてふさわしい生活を最大限獲得する過程にかかわる専門的分野である。リハビリテーションの語源はラテン語に由来して，「さらに・新たに・なお一層（re）ふさわしい状態になる（habilitate）こと」とされている。ところが，リハビリテーションについて，疾病や外傷によって生じた障害に対する機能回復訓練のみであると誤解して認識している人も多くみられる。しかし，柳田邦男は，リハビリテーションを「心の中に新しい生きる力，新しい命を移植すること」と紹介している[(1)]。それは，障害等を単なる障壁ととらえず，変革のチャンスととらえ，さらなる向上を目標として対処することが本来の意味であることを示唆している（図6-1）。単に元どおりにするという概念ではないことに留意する必要がある。適切な日本語がいまだ見つからないのが日本特有の課題でもある。

　また，国際連合では1981年に，リハビリテーションの理念を以下のように提唱している。

① 障害をもっていても人間性は損なわれない。
② リハビリテーションは，その人のできないことを観るのではなく，できることを発見・拡大すること。
③ 障害を受けた人ではなく，障害と共に生きるあたりまえの人としてとらえる。
④ 障害者を閉め出す社会は弱くもろい社会ととらえる。
⑤ 障害者・高齢者などに利用しやすいことは，社会全体の利益と考える。

　世界平和を目的とした国際連合が，リハビリテーションの理念を提唱するのは，長寿社会を迎え，世界における多様性（diversity）の重要性を認識するなど共生社会の理念のもとに，リハビリテーションの目標を**ノーマライゼーション**（normalization）としているからである。

図6-1　リハビリテーションの概念（新たな価値の創造）

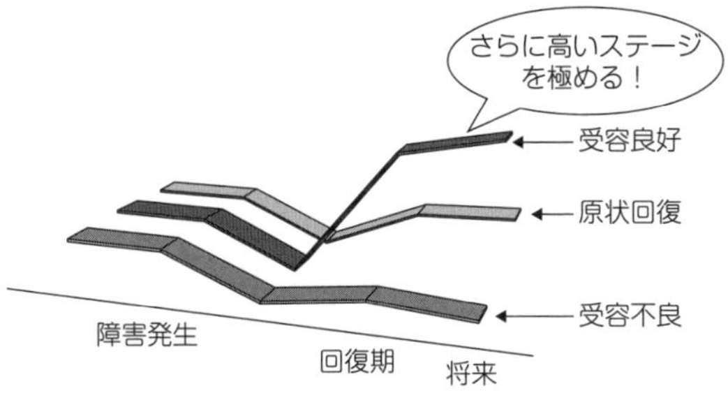

さらに高いステージ
を極める！

←　受容良好

←　原状回復

←　受容不良

障害発生

回復期　将来

出所：筆者作成.

　そのため，国際連合は2006年，すべての障害者によるあらゆる人権及び基本的自由の完全かつ平等な享有を目指す，障害者の権利に関する条約を採択した。日本でもその後，障害者差別解消法が成立し，2014年，同条約の批准がなされている。

　多様性（diversity）とは，概念は一律ではないが，「ジェンダー，人種，民族，年齢等における違いのことをさす」とされる（アメリカの雇用機会均等法委員会）。

　リハビリテーションでは，なかでもリハビリテーション医療が障害者を対象とした医学として発展してきた。さらに現在では，リハビリテーションの守備範囲は，医療分野のみではなく，介護保険分野や保健，社会福祉の分野にまで拡大し，障害への対応として社会復帰，社会参加，充実した生活の提供をも包含した地域包括ケアシステムの基本概念とされている。

　地域包括ケアシステムとは，2014年に日本の医療介護総合確保推進法にて「地域の実情に応じて，高齢者が，可能な限り，住み慣れた地域でその有する能力に応じ自立した日常生活を営むことができるよう，医療，介護，介護予防，住まい及び自立した日常生活の支援が包括的に確保される体制」（第2条第1項）と定義されている。

　そのため，リハビリテーションでは，心身に障害を有する人々が家庭も含めた社会復帰をするために，身体上の課題にのみ対処するだけではなく，心理的にも，職業的にも，経済的にも，社会的にも総合的に対応することが重要である。リハビリテーションの理念には，「障害者にも健常者と同等に満足できる生活を保障すべきである」という願いも込められている。このため，あくまでも機能回復訓練はリハビリテーションの過程に含まれる重要な一分野でしかないことに留意するべきである。

❏ リハビリテーションの目標

先に述べたように，国際連合におけるリハビリテーションの最終目標は，ノーマライゼーションである。

ノーマライゼーションとは，1952年にデンマークにおいて，障害者の人権尊重の立場から，可能な限りノーマルな生活を創造する目的で知的障害者の親の会が設立され，その後1959年にノーマリセーリング法が制定されたことに端を発している。しかしわが国でも，聖徳太子の「十七条の憲法」において，第十条「人の違うをいからざれ，人みな心あり」にあるように，ノーマライゼーションの理念が古代から人の心の中にしっかり築かれていたことがうかがえる。

❏ 日本におけるリハビリテーションの発展

日本でも，古代から散発的にリハビリテーションは行われてきた。それが現代に大きな流れとなるのは「療育（教育的リハビリテーション）の父」といわれた高木憲次が1920年に，わが国にもたらした肢体不自由児の治療体系からである。1942年には多くの困難を排し，わが国初の肢体不自由児施設である整肢療護園が設立された。この流れは戦後も大きく発展し，日本のすべての都道府県に肢体不自由児施設が設立される結果となった。

その後，1963年には日本リハビリテーション医学会が設立され，1974年には日本初のリハビリテーション科学講座が獨協医科大学に設けられた。1989年には日本リハビリテーション医学会が社団法人化された。1996年にはリハビリテーション科が医療法にて標榜科として認められた。さらに，リハビリテーション医療チームの関連職種については，1966年に理学・作業療法士法が整備され，1987年に義肢装具士法と社会福祉士及び介護福祉士法，1998年に言語聴覚士法が制定された。医師，歯科医師，看護師，保健師，歯科衛生士，栄養士も加えてリハビリテーション医療での最低限の職種が，わが国で公認されている。

❏ リハビリテーションの分野

すべての障害が，さまざまな対応等によって短期間で解決できるものであれば，障害者福祉等の側面は考慮する必要はない。しかし，多くの障害が継続して残存する現在の状況においては，障害を共にして，早期に社会生活を営めるように配慮することが重要で，介護やリハビリテーション工学をはじめとする種々の社会福祉サービスも含めた総合リハビリテーションの各分野の密接な連携が不可欠となる。

リハビリテーションには以下の4つの分野がある。

① 医学的リハビリテーション

医療の観点からのリハビリテーションである。介入時期からは急性期，回復期，生活期に分類される。疾病や外傷の急性期には，生命の危機を伴うことが多く，障害の進行，悪化が起こりえる。発症・受傷後，可能なかぎり早期に科学的根拠に基づいた介入を開始することが重要である。回復期は，生命の危機はほぼ脱し，障害の改善が期待できる時期である。生活期は，リハビリテーションの目標が一応達成され，高齢者については介護保険サービスが主体となり，機能維持・管理を行う時期である。これらの時期を通して，廃用・過用・誤用症候に対する認識に基づいた介入が重要である。

全診療科に関連する病態を扱う領域になっている医学的リハビリテーションの対象範囲は，知的障害を含めた疾病や外傷のみならず，指定難病，精神障害，周術期の機能障害の予防や回復，フレイル➡，サルコペニア➡，ロコモティブシンドローム➡等も加わり，長寿社会を迎えたことで，さらに，拡大している。

② 教育的リハビリテーション（療育）

主に障害児の教育に関するリハビリテーション分野で，療育とも呼ばれている。成長の各時期への対応を，ライフサイクルに合わせて系統的に対応することが求められる。視覚障害，聴覚障害，知的障害，肢体不自由，病弱対象の特別支援教育等での対応のみでなく，各種学校での配慮も重要で家族や地域の教育委員会等との連携が重要課題である。

③ 職業的リハビリテーション

障害者や高年齢者の復職や就職支援に対するリハビリテーション分野である。職業評価や職業訓練，職業指導・支援等，公共職業安定所（ハローワーク）だけではなく，障害者就業・生活支援センター事業やジョブコーチ事業等での対応も行われている。日本では法律上でも職業的援助措置として定められている。

障害者雇用の課題は，単に障害者自身の課題だけではなく，すべての人を含めた社会全体の課題として，共生社会の実現に向けての取組みが求められている。

④ 社会的リハビリテーション

介護保険サービスや障害者総合支援法等の社会福祉サービスや住宅・地域環境整備，社会参加への支援等が含まれる。地域リハビリテーションとくに生活期リハビリテーション（CBR）として，地域包括ケアシステムにおけるネットワークの中心となる社会的リハビリテー

➡ フレイル

加齢に伴うさまざまな臓器の機能変化や恒常性や予備能力低下によって，健康障害に対する脆弱性が増加した状態のことである。日本老年医学会が2014年，フレイルと呼ぶことを提唱した。身体的，精神・心理的，社会的側面を含み，栄養障害（体重減少），主観的活力低下（易疲労感），活動量の低下，移動能力低下（歩行速度の低下），筋力低下（握力低下）の5要素で分析される。

➡ サルコペニア

筋肉（Sarx）と減少（penia）を組み合わせた造語である。筋量と筋力の進行性かつ全身性の減少に特徴づけられる症候群で，身体機能障害，QOLの低下，死のリスクを伴うもので，身体的フレイルでの歩行速度の低下や握力低下を主な要素として判断するものである。

➡ ロコモティブシンドローム（運動器症候群）

日本整形外科学会が2007年に提唱した概念で，関節や骨，筋等の運動器の障害により，要介護状態になるリスクの高い状態と定義されている。

ションが求められている。そのため，地域包括ケアシステムの現場に
おいては，ソーシャルワーカーが主体的に活躍することが期待されて
いる。

☐ リハビリテーションのチームメンバーと対応

リハビリテーションチームの中心は，いうまでもなく対象者本人や
家族である。そのことをふまえて，主なチームメンバーの職種・役割
と対応法について概説する。

① 医師・歯科医師

リハビリテーションを専門とする医師・歯科医師は，リハビリテー
ション医療の最終責任者として，チームリーダーとしての役割を担う
ことが多い。障害を経時的に評価し，予後予測（ゴール設定）に基づ
いて，チーム全体の対応が円滑に行えるよう調整し，その他の専門職
との連携やチームスタッフの技能や知識，性格をよく認識し，対象者
の社会的背景や心理学的分析等も含めて，チーム内での情報共有化を
活性化することが重要な役割となる。

これらリーダーとして活躍することが多いリハビリテーション医学
専門医は，日本では，日本リハビリテーション医学会が中心となって
養成に努め，最近増加傾向ではあるが，全国の医科系大学におけるリ
ハビリテーション医学講座が不十分であることなどから，いまだ絶対
数は不足している。

② 看護師（保健師）

看護師等は，リハビリテーションにおける専門性からみると，各種
機能訓練を直接担当する各専門職とは異なり，対象者に対して全般的
（横割り的）役割を担う専門職としてとらえることができる。入院・入
所している場合は，対象者とは深夜帯を含めて比較的長時間接する機
会があるため，膨大な情報を得ることが可能で，家族等との交流の機
会も多く，評価はより具体的となる。訓練場面では他の職種と役割が
重複することが多くなるが，特に活動制限に対しては，生活に即した
具体的な対応を担うことになる。

このような対応は，対象者等の積極性を引き出しやすくなるだけで
なく，頻回なアプローチが各種機能に影響することにより，機能障害
に対しても直接的な訓練効果が期待されることになる。このように機
能障害（特に失行や失認などの高次脳機能障害）に対する訓練において，
看護の役割が大きいことを認識しておく必要がある。

③ 理学療法士（PT）

運動療法や物理療法を用いた機能訓練，床上での起立動作や歩行等

の移動動作訓練を中心とした日常生活動作（ADL）訓練等の理学療法
を担当する専門職である。他にも理学療法の一部を担当する職種はあ
るが，理学療法士の資格は，日本では国家資格で，その活躍範囲は医
療機関等の治療現場だけでなく，行政機関や地域にも拡大している。

④　作業療法士（OT）

　特定の作業課題による活動を用いた機能訓練，ADL訓練，環境整
備等を行う作業療法を担当する専門職である。occupationには「職
業」という意味があるため，職業訓練（vocational training）と混同さ
れることがあるが，別の意味として「占有」があり，各種の活動に夢
中になることによる治療作用が，作業療法の最も大きな目的である。
作業療法は精神科領域での治療法として発展してきた歴史があるため，
心理や高次脳機能に対する取組みも一般的である。しかし，作業療法
士は理学療法士と同様に，身体機能障害に対し運動療法や物理療法な
どの機能訓練を用いた対応も行う。日本での資格制度は理学療法士と
同様である。

⑤　言語聴覚士（ST）

　音声言語機能障害や聴覚障害，嚥下障害に対して，コミュニケーシ
ョン能力や嚥下機能の向上を目的に，周囲の人たちに対する助言，指
導その他の支援も含め，訓練を行う専門職である。これまでは言語障
害や聴覚障害のみを対象とした専門職分野もあったが，現在では制度
上の名称が言語聴覚士に統一された。言語聴覚療法は，学校教育など
でも言語聴覚障害教育として専門的に行われる。このように言語聴覚
療法は多方面で行われているため，関係者間での調整に手間取り，日
本では国家資格の制度化が遅れた。しかし，介入現場では，高次脳機
能障害や摂食嚥下障害への対応ニードが増加しており，言語聴覚士の
リハビリテーションチーム内での役割の重要性は，確実に拡大してき
ている。

⑥　義肢装具士（PO）

　切断や麻痺などによる四肢体幹運動の機能障害に対して，義肢（義
手・義足等）や装具を作製，適合させる専門職である。義肢や装具の
適合は，理学療法や作業療法での十分な装着訓練が必須であり，ここ
でも専門職間でのチームワークが重要となる。日本では国家資格であ
る。

⑦　社会福祉士・精神保健福祉士

　疾病や障害によって発生した対象者本人や周囲の人たちの参加制約
上の問題などに対し，その課題を明確化し，種々の社会資源などを活
用しながら心理的な側面も含めて問題解決に向けて援助を行う専門職

である。福祉分野では社会福祉士，精神保健福祉士ともに国家資格制度が整っている。

　また，医療保険での医科診療報酬体系でも，精神科専門療法分野において，自殺企図等にて入院が必要と認められた精神疾患の患者に対して，救急患者精神科継続支援料を算定して情報提供援助や受療指導，助言を行う役割を分担している。現在，慢性疾患の増加や生活構造，社会構造の変化に伴い，その必要性の認識は拡大し，リハビリテーションチームのみでなく，医療機関には欠かせない存在となっている。

　また，医療機関等で活躍している場合，医療ソーシャルワーカー（MSW）と呼ぶことが多い。

　⑧　その他

　その他の関連職種として，視能訓練士（ORT），臨床心理士，公認心理師，介護支援専門員（ケアマネジャー），介護福祉士，ホームヘルパー，職業訓練士，栄養士，教師，保育士等が，対象者の必要性によりリハビリテーションチームに参加している。

　医療，福祉，介護，教育，職業のそれぞれの分野の専門職と連携して包括的にリハビリテーションを展開するためには，これら専門職のそれぞれの専門性と役割分担を整理しておくことが重要である。

□　リハビリテーションチームの課題

　チームの中心は，リハビリテーションの対象者となるが，その課題や程度はさまざまである。それらを適切に評価し対応するためには，多くの専門職や関係者が参加したチームアプローチが重要となる。

　リハビリテーションチームの専門職は多職種であることが特徴である。疾病や障害の多様で複雑な課題に対し，それぞれの専門性を発揮した対応が必要なためである。しかし，障害の状況がいくら多様でも，目標（短期・長期ゴール）が統一されていなければ対象者の利益に役立つものとはならない。障害等の総合的評価に基づいた目標の設定と，専門職が一丸となり，効率のよいリハビリテーションのために，対象者本人も能動的に参加するための**アドヒアランス**を維持する方法を考え，一人の対象者を中心にすえてチーム全員が密接に連携して支援することが重要である。

　また，病態等の時期からみると，急性期から回復期，生活期，介護，雇用等が課題となる地域生活支援期そして終末期まで含まれることになる。これは予防も含めてライフサイクルのあらゆる時期に合わせたリハビリテーションプログラムが必要で，それぞれの時期におけるチーム内での専門職の役割にも変化が求められることになる。

→アドヒアランス
医療現場では「受療者が自身の状況を理解し，治療方針の決定に賛同し積極的・主体的に治療に参加する」ことを意味する。同様な用語として「コンプライアンス」も用いられるが「医療従事者の指示通りに治療を受ける」ことを意味するため，積極性や主体性等についてより踏み込んだ概念であるアドヒアランスの概念のほうが重視されている。

☐ 医科診療報酬上のリハビリテーション

　日本の医療保険では，診療報酬体系上，リハビリテーション医療の分類を次のように規定している。介入できる医学的リハビリテーションの期間を限定して，大まかな疾患別等に分類して，該当とされた各専門職が介入して保険請求している。その他，精神科専門療法部門として，各種療法・ケアにおいてリハビリテーションが行われている。

①　心大血管疾患リハビリテーション

　急性発症した心筋梗塞や狭心症等の心大血管疾患，解離性大動脈瘤等の大血管疾患，開心術後や大血管術後，慢性心不全，末梢動脈閉塞性疾患が対象である。これらの心機能の回復，当該疾患の再発予防等を図るために，心肺機能の評価による適切な運動処方に基づいた運動療法等を個々の症例に応じて行う。

②　脳血管疾患等リハビリテーション

　脳卒中や各種神経筋疾患，精神疾患，小児疾患，言語障害，聴覚障害が対象である。これらに基本的動作能力の回復等を通して，実用的な日常生活における諸活動の自立を図るために，種々の運動療法，実用歩行訓練，日常生活動作訓練，物理療法，応用的動作能力・社会的適応能力の回復等を目的とした理学療法等を組み合わせて個々の症例に応じて行う。そして，言語聴覚機能に障害をもつ患者に対しては，言語機能もしくは聴覚機能に係る訓練を行う。

③　廃用症候群リハビリテーション

　急性疾患等に伴う安静による廃用症候群であって，一定程度以上の基本動作能力，応用動作能力，言語聴覚能力及び日常生活能力の低下している者が対象である。これらに基本的動作能力の回復等を通して，実用的な日常生活における諸活動の自立を図るために，種々の運動療法，実用歩行訓練，日常生活動作訓練，物理療法，応用的動作能力・社会的適応能力の回復等を目的とした作業療法等を組み合わせて個々の症例に応じて行う。

④　運動器リハビリテーション

　主に，整形外科疾患である骨，関節，筋肉疾患が対象である。それらに基本的動作能力の回復等を通して，実用的な日常生活における諸活動の自立を図るために，種々の運動療法，実用歩行訓練，日常生活動作訓練，物理療法，応用的動作能力・社会的適応能力の回復等を目的とした理学療法等を組み合わせて個々の症例に応じて行う。

⑤　呼吸器リハビリテーション

　呼吸器疾患だけではなく，各種のがんの手術前後において呼吸機能訓練を要する者も対象である。呼吸訓練や種々の運動療法や言語療法，

摂食療法等を組み合わせて理学療法士，作業療法士又は言語聴覚士が個々の症例に応じて行う。

⑥　摂食機能療法

発達遅滞や脳卒中等による摂食機能障害が対象である。これら摂食機能障害を有する者に対して，個々の症状に対応した診療計画書に基づき，医師又は歯科医師自身や医師又は歯科医師の指示の下に言語聴覚士，看護師，准看護師，歯科衛生士，理学療法士又は作業療法士が行う。

⑦　視能訓練

両眼視機能に障害のある者が対象である。その両眼視機能回復のため矯正訓練（斜視視能訓練，弱視視能訓練）を行う。

⑧　難病患者リハビリテーション

難病患者の社会生活機能の回復を目的として行う。対象の難病は，指定難病として日本では法的に医療助成制度がある。治療が極めて困難であり，かつ医療費も高額となるため，医療費の負担軽減を図るとともに，病状や治療状況を把握し，治療研究を推進することを目的としている。対象疾患は，指定難病として拡大している。

⑨　障害児（者）リハビリテーション

厚生労働大臣が定める障害児（者）リハビリテーション料の施設基準に適合しているものとして届出を行った保険医療機関である医療型障害児入所施設等の指定された施設で行う。主に，脳性麻痺等の先天性疾患が対象である。

⑩　がん患者リハビリテーション

入院中のがん患者が対象である。がん患者リハビリテーションに関する適切な研修を修了した理学療法士，作業療法士又は言語聴覚士が行う。がん患者リハビリテーションを行う際には，定期的な医師の診察結果に基づき，医師，看護師，理学療法士，作業療法士，言語聴覚士，社会福祉士等の多職種が協働してリハビリテーション計画を作成することが求められる。

⑪　認知症患者リハビリテーション

重度認知症の者（認知症治療病棟や認知症疾患医療センターに入院している者に限る）に対して，認知症の行動・心理症状の改善及び認知機能や社会生活機能の回復を目的として，作業療法，学習訓練療法，運動療法等を組み合わせて個々の症例に応じて行う。

⑫　リンパ浮腫複合的治療

鼠径部，骨盤部もしくは腋窩部のリンパ節郭清を伴う悪性腫瘍に対する手術を行った者または原発性リンパ浮腫と診断された者が対象で

ある。

⑬ 集団コミュニケーション療法

医師または医師の指導監督の下で言語聴覚士が複数の各種疾患を原因とした言語・聴覚機能の障害を有する複数の者に対して集団訓練を行う。

2 廃用症候群リハビリテーション

廃用症候群は，リハビリテーション医療の最重要対象症候群である。不十分な治療目標設定では見落とされやすい症候群である。油断していると取り返しがつかなくなる状態である重症のフレイル等を招きかねない基本概念として重要な症候群である。

☐ 廃用症候群の心理的影響

廃用症候群における重要な課題として心理的荒廃がある。障害等は本人の心理に多様な影響を与え，周囲の人々の心理状態も大きく関係する。長期入院患者の心理とも共通するが，本人が希望し，周囲の人々も期待するような行動ができない状態（社会的役割の制約）や，人間的な価値（尊厳）の低下あるいは喪失という問題から，悲哀の仕事としてさまざまな心理反応が引き起こされる。

しかし，この心理反応は特別なものではなく，不快で痛ましい事態に対する人の健康な反応であることを，関係者が理解しておくことが非常に重要である。社会性の減退や興味の喪失，自発性の低下，抑うつ状態などから，食欲低下，拒食，依存性の増大，治療者に対して攻撃的態度あるいは逃避的態度を呈するといった人格変化や行動の障害などが表面化する。

初期にこれらへの対応を誤ると，恒久的な心理的荒廃を招き，知的退行をきたすことになる。

また，過度の安静による悪循環により褥瘡や失禁等を呈すると，精神的荒廃は急速に増悪し，脳器質性疾患の進行と誤解されることもある。それぞれの心理反応の段階について，適切な支援や対応をすることが廃用症候群の予防においても基本的な対応としても重要である。

次に，代表的な廃用による生理学的症候について解説する。

☐ 廃用による生理学的悪影響とその対応

① 筋萎縮（筋力低下）

近年，サルコペニアとして注目されているが，筋力は動かさないと

➡廃用症候群
日常生活活動やその他の身体的活動が禁忌や各種のリスクを伴うため制限されているような状況から生じる二次的障害を論じる際に用いられる用語である。疾病や外傷の治療時や高齢者と障害者においては避けてはいけない重要な課題であり，体力の低下や身体的，精神的諸症状を総称した概念である。

進行性に減少する。その進行度は，はじめの4〜5週間は1週間につき最初の筋力の10〜15％ずつ減少し，その後も徐々に弱くなり続ける。当然，筋持久力も筋力の減少に伴い低下する。

これらへの対応として，筋力の維持には最大筋力の20〜30％の筋収縮を行うことが必要で，これ以下であれば効果がないとされている。運動方法には，等尺性と等張性などがある。筋力は，1日数回，最大筋力の60％以上で4〜6秒間をかけて等尺性運動することにより増加させることができる。また筋持久力は，最大筋力の40％程度で等張性運動を疲労するまで行うことにより効率的に増加させることができる。

② 関節拘縮（柔軟性低下）

普段，関節可動域は関節の自動運動により保たれているが，動かさないことにより可動域は急速に減少する。軽度の可動域制限は，正常な関節であっても2〜3週間の固定で出現し，時間の経過とともに増悪する。可動域制限の原因として，30日以内の固定では筋，関節包および関節内の結合織増殖などの癒着が主体で，これらの変化は可逆的とされている。60日以上の固定では関節軟骨の線維化，潰瘍などが生じ，非可逆的となる。このような制限は，局所的な外傷や循環障害，変形性変化などにより非常に早期に出現する。

関節可動域の維持には，1日10回，各関節をすべての方向にゆっくり十分に動かすことにより予防可能である。また，可能であれば1日合計2時間以上の立位や歩行が下肢諸関節の拘縮予防に有効である。

③ 骨萎縮（骨粗鬆症）

40歳代までは骨産生と骨吸収速度とは適度な刺激のもとで均衡が保たれている。動かないことは通常の刺激を著しく減少させるので，骨吸収率が産生率を上回り，骨萎縮を生じさせる。安静臥床を4〜5日とるだけで，窒素やカルシウムのバランスは負となり，カルシウムなどの排泄が増加してくる。

廃用性骨萎縮の予防には，1日計3時間の立位保持が，臥床筋力増強訓練や座位訓練よりも有効である。しかし，臥床していなければならない場合は，日常生活動作などを通して四肢を活発に動かし，筋の等尺性運動などを行うことにより，骨粗鬆症を防ぐことができる。また，歩行可能であれば，1日8,000歩程度の歩行が予防に有効である。

現実的に，下肢における骨粗鬆症の最良の予防法は，立位や歩行である。ここで注意することは，歩行量が過剰になると骨量をかえって減少させる可能性があることである。1日2万歩以上の徘徊高齢者で骨量が著しく減少していたという報告がある。

④　循環機能低下（体力低下）

　不活発な生活習慣や安静臥床等により，心臓と末梢循環を支配する自律神経系を含め，循環機能に変化を生じる。若年の健康成人でも，3〜4週間の安静臥床後に立位をとらせると，起立性低血圧を生じ失神することがある。さらに，安静臥床後の安静時および最大下運動時に，心拍数が，1回心拍出量の低下を代償するため増加する。これにより安静時および最大下運動時の酸素摂取量は維持されるが，最大運動時には，1回心拍出量の減少に対する心拍数の代償が十分に得られず，最大酸素摂取量が減少する。

　持久性体力は体内への酸素の取り入れと利用能力を示す酸素摂取量（ml/kg/分）で表される。持久性が向上すると最大酸素摂取量が増加する。心拍数と酸素摂取量とは直線相関であるため，心拍数からおよその酸素摂取量を求めることができる。持久性の向上にとって最適で安全な運動としては，運動時の心拍数がその人の予測最大心拍数の70〜85％となるような運動を，1日1回，20〜30分間行うことが勧められている。

　起立性低血圧，下肢への血液貯留などの血管運動障害は，長期臥床等では避けられない合併症である。予防は，臥床期間を可能な限り短くすることである。このような問題に対しては，立位の再獲得のためにまず各種の福祉機器を用いた立位訓練や，弾性ストッキングの装着等が有効である。

⑤　末梢循環障害（静脈血栓症）

　末梢循環は，筋活動の低下に伴い減少する。また，関節拘縮などにより血管が狭くなり，静脈血栓症を生じやすくなる。

　安静臥床時の静脈血栓症を予防するため，筋肉内のポンプ作用に期待して，下肢，特に膝より下の筋肉を活発に収縮させ，早期に立位や歩行を再開することが有効である。各種術後には，両下肢間欠的圧迫療法や弾性ストッキングの装着を行い，術後疼痛等があっても，全身の血栓症予防を目的に，可能な限り早期に歩行を開始する。また，臥位や座位での長期間の膝関節や股関節の屈曲位保持も，下肢への静脈血管外からの圧迫を増すことになるため，可能な限り避ける必要がある。

⑥　呼吸機能障害（誤嚥性・沈下性肺炎）

　不活発な生活習慣や安静臥床等は，深い吸気の頻度低下により肺活量や呼吸効率が減少する。結果として，しぼんだ肺胞は拡張しにくくなり，長期臥床により肺の一部に徐々にうっ血も生じてくる。さらに，誤嚥や喀痰等の分泌物が沈下して肺炎も生じやすくなる。

呼吸機能は，定期的に腹式深呼吸訓練を行うことによって維持することができる。通常の体位変換によっても，無気肺の発生や分泌物の貯留を防止することが可能である。呼吸時の機械的抵抗は，座位や立位よりも臥位のほうが大きいため，適切な座位時間を確保するようにする。また，長期臥床していなければならない場合は，咳の訓練や体位ドレナージなども有効である。

☐ 廃用症候群の予防

　以上，これら廃用症候群を予防するためには，不活発な生活や安静を強いられる原因を理解して対応しなければならない。過度の安静は，弊害として廃用症候群を生み出す。絶対安静でなくとも，身体的活動の乏しい期間が長期化すれば，同様の合併症を呈する可能性があることに留意する必要がある。

　廃用症候群については多くの研究が行われ，比較的短期間の安静臥床でさえ，運動機能や心肺機能，消化器，泌尿器，精神面などの多岐にわたる器官や系統に，確実に機能の変化を起こすことが明らかになっている。主に健康な若年者を対象に行われた研究では，そのような変化の一部は元どおりになりにくいものもあるが，普通の生活に戻れば，ほとんどが支障なく回復する。しかし高齢者や障害者では，これらの生理学的変化がより短期間にしかも顕著に起こり，その回復は時間的にも労力的にも容易でなくなることを覚悟しなければならない。また同様に，過度な対応による過用症候と，誤った対応による誤用症候の発生にも注意が必要である。

3　リハビリテーションにおける心理対応

　疾病や障害，加齢を認識した場合にみられる心理反応への対応は，リハビリテーションの目的達成のために非常に重要である。これらの心理反応は，決して病的な反応ではなく，健康だからこそ誰にでも引き起こされる反応であることを認識しておくことも重要である。

　障害受容の心理過程を説明する理論には，危機モデルである段階理論，障害の慢性期や固定期の障害者を対象とした価値変換理論，役割理論等が提唱されているが，ここでは段階理論を主に解説する。

☐ 疾病や障害，加齢に対する心理反応

　疾病や障害，加齢が心理に多様な影響を与えることは，誰しもが経験，想像できることである。本人だけでなく周囲の人々の心理状態に

も影響を及ぼす。当然ながら，人は家庭や職場といったいろいろな人間関係のなかで生活し，社会的な役割を担っている。疾病や障害，加齢は，このような家庭や社会との関係に変化をもたらし，この関係の変化が，さらに当事者の心理に影響を及ぼす。このように，疾病や障害，加齢は，個人に直接的に心理反応を引き起こすだけでなく，相対的に社会的環境からの心理的影響を引き起こし，本人と社会的環境との間に動的な心理的関係をつくり出す。心理的な「受容」は，個人的な問題にとどまらず，広く社会・文化的な課題である。

　本人についてはいうまでもなく，とりまく家族や周囲の人々の心理についても常に評価し，共感して，適切に支援・調整することが，どのような場合でも重要である。

　障害等の心理は，心理的対応の観点からみると，人間としての「価値の喪失」から「価値の発見」に至る過程の一部としてとらえることができる。

　医療・福祉の目的が全人的復権であることから，その効果は一般的に社会や生活に対する影響の程度で評価される。具体的には，自分が希望し周囲の人々が期待するような行動ができない状態（社会的役割の制約）や人間的な価値（尊厳）の低下あるいは喪失という問題が含まれる。これらのことから，心理的対応の目的は，新しい QOL（quality of life）の創造とされている。

　人は誰でも，生きていくうえで不測のストレスに遭遇することが普通である。たとえば，自分自身を含めた家族の疾病や死，親しい人との離別，失恋，受験や事業の失敗などである。これらの課題を克服していく時，健康な人は，いくつかの異なる心理反応（防衛機制）の段階をたどる。

　疾病や障害は，その発生時期により先天的と人生中途期に分類することができる。さまざまな課題等を受容するまでの段階的心理反応が典型的にみられるのは，後天性疾病や中途障害においてである。以前の自分自身の健康体験を背景にして，それまでの人生で獲得した健康に対する考え方や価値観による偏見などを自分自身に過度に適用し，自分自身の存在価値の低下や喪失感を必要以上に自覚することが多いためである。

　先天的な場合には，先行する価値観をもたないことや成長を伴うため，中途障害とは心理反応が異なることが多い。先天的とは，先天性疾患によるものや乳幼児期に発生した障害のことであるが，これらの場合は健康体験をもたないことが前提となるため心理反応として衝撃や否認の段階を経験することは比較的少なくなる。しかし，成長の各

段階で，環境をとおして自分自身の課題をその度に自覚してゆくことや，遷移する家族等に生じた心理反応に影響されることが多いため，課題の及ぶ期間や種類が多様になる。

　自覚する課題は成長とともに変化するため，その度に，自覚したことに対して新たな心理反応が引き起こされ，結果的に何度も受容が繰り返されることになる。しかし，それは本人の人生における対処法の経験則となる可能性があり，これらの心理反応の経験が，本人の成長や家族を中心とした環境への，良好で効率的な対処を選択するための根拠となる。当然，相対的な関係であるため，家族などの社会的環境に対し，それぞれの発展が得られる適切な支援が必要である。

□ 障害の受容過程

　終末期の患者等の死に対する心理反応について，詳細に研究，報告したキューブラー＝ロス（Kübler-Ross, E.）の業績などでも確認されているが，人は痛ましい事態に遭遇すると，まず衝撃と不信に対する緩衝反応から，課題を「否認（隔離）」しようと無意味な対応を繰り返すことになる。その段階が維持できなくなると，「怒り（憤り）」が周囲の人々や自分自身を含めて，あらゆる方向へむやみに向かうようになる。この怒りが，周囲の人々から個人的な怒りではないと許容され，支持的に対応されると，次の段階の「取り引き」に達し，ついで「抑うつ」の段階となり，最終的に，自己放棄とは異なるあるがままの自分を容認する段階，すなわち「受容」に至ることになる。これら諸段階における経過時間は，個人のそれまでの生き方や痛ましい事態に対する心構えなどの影響を受けるため一定ではない。また，各段階は重なり合うことはあっても入れ替わることは少なく，諸段階を乗り越えるためには，常に希望をもち続けていることが必要とされている。

　障害等の受容過程への対応において，障害者等の人としての価値の発見や存在意義の確信は，どのような環境でも基本的に達成可能である。しかし，人は社会的存在で，社会的環境との関係は切り離せるものではなく，障害等の受容までの効率を考えれば，周囲の人々の適切な対応が不可欠である。

□ 段階別の状況
① 否認（隔離）の段階

　否認とは，障害等に対してまずはじめに起こる緩衝反応である。この心理段階にある当事者は，機能訓練場面等において，機能障害そのものである運動障害を直接治療する訓練には積極的になるが，利き手

交換訓練等の残存機能に対する代償的訓練に対しては，訓練態度に一貫性を欠き，拒否的となることが多い。このような場面では，説得的なアプローチはあまり効果がない。現実を直視させるような審判的態度で介入するよりも，「障害等を否認（隔離）していたい」という願望などを周囲の人々が尊重し，当事者に自己防衛の継続が許されていることを伝えるような，支持的な対応が必要である。また，この心理段階では，家族や関係者の中で，課題等について正面から話し合える対象者が限定されることがある。このため周囲の人々の間で，当事者における心理段階の評価や対応が異なることになり，現場での対応に混乱が発生することがあるため注意が必要である。

　このような心理反応は，当事者本人のみに起こるものではなく，周囲の人々にも起こることが普通である。否認の反応が周囲の人々に起こると，当事者とのコミュニケーションの機会を避けようとするため，面会などの機会が減少し，当事者に関する情報が一見乏しくなったような状況となる。このようなことを避けるためには，周囲の人々が，自分自身にも発生している可能性がある心理反応について常に自己評価しておくことや，チームとして適切な情報交換等が必要である。

②　怒りの段階

　否認という段階が維持できなくなると，次に「なぜ私が？」という問いかけとなり，怒り，憤り，羨望，恨みなどの心理反応の段階を引き起こすことになる。周囲の人々にとって対応が非常に困難な段階である。周囲の人々が，当事者の怒りの理由を本人の立場になって考え，理解し，共感して支持していければ，怒りの発散は容易であるが，この段階の怒りは無秩序にあらゆる方向に向かうため，怒りの対象となっている人には関係がないにもかかわらず，個人的で感情的な対応が引き起こされ，怒りが深刻化することがある。このようなことを避けるためには，周囲の人々が感情的にならないように注意して，当事者本人が，尊敬され，理解され，見捨てられていないという確信をもてるように対応して，惜しまず時間を共有し，種々の対応における決定権を可能な範囲でゆだねるなど，共感的な介入が重要となる。

③　取り引きの段階

　取り引きとは，疾病や障害，加齢と，正面から立ち向かうことを延期するための一時的な逃避反応の段階である。たとえば，よいことをすればその報償として自分の願望がかなえられやすいことを過去の経験から知っていた場合，この段階では，その障害の自覚を少しでも延期させるために，一般的には良心的なこと，しかし現実にはほとんど意味のない申し出（約束）をするようになる。そして，障害等とはあ

まり関係のない期限を付け加えることもある。しかし，この期限や約束は守られることがなく，このような取り引きは何度も繰り返され，その度に，当事者自身に罪責感を生み出すことになる。

　この取り引きに関した潜在的な自己罪責感には，障害等による人間としての価値や存在意義について，本人がそれまでもっていた人生観が大きく影響してくる。また，この罪責感は，期限内に約束が守れなかったことで強化されていることが多く，周囲の人々は，取り引きの内容そのものにとらわれることなく，しかし，無視することなく，当事者の深層の課題に注目して，人間的な価値の発見を促す方向で罪責感から解放するように対応していく必要がある。

④　抑うつの段階

　取り引きの段階で自己罪責感が顕在化されると，喪失感を強く自覚するようになる。この喪失感によって抑うつ状態が引き起こされることが多い。抑うつの原因となる喪失感には，過去に対するものと将来に対するものとがある。過去の自分自身との比較から生じた喪失感による抑うつを反応抑うつという。また差し迫った将来に起こるであろう喪失により生じた抑うつを準備抑うつという。この2つの型の抑うつは性質が異なるため，対応方法もまったく異なってくる。

　反応抑うつに対しては，周囲の人々からの積極的な干渉が有効で，非現実的な罪責感や羞恥感を軽減するために，絶望的な考え方を否定して気分を引き立てるように励まし，具体的に社会的環境を調整して解決可能な問題を処理するなどの対応が効果的である。

　これに対して，準備抑うつについては「励まし」などがあまり役に立たず，気分を引き立てようとする過度の干渉はかえって弊害となる可能性がある。当事者に準備的悲嘆をしっかり表現させ，周囲の人々がただ黙ってそばにいて時間を共有するなど，理解的態度・支持的態度を示すことが重要である。

　そして，この心理段階こそ，当事者が，第三者や外部からの介入を素直に受け入れる時期でもある。取り引きでの自己罪責感の自覚から深く自己分析がなされ，真の課題を理解しはじめる時期となる。そして，この段階では，将来に過度の期待などをもちやすい家族や周囲の人々に対して，準備抑うつが受容のための踏み石として重要な段階であることなどを理解させ，現実に合わせた共感が得られるように環境調整することも必要である。

⑤　受容の段階

　抑うつを乗り越えて，当事者自身が課題の存在を認め，それらに対して積極的に取組み，あるがままの自分を容認する段階が受容である。

しかし，当事者が自分自身の価値の再発見（価値観の転換）や存在意義の確信を求めはじめるのは受容の段階からではなく，それまでの心理反応の各段階がともに重要であり，受容は，その後の人生において何度も繰り返されることが普通である。また，当事者の受容時期には，当事者本人よりも，疎外感などを感じやすい立場にある家族などに対しての介入が必要となることがある。家族や周囲の人々には，心理反応に対して過度の期待をもたせず，継続性を維持するため，当事者と自分にも発生している心理反応や葛藤を認識させ，共感するよう支援する必要がある。

⑥　希　望

これが各段階を通して最も重要なことである。人はどのような心理段階にあっても希望をもち続けている。達成可能な希望をもたせてくれる周囲の人々を信頼し，それによって励まされる。希望は，それが示されているだけでも満足することが多く，周囲の人々にとっては希望を分け持ち，いかに感情移入するかが重要な課題となる。

また，これらの受容への過程は，その後にも遭遇する人生でのさまざまな課題への挑戦において，自分自身の対処法の選択の貴重な体験となる。また，それらを総括して，「証」を可能な形で記録することは，貴重な体験を深く理解することになる。心理対応等を計画する際には，あらかじめ想定しておく必要がある。

❑ 今後のリハビリテーション

2018（平成30）年の日本の第4次障害者基本計画（第4次）には，基本理念として「障害者施策は，全ての国民が，障害の有無にかかわらず，等しく基本的人権を享有するかけがえのない個人として尊重されるという理念にのっとり，全ての国民が，障害の有無によって分け隔てられることなく，相互に人格と個性を尊重し合いながら共生する社会の実現を目指して講じられる必要がある」として，「このような社会の実現に向け，障害者を，必要な支援を受けながら，自らの決定に基づき社会のあらゆる活動に参加する主体として捉え，障害者が自らの能力を最大限発揮し自己実現できるよう支援するとともに，障害者の活動を制限し，社会への参加を制約している社会的な障壁を除去する」ことが必要であるとしている。

疾病や障害のリハビリテーションの目標は全人的復権である。その効果は，一般に参加制約の減少の程度で示される。WHO が定義している参加制約とは，以前は社会的不利（handicap）とされていたが，具体的な内容としては，自分が希望し，周囲の人々も期待するような

行動ができない状態（社会的役割の制約）や，人間的な価値（尊厳）の低下あるいは喪失という課題が含まれる。これらのことから，リハビリテーションの目的は，生きるための別の価値を発見することといっても過言ではない。

　今後もさらに，現場において，学術的な根拠のもとでエビデンスが蓄えられ，質の高いリハビリテーションチーム対応が提供され，急性期から回復期，生活期において，さらなる QOL の向上が期待されるところである。

② 国際生活機能分類

　国際生活機能分類（ICF：International Classification of Functioning, Disability and Health）は，WHO 国際障害分類（ICIDH：International Classification of Impairments, Disabilities and Handicaps）の改訂版として，2001年に WHO（世界保健機関）の総会で採択された。しかしその内容は，ICIDH とは根本的な点で大きな変更があり，新しい国際分類といえる。

　ICF は，WHO が開発した国際分類ファミリーに属しており，病気などの健康状態は主に国際疾病分類（ICD）によって分類されるが，健康状態に関連した生活機能と障害は ICF によって分類される。したがって，ICD と ICF は相互補完的であり，双方の活用が推奨されている。

　本節では ICF の策定の経緯やその内容，活用方法について述べることとする。

❏ ICIDH から ICF へ

　1970年代より，WHO において障害に関する分類法について検討がはじまり，1980年に，国際疾病分類（ICD）の修正に際して，障害に関する分類である ICIDH が発表された。

　ICIDH は障害を機能障害，能力障害，社会的不利の3つに階層化した点で，画期的なモデルを提唱した。しかし，発表当初より種々の問題点が指摘され，1993年より改定に向けた検討がはじまり，いくつかの試案を経て，ICF が誕生した。

　日本語版の作成にあたっては，ICF に関連する学術団体，国立研究所，専門職団体，障害当事者団体等より広く意見が聴取され，完成に至った。

❏ ICIDH モデル

　医学の進歩に伴って，急性疾患から慢性疾患へと疾病構造が変化するのに伴い，病気は治ったものの，その後にさまざまな後遺症が残り生活に影響するようになった。それは従来の ICD のカテゴリーに入らないものが多く，新たに「障害」を基軸とした分類が求められるようになった。こういった経緯で制定された ICIDH は，障害のレベル

➡ ICD

正式名称は「疾病及び関連保健問題の国際統計分類（International Statistical Classification of Diseases and Related Health Problems）」である。世界保健機関（WHO）が作成した，死因や疾病の国際的な分類である。死因や疾病の国際的な比較や，医療機関における診療記録の管理などに活用されている。現在の最新版は，2019年5月30日に世界保健総会で承認された第11版（ICD-11）である。

を３つの相に分けた新しいモデルを提唱した（図6-2）。

①　疾患（Disease）

障害の起点となる疾患等をいう。

②　機能・形態障害（Impairment）

臓器レベルあるいは生物学的レベルでとらえた障害の一次レベルである。機能障害とは，脳卒中や脳性麻痺などの病気を原因とする四肢の運動障害や言語障害等をいう。形態障害とは，外傷による四肢の切断などをいう。

③　能力障害（Disability）

個人レベルでとらえたもので，障害の二次レベルである。歩行などの動作の困難さや，日常生活に介助を要する状態，仕事など社会的な活動のための能力が低下した状態をいう。

④　社会的不利（Handicap）

社会的な存在としての人間レベルでとらえたもので，障害の三次レベルである。職を失う，経済的な困難，社会参加ができなくなるといった，広い意味での社会的な問題をいう。社会的不利の内容や程度は，国・社会・文化・時代によって異なる。

❏ ICIDH モデルの特徴

ICIDH モデルは，「疾患」から右隣の「機能・形態障害」に矢印が伸び，そこから「能力障害」へ，さらに「社会的不利」に行くという流れを示している（図6-2）。このモデルは，矢印が左から右への一方向的なものであり，病気が起きれば機能・形態障害が起こり，次に能力障害が，その次に社会的不利が生じる，というように障害のマイナス面のみが表現されているとの批判があった。

また本モデルでは，症状が進行中か，あるいはまだ治癒または固定しない場合には疾患と呼び，それが固定した場合，あるいは永続する場合に障害とする，と解釈されることもあった。

❏ ICF の理念とその特徴

ICF は，人間のあらゆる健康状態に関係した生活機能から，その人をとりまく社会制度や社会資源までを表現したものであり，「心身機能・身体構造」「活動と参加」，それに影響を及ぼす「環境因子」について，合計約1,500項目に分類されている。

ICIDH が障害を対象とした分類であるのに対して，ICF はそこから出発して，人としての生活そのものへと思想的・理念的な発展をしたものといえる。ICF でいう「健康状態」とは，その人の身体的・精神

図6-2　ICIDH（国際障害分類）モデル（1980）

図6-3　ICF（国際生活機能分類）モデル（2001）

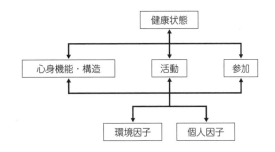

的・社会的なありよう（状態）であり，障害の有無による個別性はあっても，あらゆる人は一つの概念に包含されることを示している。

　その最も大きな特徴は，単に心身機能の障害による生活機能の障害を分類するという考え方ではなく，活動や社会参加が中心に据えられたことである。

　また，新たに環境因子が構成要素に加えられたという大きな変革点があった。たとえば，障害をもつ人が生活する上で，その人をとりまく環境を評価することができれば，環境を整備することにより，活動や社会参加のレベルの向上につながるように，支援の方向性にも示唆を与えるものである。

ICF の活用

　ICF は以下のように活用され，それにより，さまざまな形で効果が期待されるものである。
① 　障害や疾病をもった人やその家族，また，そうした人にサービスを提供する保険・医療・福祉等の幅広い分野の従事者が，これを用いて障害や疾病の状態などを表現することによって，共通理解をもつこと
② 　さまざまな障害者に向けたサービスを提供する施設や機関などで行われるサービスの計画や評価，記録などのために，実際的な手段を提供すること
③ 　障害者に関するさまざまな調査や統計について，国内はもとより国際的にも比較検討できる標準的な枠組みを提供すること

ICF モデルについて

　ICF は下記に述べる要素で構成されるが，それぞれの構成要素の間の関係は，**図6-3**にて示される。
　ICF モデルの中央の列に，「心身機能・構造」「活動」「参加」の3つ

が並んでいるが，この三者を含む包括概念がFunctioningである。この言葉の元となるFunctionという言葉（単語）には一般に「機能」という訳があてられるが，Functioningという進行形は一般の辞書には存在しない。この単語をどのように翻訳するかは困難な作業であったようだが，最終的には「生活機能」という訳に落ち着いたと報告されている。

① 心身機能・身体構造 (body functions and body structures)

心身機能は，身体系の生理的機能（心理的機能を含む）と定義される。身体構造は，器官・肢体とその構成部分などの，身体的解剖学的部分と定義される。

手足の動き，精神の働き，視覚・聴覚などの機能は心身機能である。手足の一部，弁など心臓の一部といった身体の部分は，身体構造である。

② 活動 (activity)

個人による課題や行為の遂行と定義される。

生活行為，すなわち生活上の目的をもち，一連の動作からなる具体的な行為のことである。たとえば，歩行，整容，食事，排泄，入浴，行為といった日常生活行為（ADL）は活動である。それだけでなく，料理や掃除などの家事であったり，仕事で取り組むことであったり，仕事に行くために電車に乗るなど，社会生活を送るうえで必要な行為のすべてを指す。

③ 参加 (participation)

生活・人生場面へのかかわりと定義される。

人生のさまざまな状況に関与し，そこで役割を果たすことであり，たとえば，主婦としての役割であるとか，仕事における役割であるとか，趣味の活動に参加する，スポーツに参加する，地域の活動に参加する，政治活動に参加する，などさまざまなものが含まれる。

④ 環境因子 (environmental factors)

人々が生活し，人生を送っている物的な環境や社会的環境，人々の社会的な態度による環境を構成する因子と定義される。

環境とは，通常は建物や道路や交通機関などや，自然などの物的な環境を指すが，ICFにおいては，そういった物的な環境だけでなく，人的な環境，社会意識としての環境，制度的な環境というように，広く環境をとらえている。

物的な環境は，先に書いたようなもののほか，杖，義肢装具，車椅子なども環境因子とされる。人的な環境因子には，家族，友人，仕事上の仲間などが含まれる。社会的な意識，すなわち社会が障害のある

人や高齢者をどうみているか，というのも人的な環境因子である。制度的な環境因子としては，サービス・制度・政策等があげられる。

環境因子は，上記したFunctioning，すなわち心身機能・構造，活動，参加に対して，肯定的，あるいは否定的な影響を及ぼす。

⑤　個人因子（personal factors）

個人の人生や生活の特別な背景となる，健康状態や健康状況以外のその人の特徴，と定義される。

性別，人種，年齢，ライフスタイル，社会的背景などが含まれる。個人因子はICFには分類として含まれていないが，**図6-3**には含まれており，他の構成要素に影響を与えている。

❑ ICFモデルの特徴

ICFではICIDHと異なり，構成要素は中立的な表現となっている。それぞれの構成要素は，促進的なかかわり，すなわち活動や参加が拡がるといったようにプラス方向に働く場合もあるが，逆にマイナス方向への働きとなる場合もある。

また，ICIDHのモデルでは各構成要素が一方向的で，障害の負の側面が強調されているとの批判や誤解を招いたが，ICFのモデルでは各構成要素が双方向の矢印に変更となった。これはいわば，それぞれがお互いに影響しあっているという「相互作用モデル」といえる。

たとえば，ICIDHモデルでは，脳梗塞に罹患し（disease），片麻痺を生じ（impairment），歩行が困難となり（disability），復職が困難な状態となった（handicap），というように，障害の全体像が一方向に系列的に表現される。

一方，ICFモデルでは，脳梗塞に罹患し片麻痺と失語症が残ったが，旅行に参加し（participation），次回の旅行に向けての意欲が高まり（personal factor），日々の運動習慣が定着し歩行能力が改善した（activity）という双方向的な変化も表現される。あるいは，交友関係の拡がりから他者とのコミュニケーションが促進され，発話が改善した（body function）という結果も表現できるかもしれない。

このようにICFモデルは，系列的というよりは，各構成要素がそれぞれに互いに影響しあう時相的な変化も含めて表現しうる。

❑ ICFのコーディングについて

ICFは，先述したようにさまざまな分野での共通言語としてのツールとして用いられることを目標としている。そのために，分類リストのコード化の方法と，評価方法，記載方法が，細かく規定されている。

コードの原則は，以下のようになる。各構成要素は各コード名の最初のローマ文字で表され，心身機能（b：bodyの略），身体構造（s：structureの略），活動と参加（d：domainの略），環境因子（e：environmentの略）となる。活動と参加は，生活のすべての領域を網羅する単一のリストで示されており，そのコーディングにおいては，d（domain）とされている。

章番号（1桁）からはじまり，第2レベル（2桁），第3レベル，第4レベル（各1桁）の順で続く。

そして次に，そのコードについて，重症度などの評価に基づいて評点がなされる。心身機能のコーディングは機能障害の程度を，身体構造のコーディングは構造障害の程度，性質，部位に分けて評価を行い，活動と参加のコーディングは実行状況と能力に分けて評価を行う。環境因子は，促進因子あるいは阻害因子として評価される。

☐ コードの実例

たとえば，事故で下腿を切断し，その時以来，歩行に義足と杖を用いて日常生活を送っている人について，歩行とその下位にある短距離歩行をコード化してみる。

d450	歩行（第2レベル）
d4500	短距離歩行：部屋や廊下や屋外の短距離の歩行（第3レベル）

と表現される。

次に活動と参加では，実行状況と能力に分けて点数で評価が行われ，0：困難なし，1：軽度の困難，2：中等度の困難，3：重度の困難，4：完全な困難，8：詳細不明，9：非該当，のいずれかを選ぶ（ICFの共通スケール➡は用語解説参照）。評点はコードに続いて，まず第1評価点として実行状況の評価点，次に第2評価点として支援なしでの能力の評価点を記載する。

本ケースでの実行状況として，義足と杖を用いて概ね外出を含めた歩行は可能であるが，軽度の困難さがあると判断した場合，第1評価点を記載し，

d4500.1_ 短距離歩行　実行状況における軽度の制約

と表現される。

能力としては，義足と杖を用いない状況では完全な困難があると判断した場合，第2評価点を記載し，

➡ICF の共通スケール

評価点は0から4までの5段階によって評価される。機能障害の程度や，活動と参加は実行状況と能力や，環境因子においては促進因子，阻害因子の程度を下記の数量的スケールで評価を行う。
xxx.0 問題なし
　　　　0-4%
xxx.1 軽度の問題
　　　　5-24%
xxx.2 中等度の問題
　　　　25-49%
xxx.3 重度の問題
　　　　50-95%
xxx.4 完全な問題
　　　　96-100%
xxx.8 詳細不明
xxx.9 非該当

> d4500._4　短距離歩行　完全な能力制限

と表現される。

☐ ICF コアセットについて

　ICFはあらゆる個人的な状態や活動の内容を分類したものであり，総コード数が膨大であることや，分類する際の評価の基準が曖昧であることが指摘されてきた。そういった意見を背景にして，ICFをより容易に使用可能なものとして，広く普及することを目的として，ICF研究部門（ICF research branch）により，ICFコアセットが開発された。

　ICFコアセットとは，ICF分類の全体から選択された複数のカテゴリーの組み合わせであり，疾患（たとえば多発性硬化症，脳卒中，糖尿病など）や様態（高齢患者，腰痛，肥満など）等によって，それぞれのコアセットが準備されており，利用可能である。生活機能を詳細に表すための「包括版」，あるいはよりコンパクトにした「短縮版」を用途によって使い分ける。また，すべてのICFコアセットと併せて用いることが推奨されている最小限必要なICFカテゴリーの組み合わせとして，「一般セット」も定義されている。ICFコアセットの具体的な使用方法については，マニュアルも準備されている。

　ICFの利便性を高めるために開発されたICFコアセットだが，評価するカテゴリーを限定することで，生活機能と障害を網羅的にとらえるというICF本来の目的と相反することには注意すべきだろう。そこでマニュアルでは，カテゴリーを個別に適宜追加して用いることも推奨されている。

◯注 ───

(1)　柳田邦男（2006）『石に言葉を教える　壊れる日本人への処方箋』新潮社，196.

◯参考文献 ───

第1節
江藤文夫・里宇明元監修（2016）『最新リハビリテーション医学（第3版）』医歯薬出版.
上田敏監修（2012）『標準リハビリテーション医学（第3版）』医学書院.
第2節
筒井孝子（2016）「ICFコアセットの活用可能性と課題」『リハビリテーション医学』，53(9)，694-700.
山田深（2018）「ICFコアセット日本語版」『総合リハビリテーション』46(1)，

13-18.

障害者福祉研修会編（2002）『ICF 国際生活機能分類——国際障害分類改訂版』
中央法規出版.

上田敏（2005）『ICF の理解と活用——人が「生きること」「生きることの困難
（障害）」をどうとらえるか』きょうされん.

■第7章■

公衆衛生

① 公衆衛生の考え方

❏ 社会保障としての公衆衛生

　1950（昭和25）年に出された社会保障制度審議会「社会保障制度に関する勧告」では，**社会保障**制度を，**社会保険**的方法によるもの，生活困窮者に対する公の扶助，公衆衛生および社会福祉の4つを包含するものと定義している。

　公衆衛生の定義には，1920年に公衆衛生学者ウィンスロー（Winslow, C-E. A.）が書いた内容が，国際的に広く用いられている。「公衆衛生とは，疾病予防，生命の延長，健康と能力の増進をはかる科学および技術であり，それは環境衛生の改善，感染症予防，個人衛生に関する健康教育，疾病の早期発見・早期治療のための医療と看護サービスの組織化，およびコミュニティのすべての人々の健康を保持する生活水準の保障のための社会機構の開発，これらを推進する組織されたコミュニティの努力を通じて達成される」。この定義では，公衆衛生を推進するものを「組織されたコミュニティの努力」という言葉で表現しており，コミュニティを構成するさまざまな主体の協働とその組織化を推進の条件としている。

　公衆衛生とは，公的責任のもとで，健康の保持増進と疾病予防を目的とした，コミュニティのさまざまな主体が協働して推進する社会保障制度のひとつである，ということができる。

❏ 公衆衛生的アプローチの特徴

　公衆衛生は社会医学の一分野に位置づけられる。医学が用いる臨床的アプローチと公衆衛生的アプローチを比較して考えてみよう。臨床的アプローチが対象とするのは個々の患者である。公衆衛生的アプローチは人々，すなわち人間集団を対象としている。具体的にいえば，地域コミュニティ，学校，職場などの人間集団であり，そこに帰属する個々の人々である。臨床的アプローチが，傷病をもちその治療を求めている患者を対象とするのに対して，公衆衛生的アプローチは，健康な人，傷病のある人，回復途上にある人，障害のある人などすべての人々を対象としている。両アプローチとも人々の**ウェルビーイング**（well-being：幸福・健康）や生活の質（QOL）を目指していることは共通であるが，臨床的アプローチでは傷病からの回復を通じてであり，

➡社会保障
1935年制定のアメリカの社会保障法（Social Security Act）から「社会保障」という概念が用いられるようになった。第二次世界大戦中の1942年に出されたイギリスのベヴァリッジ報告は，国民の最低限の生活水準（ナショナルミニマム）を提供することを提案し，社会保障の普及に影響を与えた。日本では憲法第25条に生存権として社会保障の基本理念が明示されている。現行の社会保障体系は，社会保険（医療，年金，雇用，災害補償，介護），公的扶助，社会福祉，保健・公衆衛生などから構成される。

➡社会保険
社会保障制度を構成する要素の一つで，日本の制度では，医療保険，年金保険，介護保険，雇用保険，労災保険の5種類の社会保険制度がある。疾病，高齢化や心身の障害，失業，労働災害，介護などの生活を脅かす事態（事故・リスク）に備えて，事前に被保険者が保険料を納め，資金をプールしておき，事故が起きた場合に保険の運営主体（保険者）がサービスや現金の給付を行う。法律に基づき，国や公的団体により運営され，被保険者は強制加入である点が，営利企業が行う民間保険とは異なる。

公衆衛生的アプローチでは，健康増進と疾病予防を通じてである。予防について，公衆衛生では後述のように一次予防，二次予防，三次予防と包括的な戦略をもって臨むのが特徴である。アプローチの方法は，臨床的アプローチが個々の患者の状態を診断し，医療と看護を提供するのに対して，公衆衛生的アプローチでは，ウィンスローの定義にみられるように，環境衛生の改善，感染症予防，健康教育，医療と看護サービスの組織化，生活水準の保障というようにさまざまな方法で社会に働きかける。

　公衆衛生的アプローチで採用する予防戦略には，一次予防，二次予防，三次予防がある。

　一次予防は，疾病の発現そのものを防止するために，危険因子を除去し予防因子を付加することにより，疾病の罹患率を低下させるような予防方法である。健康教育，食生活改善，身体活動・運動の普及，快適な住環境の整備などは非特異的一次予防であり，予防接種，特定の疾患に対する個人衛生，環境衛生の改善，事故防止，職業病予防などは特異的一次予防である。社会環境に働きかけて健康の保持増進をはかることをゼロ次予防ということもある。

　二次予防は，早期発見・早期治療，特に疾病は発症しているが自覚症状がない期間に疾病を早期発見し，早期に治療することにより，疾病の進展防止や合併症・後遺症の予防を行い，有病率を低下させる。新生児マス・スクリーニング，がん検診，職場の健康診断，結核検診などが該当する。

　三次予防は，臨床的疾病期にある人々を対象として適正な治療と管理指導で機能障害や能力低下を防止し，リハビリテーションなどにより社会復帰を目指すもので，がんの再発・転移の防止のための定期検診，人工透析，職場の配置転換・休養，社会復帰施設の整備などが該当する。

☐ 公衆衛生の実施体制

　日本の公衆衛生行政は，主として保健所と市町村保健部局を中心に「地域保健」として進められてきた。1994（平成6）年，保健所法を改正して地域保健法が制定され，それに伴う保健所と市町村保健センターなどの業務の再編成が1997（平成9）年4月から全面施行された。法律改正の背景には，人口の少子高齢化，疾病構造の変化，地域住民のニーズの多様化に対応できるように，戦後確立された公衆衛生行政体制が変化を迫られていたことがある。地域保健法に基づき，従来，保健所が担ってきた対人保健サービスの多くを，地域住民に身近な基

➡ ウェルビーイング
良好な状態を意味し，WHO憲章の前文で健康を「身体面，精神面，社会面すべてで well-being な状況」と定義している。ウェルビーイングは医療や看護，保健分野でよく用いられる概念であり，訳語としては文脈により「幸福」「福祉」「安寧」「健幸」などがあてられることが多い。

資料7-1　地域保健法に定められた保健所の業務

①地域保健に関する思想の普及および向上に関する事項
②人口動態統計その他地域保健に係る統計に関する事項
③栄養の改善および食品衛生に関する事項
④住宅，水道，下水道，廃棄物の処理，清掃その他の環境の衛生に関する事項
⑤医事および薬事に関する事項
⑥保健師に関する事項
⑦公共医療事業の向上および増進に関する事項
⑧母子および乳幼児ならびに老人の保健に関する事項
⑨歯科保健に関する事項
⑩精神保健に関する事項
⑪治療方法が確立していない疾病その他の特殊の疾病により長期に療養を必要とする者の保健に関する事項
⑫エイズ，結核，性病，伝染病その他の疾病の予防に関する事項
⑬衛生上の試験および検査に関する事項
⑭その他地域住民の健康保持および増進に関する事項

礎自治体（市町村）に移管させることとなった。

　保健所は，地域における公衆衛生の向上および増進を図るため，都道府県，政令指定都市，中核市，その他の地域保健法施行令によって指定された市（政令市）および東京都特別区が設置する，公衆衛生の広域的・専門的・技術的拠点である。現在，全国に470か所程設置されている。保健所には医師，歯科医師，薬剤師，獣医師，保健師，診療放射線技師，臨床検査技師，栄養士，歯科衛生士などの専門職と事務職員が勤務している。所長は原則医師であって，特定の要件（3年以上の公衆衛生実務経験など）を満たした者が務める。このほか，公衆衛生に関連する法規によって，精神保健指定医および精神保健福祉相談員（精神保健福祉法），栄養指導員（健康増進法），食品衛生監視員（食品衛生法），狂犬病予防員（狂犬病予防法），医療監視員（医療法）などの職員が規定されている。地域保健法第6条に，**資料7-1**に示す14の保健所の業務が規定されている。

　地域保健法に基づき，保健所は広域的・専門的・技術的な業務を行うことによって市町村を支援することとなり，市町村保健センターと保健所の役割分担が明確となった。市町村保健センターは，地域保健法の第18条により「住民に対し，健康相談，保健指導及び健康診査その他地域保健に関し必要な事業を行うことを目的とする施設」とされており，住民に身近な保健サービスを実施する市町村の拠点と位置づけられている。対人保健サービスのうち，一般住民を対象とした事業は市町村が実施する。予防接種（予防接種法），母子保健事業（母子保健法）などである。1997（平成9）年から改正施行された母子保健法によって，母子保健事業のうち，従来は保健所が事業主体となって実施していた妊産婦健康診査，3歳児健康診査等がすべて市町村へ移管された。市町村の保健事業の主な担い手は保健師だが，栄養士や理学療

法士，作業療法士などの専門職種が配置されている所もある。また，保健センターに福祉専門職種が配置される場合もある。市町村が主体となった保健活動は，福祉活動と一体となって展開される必要がある。政令指定都市，中核市，その他の政令市および特別区の保健所は，都道府県の保健所が実施する業務とともに市町村の保健業務をあわせて行っている。

　公衆衛生活動は，対人保健（人間を対象とする保健活動）と対物保健（環境を守るための保健活動）の両面からアプローチする必要がある。公衆衛生の取組みは，地域保健のほか産業保健（労働安全衛生法）（本章第11節参照），学校保健（学校保健安全法）（本章第10節参照）の領域でも展開されている。医療保険者が行う保健活動（高齢者医療確保法に基づく特定健診・特定保健指導）もある。医療体制を整備していく根拠となる各種の法律があり，生活の保障という観点から社会福祉に関する法律も公衆衛生と密接に関連している。

２　健康の決定要因

　医療と社会福祉は人々のウェルビーイング（well-being）を高めることを目指しているという点で共通している。健康から疾病に至るまでには連続性があり，それに対応して，健康を保持増進する予防とケアにはいろいろなアプローチ方法がある。人々のウェルビーイングの向上のためには，健康や疾病がどのような要因の影響を受けているのかを理解する必要がある。

□ 健康・疾病・生活機能低下に影響する要因

　WHO憲章の前文では健康を「単に疾患や病弱でないことではなく，身体的，精神的および社会的に良好な状態」ととらえており，生物医学的次元，精神的次元，社会的次元のすべてを考慮して，健康をとらえる視点を提供している。

　一方，健康・疾病・生活機能低下に影響する要因も，多次元的で多要因的である（図7-1）。健康に影響する要因には，遺伝子や体質のような生物医学的要因，行動・生活習慣として現れる生活習慣要因，自然環境，社会環境，人間関係，さらには公衆衛生制度などを含む環境的・社会的要因がある。病原微生物の感染は，環境の中に感染源や感染経路が存在するという点で環境的要因である。

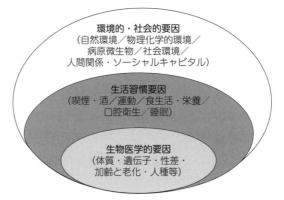

図7-1　健康・疾患・生活機能低下に影響する要因

環境的・社会的要因
（自然環境／物理化学的環境／
病原微生物／社会環境／
人間関係・ソーシャルキャピタル）

生活習慣要因
（喫煙・酒／運動／食生活・栄養／
口腔衛生／睡眠）

生物医学的要因
（体質・遺伝子・性差・
加齢と老化・人種等）

出所：筆者作成.

生活習慣病

高血圧，糖尿病，脳卒中，虚血性心疾患，慢性閉塞性肺疾患（COPD），アルコール性肝炎，がんなどの発症には，運動習慣，食生活，睡眠，喫煙などの生活習慣がかかわっており，そうした疾患を生活習慣病と総称している。

疫学

疫学とは，人間集団において疾病の頻度（罹患率，有病率，死亡率など）や健康にかかわる事象の分布を明らかにし，さらに疾病や健康事象にかかわる要因を明らかにすることで，疾病予防や健康増進に役立てる学問のこと。

受動喫煙

自分では喫煙しなくても，周囲にいる人が喫煙するため，その煙（副流煙や呼出煙）を吸い込むこと。受動喫煙が続くことで，がんや虚血性心疾患の罹患率が高まる等，健康に被害が出ることが明らかになっている。このため，健康増進法では，公共施設や飲食店等人が多く集まる所における受動喫煙防止の施策を定めている。

　遺伝子レベルでは，近年，ヒトゲノムの解読など分子生物学の進歩は著しく，遺伝子が多くの疾患とかかわっていることが解明されてきている。生活習慣病と呼ばれる疾患群でも，遺伝子が関与する部分が解明されてきており，多くの疾患の原因が多要因的であることがわかっている。

　生活習慣病という概念が，1996（平成8）年に公衆衛生審議会によって提唱されたのは，生活習慣が一連の疾患の原因ととらえられるからである。生活習慣には，運動や身体活動，食事と栄養，喫煙，アルコール摂取，睡眠など，日々の生活に組み込まれた習慣が含まれる。歯みがきも生活習慣だが，歯周病など口腔疾患も生活習慣病である。

　個々の生活習慣病について，**疫学**研究を通じて危険因子の存在が解明されるにしたがって，予防のために健康教育など行動科学的なアプローチにも力が入れられるようになっている。慢性疾患が増え，発生予防のためにも重度化を防止するためにも，本人自身が疾患を理解し，管理していく態度に身につけることが重要になっている。しかし，健康教育による長期にわたる行動変容は，特に一般集団においては予想されていた以上に難しいこともわかってきた。

　現在，社会的・環境要因が健康に与える影響の大きさに，再び注目が集まっている。健康増進法で導入された公共空間の禁煙の義務化によって，**受動喫煙**の機会が減り，喫煙者の割合も減少してきている。社会疫学という方法により，社会的・環境要因が健康に与える影響の解明が進んでいる。たとえば，信頼感，互酬性の規範，人とのつながりを要素とする**社会関係資本（ソーシャルキャピタル）**が豊かな地域では死亡率が低いといった知見も蓄積されてきた。

❏ 健康の社会的決定要因と健康格差の縮小

　1990年代以降注目されているのが，「健康の社会的決定要因」（SDH：social determinants of health）である。WHO はそれに関する委員会報告書を2008年に出し，2009年には健康格差の縮小のために健康の社会的決定要因を重視すべきとの総会決議をあげている。健康の社会的決定要因には，所得や学歴，職業などの社会階層にかかわる要因や社会環境をはじめ，多くの要因が含まれる。社会階層が高い人々に比べて低い人々では健康指標（罹患率，有病率，死亡率等）が劣っている，地域間で健康状態に差がみられるなど，集団間における健康状態の差を「健康格差」という。

　国連が決議し日本も1989年に批准している国際人権規約（A規約）の第12条では「この規約の締約国は，すべての者が到達可能な最高水準の身体及び精神の健康を享受する権利を有することを認める」と謳っている。健康権は基本的人権の一つとみなされているが，先進国においても，健康格差が意外に大きいことがわかってきた。

　なぜ健康格差が生じるのか。慢性的な社会経済的なストレスが，心理的なストレスを招き，それがやがて生物学的な反応をひき起こすというプロセスが解明されてきている。胎児期から幼少期・思春期・青年期および成人期に至る人生上の出来事や経験などが，その後の健康にも影響を与えていることも解明されてきている。妊娠期や小児期の要因が青年期の健康に影響し，それらが蓄積して成人期以降の健康状態に影響を与える。見えやすい"原因"である現在の生活習慣だけでなく，その背景にある**ライフコース**上，あるいは心理社会的な要因など"原因の原因"にも，目を向ける必要がある。

3　ヘルスプロモーションと健康づくり政策

❏ WHO による健康への取組み

　WHO の健康政策の歴史を振り返ると，医療技術以外の要素の重要性が繰り返し強調されてきたことがわかる。

① プライマリヘルスケア

　1978（昭和53）年，WHO は旧ソ連のアルマ・アタで開催されたプライマリヘルスケア国際会議において，プライマリヘルスケアという概念を打ち出し，アルマ・アタ宣言を採択した。アルマ・アタ宣言では，2000年までに世界中の人々が，社会的にも経済的にも生産的な生活を

➡社会関係資本（ソーシャルキャピタル）

個人，地域社会，組織，国などの単位で認められる人間関係のあり方を示す概念で，「信頼」「互酬性の規範」「ネットワーク（つながりや絆）」といった要素から構成される。社会学だけでなく公衆衛生学や経済学などさまざまな領域で研究テーマとなっている。ソーシャルキャピタルが豊かな社会では，死亡率，犯罪率が低く，幸福感が高いといった知見がある。

➡ライフコース

個人が一生の間にたどる道筋のこと。妊娠中の胎児期や幼少期の劣悪な栄養状態が，成人した後の生活習慣病の発症に影響するといった知見などが明らかとなり，胎児期，乳幼児期，小児期，思春期，青年期，壮年期といったライフコースに注目した疫学（ライフコース疫学）が発展してきている。

送ることができるような健康水準に到達することを目標に掲げた。

プライマリヘルスケアとは、「人々にとって欠くことのできないヘルスケアで、実践的かつ科学的に確かで、社会的技術的に受け入れられる手段と技術に基づいてなされるもの」であり、発展途上国でも、人々の参加を促し、社会資源を動員して、基本的なヘルスケアを普及させていくことを目指した。保健・医療サービスの提供だけでなく、不健康の背景にある社会的、経済的、政治的な原因への対策を含む総合的な健康政策が必要であるとされた。さらにこの流れはヘルスプロモーションの動きへとつながっていく。

② ヘルスプロモーション

1986年、第1回世界ヘルスプロモーション会議がカナダのオタワで開催された。そこで採択されたオタワ憲章では、ヘルスプロモーションを「みずからの健康を、みずからよりよくコントロールできるようにしていくプロセス」「健康に資する諸行為や生活状態に対する教育的支援と環境的支援の組み合わせ」と定義している。そのために必要な条件として、(1)平和、(2)住居、(3)教育、(4)食料、(5)収入、(6)安定した生態系、(7)持続可能な資源、(8)社会正義・公平をあげている。そしてオタワ憲章では、次の5つのヘルスプロモーション戦略、すなわち(1)健康的な公共政策づくり、(2)健康を支援する環境づくり、(3)地域活動の強化、(4)個人の技術の開発、(5)ヘルスサービスの考え方の転換を示している。

◯ 日本における健康づくり政策

わが国では、国民の健康増進を実現していくために、1978（昭和53）年度から10年間、「国民健康づくり対策」が開始された。10年後の1988（昭和63）年度からは、1999年度を目標年度とする「第2次国民健康づくり対策（アクティブ80ヘルスプラン）」を実施した。さらに、2000（平成12）年からは、来るべき本格的な少子・高齢社会に対応するため「21世紀における国民健康づくり運動（健康日本21）」を実施してきた。

健康日本21では、すべての国民が、健康で明るく元気に生活できる社会の実現を図るため、壮年死亡の減少、認知症や寝たきりにならない状態で生活できる期間（健康寿命）の延伸等を基本的方向に掲げ、関係者の協力を得ながら国民の健康づくりを総合的に推進することを計画の基本理念とし、健康増進のための具体的な数値目標を設定し、数値目標によって達成度を管理することとした。

2002（平成14）年7月に制定された「健康増進法」では、健康増進

計画の策定を都道府県に義務づけた。2012（平成24）年度には，「健康日本21（第二次）」が策定され，その基本的方向には「壮年死亡の減少」と「健康寿命の延伸」に加えて「健康格差の縮小」を掲げ，「健康を支え守るための社会環境の整備」に取り組むことが明記された。

 ## 感染症対策

☐ 感染症対策の概要

　1999（平成11）年4月に「感染症の予防及び感染症の患者に対する医療に関する法律」（感染症法）が施行され，1897（明治30）年から100年余り継続した伝染病予防法が廃止された。この間，感染症をめぐる状況は大きく変化した。痘瘡は消滅し（1980年にWHOが痘瘡根絶を宣言），コレラや赤痢は激減した。一方，後天性免疫不全症候群（エイズ），病原性大腸菌の集団食中毒，新型コロナウイルスなどの新たな感染症（新興感染症）の出現がみられ，感染症が人類の新たな脅威となっている。感染症法は，SARS（重症急性呼吸器症候群）の流行とそれへの対応，新型インフルエンザへの対応などをふまえて，数次の法改正が行われている。

① 事前対応型行政の構築

　感染症が発生してから防疫措置を講じるといった事後対応型行政から，普段から感染症の発生・拡大を防止するため，(1)感染症発生動向調査体制の充実，(2)国が基本指針を策定し，都道府県が予防計画を策定する，(3)エイズや性感染症等を対象に国が施策の総合的な方向性を示す特定感染症予防指針を策定するなど，事前対応型行政への転換を図っている。

② 感染症類型と医療体制

　感染症法の対象とする感染症を，その感染力や罹患した場合の症状の重篤性等に基づいて，一類感染症（7疾患），二類感染症（7疾患），三類感染症（5疾患），四類感染症（44疾患），五類感染症（48疾患）に分類するとともに，期間を限定して対応する新型インフルエンザ等感染症（2疾患），指定感染症（既知だが緊急措置が必要な感染症）および新感染症（未知の感染症）の制度を設けている（**表7-1**）。

　医療体制については，厚生労働大臣が指定する特定感染症指定医療機関，都道府県知事が指定する第一種感染症指定医療機関および第二種感染症指定医療機関を規定している。一類と二類の感染症患者が感

表7-1 感染症法による感染症の類型

類　型		感染症名	性　格
一類感染症 （7疾患）		・エボラ出血熱 ・クリミア・コンゴ出血熱 ・痘そう（天然痘） ・南米出血熱　　　・ペスト ・マールブルグ病　・ラッサ熱	・感染力，罹患した場合の重篤性などに基づく総合的な観点からみた危険性が極めて高い感染症
二類感染症 （7疾患）		・急性灰白髄炎（ポリオ） ・結核　　　　　　・ジフテリア ・重症急性呼吸器症候群（SARS） ・鳥インフルエンザ（H5N1・H7N9） ・中東呼吸器症候群（MERS）	・感染力，罹患した場合の重篤性などに基づく総合的な観点からみた危険性が高い感染症
三類感染症 （5疾患）		・コレラ　　　　　・細菌性赤痢 ・腸管出血性大腸菌感染症 ・腸チフス　　　　・パラチフス	・特定の職業への就業によって集団発生を起こしうる感染症
四類感染症 （44疾患）		・E型肝炎　　　　・A型肝炎 ・黄熱　　　　　　・Q熱 ・狂犬病　　　　　・炭疽 ・鳥インフルエンザ　・ボツリヌス症 　（H5N1・H7N9を除く） ・マラリア　　　　・野兎病 ・その他の感染症（政令で指定）	・動物，飲食物などの物件を介して人に感染し，国民の健康に影響を与えるおそれのある感染症（人から人への伝染はない）
五類感染症	全数把握 （22疾患）	・ウイルス性肝炎（E型，A型を除く） ・クリプトスポリジウム症 ・後天性免疫不全症候群（AIDS） ・梅毒　　　　　　・麻しん ・その他の感染症（省令で指定）	・国が感染症発生動向調査を行い，その結果などに基づいて必要な情報を一般国民や医療関係者に提供・公開していくことによって，発生・拡大を防止すべき感染症
	定点把握 （26疾患）	・インフルエンザ（鳥インフルエンザ，新型インフルエンザ等感染症を除く） ・性器クラミジア感染症 ・メチシリン耐性黄色ブドウ球菌感染症 ・その他の感染症（省令で指定）	
新型インフルエンザ等感染症		新型インフルエンザ ・新たに人から人に伝染する能力を有することになったウイルスを病原体とするインフルエンザで，国民の生命及び健康に重大な影響を与えるおそれがあるもの 再興型インフルエンザ ・かつて世界的規模で流行したインフルエンザで，その後流行することがなかったものが再興したもの	2年以内 （1年以内に限り延長可能） 政令で指定
指定感染症		・1～3類及び新型インフルエンザ等感染症を除く既知の感染症で，1～3類に準じた対応の必要性が生じた感染症	1年以内 （1年以内に限り延長可能） 政令で指定
新感染症		・人から人に感染すると認められる疾病で，既知の感染症と症状などが明らかに異なり，その感染力及び罹患した場合の重篤度から判断した危険性が極めて高い感染症	

染症法に基づいて入院する場合に，説明と同意に基づいた入院勧告制度が導入されている。この勧告に応じない患者に対してのみ，入院措置が講じられることになる。

③ 動物由来感染症対策の充実

感染症の病原体を媒介するおそれのある動物の輸入に関する措置として，サルなどの動物に対する輸入禁止，輸入検疫の規定を設けている。

④ 国際協力の推進

感染症法では，国の責務として感染症の情報収集や研究の推進，国際的な連携の規定を明記している。また検疫法の一部改正により，従来のコレラ，ペストおよび黄熱病の3つの検疫伝染病に加えて，感染症法における一類感染症を検疫感染症として追加するなど，世界の情勢をふまえた検疫体制の強化を図っている。

⑤ 感染症発生動向調査事業

感染症法に基づき，一類から五類感染症，新型インフルエンザ等感染症について，発生情報を収集，分析し，提供している。一類感染症，二類感染症，三類感染症，四類感染症，新型インフルエンザ等感染症，および五類感染症疾患のうち22疾患については患者発生の全数把握を行い，五類感染症の残り26疾患は定点医療機関において把握を行う。感染症発生情報は国立感染症研究所より感染症週報として公開されており，厚生労働省または同研究所のホームページからインターネットを通じて入手することができる。

☐ 結核対策

結核対策は，結核予防法（1951年制定）に基づいて実施されてきたが，2007（平成19）年4月1日に結核予防法は廃止され，感染症法に組み込まれた。結核は，感染症法により二類感染症に分類されている。結核対策として，(1)健康診断・予防接種（BCG），(2)患者管理，(3)医療（公費負担）対策などが講じられている。

健康診断は，X線検査等により結核への感染の有無を調べるもので，定期健康診断は，市町村，学校，職場，施設において，それぞれ市町村長，学校長，事業主，施設長が実施義務者となり行われる。接触者健康診断は，結核患者が発生した場合，患者の接触者などに都道府県知事が健診を勧告し（勧告に従わない場合は措置により），所在地の保健所を通じて実施される。

予防接種（BCG）は，発病予防を目的に免疫を付与するもので，生後6か月に達するまでの間に接種を行うことになっている。結核患者

を，適正な医療と正しい生活指導によって早期に社会復帰できるように指導するとともに，家族やその他の者への感染防止を図るのが患者管理である。医師は，結核と診断したらただちに最寄りの保健所を通じて都道府県に届け出る義務がある。患者居住地の保健所で結核登録票を作成し，登録票に記載されている者に対して保健師等が訪問して必要な指導を行う。適切な医療確保のため，感染症法により結核患者への医療費の公費負担が実施されており，一般患者に対するものと入院患者に対するものがある。

❏ 予防接種

予防接種は，ワクチンの接種を受ける個人に免疫を与えて感染から予防すると同時に，社会における感染症の流行を防ぐ意義を有している。予防接種は，1948（昭和23）年に公布された予防接種法に基づいて実施されている。予防接種法は1994（平成6）年に大きな改正が行われ，国民にとってそれまで義務接種であったものを勧奨接種に改めた。また，「予防接種による健康被害の迅速な救済を図る」ことを法律の目的に追加した。その後の法改正で，対象疾患を集団予防目的に比重をおいた「Ａ類疾病」と，個人予防目的に比重をおいた「Ｂ類疾病」に類型化した。2020年10月現在，Ａ類疾病は14疾病，Ｂ類疾病には高齢者を対象としたインフルエンザ，肺炎球菌感染症が含まれている。2007（平成19）年4月1日に結核予防法が廃止されたことに伴い，結核はＡ類疾病に加えられている。

⑤ 母子保健

❏ 母子保健対策のあゆみ

1947（昭和22）年に児童福祉法が公布され，翌年，母子衛生対策要綱が定められて，妊産婦・乳幼児の保健指導など母子保健施策が実施されるようになった。1965（昭和40）年には，新たに母子保健法が公布された。それ以前から児童福祉法を根拠として実施されていた母子保健事業は，母子保健法に引き継がれてさらに整備されていった。

1994（平成6）年，地域保健制度の改革のひとつとして母子保健法の改正が行われ，準備期間をおいて1997（平成9）年4月1日より施行された。この法改正は，住民に身近な市町村において，妊娠，出産，乳幼児保健および育児についての一貫したサービスを展開できるよう

にすることを目的としており，それまで保健所が実施していた妊産婦，乳幼児，3歳児の健康診査や訪問指導などの事業が市町村の事業となった。都道府県保健所の役割は，専門的サービスの提供，市町村への技術的協力・援助，市町村間の連絡調整といった事柄に限定されることになった。

2000（平成12）年11月には「21世紀初頭における母子保健の国民運動計画」（健やか親子21）が策定され，2001～2014年度の間に実施された。2015年度からは「健やか親子21（第2次）」が開始されている。

☐ 健康診査と保健指導

市町村は，妊娠届の受理と**母子健康手帳**➡の交付，妊産婦の健康診査と保健指導，母親（両親）学級，出産届の受理，新生児訪問指導，乳児の健康診査，幼児（1歳6か月児，3歳児）の健康診査，育児学級というように，母子保健に関するほとんどすべてのサービスを実施している。こうした事業を推進するために「市町村母子保健計画」が策定されている。

妊婦は妊娠期間中に，市町村の委託を受けた医療機関で無料で健康診査を受けることができ，必要に応じて精密検査が行われる。健診の結果に基づいて保健指導も行われる。乳児は，市町村または委託を受けた医療機関で健康診査を受けることができる。1歳6か月児，3歳児に対しては，市町村において健康診査が実施されている。心身の発達状況の検査と心身機能障害の早期発見のほか，栄養指導や育児指導が保護者に対して行われる。必要に応じて専門医師や心理判定員による精密検査が実施される。2001（平成13）年度からは親子のグループワークなどの育児支援対策の強化がなされ，2005（平成17）年度からは，発達障害者支援法の施行に伴い，乳幼児健診の際，児童の発達障害の早期発見に留意することとされている。

このほか，すべての新生児を対象に，先天性代謝異常（フェニルケトン尿症，楓糖尿症，ホモシスチン尿症，ガラクトース血症）や先天性甲状腺機能低下症（クレチン症）のスクリーニング検査が実施されている。これらの異常は，早期に発見し早期治療を行うことにより，知的障害の発生を予防することができる。これらの検査により異常が発見された場合は，いずれも小児慢性特定疾患治療研究事業により，公費で治療を受けることができる。

母子垂直感染によって子がB型肝炎ウイルスに感染するのを防止するため，妊婦にはB型肝炎ウイルスを保有しているかどうか（キャリア妊婦かどうか）を調べる検査（HBs抗原検査）を公費で行い，キャリ

➡**母子健康手帳**

母子保健法に定められた市町村が交付する手帳のこと。妊娠した者は，速やかに市町村長に妊娠の届出をするようにしなければならず，市町村は届出を受けて母子健康手帳を交付する。育児に必要な情報が記載されており，また，健康診査や保健指導を受ける際に，その都度，母子健康手帳に必要な事項の記載を受ける。幼稚園や保育園，小学校等に入園・入学する際に記載事項の確認を求められることがある。ワクチン接種歴の確認にも役立つ。

ア妊婦から生まれた新生児には抗 HBs 免疫グロブリン投与および B型肝炎ワクチン接種を行い，感染防止が図られている。

☐ 医療援護

妊産婦および小児に対する医療援護として，次のような施策が行われている。

① 妊娠高血圧症候群（妊娠中毒症）等の療養の援護

妊娠高血圧症候群（妊娠中毒症）や妊産婦の糖尿病，貧血，産科出血，心疾患等の合併症を早期に適切に治療管理するために，入院して治療する必要がある低所得世帯の妊産婦に対して，医療援助が行われている（母子保健法第17条）。

② 未熟児養育医療

都道府県が実施主体となり，2,000 g 以下の低出生体重児や心身障害を残す可能性のある未熟児に対して，養育医療として，医療機関に入院させ医療給付が行われている（母子保健法第20条）。世帯の所得額に応じた公費負担が実施されている。

③ 小児慢性特定疾患治療研究事業

小児慢性特定疾患治療研究事業は，いわゆる難病対策の一環として行われているもので，11の疾患群（悪性新生物，慢性腎疾患，慢性呼吸疾患，慢性心疾患，内分泌疾患，膠原病，糖尿病，先天性代謝異常，血友病等血液疾患・免疫疾患，神経・筋疾患，慢性消化器疾患）に対して，医療費の公費負担が行われている。児童福祉法の一部改正により，2005（平成17）年4月から同法による事業となった。

④ 周産期医療施設の整備

高度な医療を必要とする妊娠・分娩時の緊急事態に対応するためには，周産期医療システムの整備が必要である。新生児集中治療管理室（NICU），母体・胎児集中管理室，ドクターカーの整備に対する補助が行われてきたが，1995（平成7）年度より，小児医療施設・周産期医療施設の施設整備補助のための追加財源が措置され，総合周産期母子医療センターへの運営補助が設けられた。

☐ 母体保護法に基づく事業

母子保健と関連する施策として，母体保護法に基づく事業がある。母体保護法の前身は1948（昭和23）年に制定された優生保護法であるが，1996（平成8）年に改正され，法律の名称も変更された。母体保護法は，不妊手術および人工妊娠中絶について定め，母体の生命と健康を保護することを目的としている。

　不妊手術とは，生殖腺を除去することなしに生殖を不能にする手術のことで，①妊娠または分娩が母体の生命に危険を及ぼすおそれがある場合，②現に数人の子を有し，かつ分娩ごとに母体の健康度を著しく低下させるおそれがある場合に，本人および配偶者（事実婚の場合を含む）があるときはその同意を得て行うことができる。

　人工妊娠中絶とは，胎児が母体外において生命を保続することができない時期（通常妊娠22週未満）に，人工的に胎児およびその付属物を母体外に排出することである。人工妊娠中絶は，①妊娠の継続または分娩が，身体的または経済的理由により，母体の健康を著しく害するおそれがあるもの，②暴行，脅迫，または抵抗や拒絶ができない間に姦淫されて妊娠したものに対して行われる。妊娠中絶を実施できるのは都道府県医師会が指定した医師（母体保護法指定医）に限られ，本人および配偶者の同意のもとに実施される（配偶者が意思表示できない場合は本人の同意だけで可）。

　母体保護法（旧優生保護法）による妊娠中絶の件数は，1950年代には100万件を超えていたが，その後は減少傾向にあり，2017年度では16万5千件となっている。

6　成人保健

❏ 成人病予防から生活習慣病予防へ

　戦後，結核などの感染症による死亡が減少し，1951（昭和26）年には脳血管疾患（脳卒中）が死因の第1位になった。1981（昭和56）年からは悪性新生物（がん）が第1位となり，現在，第1位の悪性新生物，2位の心疾患，3位の脳血管疾患を合わせた上位3位までで，死因の半数以上を占めている。昭和30年代に，これらの疾患を成人病と呼ぶようになった。1958（昭和33）年には第1次悪性新生物実態調査が実施され，1961（昭和36）年に第1回目の成人病基礎調査が行われるなど，昭和30年代以降，保健医療政策の上でも，これらの非感染性の慢性疾患を主要な対象とするようになった。

　1996（平成8）年に公衆衛生審議会が出した意見具申は，従来の「成人病」に代わって「生活習慣病」という概念の導入を提唱した。加齢に注目した概念である成人病よりも，こうした疾患の原因として食事や喫煙，運動習慣などの生活習慣が重要な位置を占めていることを重視したものである。生活習慣病（成人病）等の予防のために，先述

のように，1978（昭和53）年に第１次国民健康づくり対策が開始され，その後，第２次国民健康づくり対策へと引き継がれた。2000（平成12）年には新たな計画「健康日本21」が設定され，さらに2012（平成24）年に策定された「健康日本21（第２次）」に引き継がれている。

❏ 栄養改善と運動習慣の改善

　戦後，栄養改善法に基づき，毎年全国規模で国民栄養調査が実施されてきた。2002（平成14）年に，栄養改善法（2002年廃止）の内容も引き継ぎ，新たに生活習慣の改善を通じた健康増進の概念を取り入れた「健康増進法」が制定された。健康増進法に基づき国民栄養調査は2003（平成15）年から，国民健康・栄養調査として毎年実施されている。栄養素や食品の摂取量にとどまらず，身長・体重や血圧測定，血液検査，歩数計則，喫煙・飲酒・運動などの生活習慣の把握も行われている。国民の栄養摂取の把握とともに，厚生労働省において日本人の食事摂取基準が，1969（昭和44）年の策定以降５年ごとに改定されている。また，栄養士，管理栄養士，調理師の資格が制度化されている。2005（平成17）年には，国民が生涯にわたって健全な心身を培い，豊かな人間性を育むことができるようにする食育を総合的，計画的に推進するために，「食育基本法」が制定された。

　運動習慣の改善では，1988（昭和63）年度より，健康・体力づくり事業財団によって健康運動指導士の養成，さらに1989（平成元）年度から，健康運動実践指導者の養成が行われている。1989年には厚生省より「健康づくりのための運動所要量」がまとめられ，1993年には「健康づくりのための運動指針」，2006年には「健康づくりのための運動基準2006」，2013年には「健康のための身体活動基準2013」に改訂された。また，公衆衛生審議会では休養のあり方を検討し，1994年に「健康づくりのための休養指針」をまとめた。2003年，睡眠の適切な知識の普及を目的に「健康づくりのための睡眠指針」が策定され，2014年にそれを改訂した「健康づくりのための睡眠指針2014」が策定された。

❏ 禁煙の推進

　たばこの煙には4,000種以上の化学物質が含まれ，そのうち発がん性が確認されているものだけでも70種を超える。ニコチンは強力な依存症惹起物質であり，WHO（世界保健機関）や米国精神医学会の疾病診断基準には「ニコチン依存症」の診断基準が示されている。喫煙者では肺がんをはじめとする種々のがんの危険度が高まる。虚血性心疾

患，慢性気管支炎・肺気腫などの慢性閉塞性肺疾患（COPD），胃・十二指腸潰瘍などの消化器疾患，その他さまざまな疾患の危険因子でもある。たばこを吸わない人でも，環境中のたばこの煙の影響（受動喫煙）により，肺がん，虚血性心疾患，呼吸器疾患，乳幼児突然死症候群，低出生体重児，小児の呼吸器疾患などの危険度が高くなることが明らかにされている。WHO は1970年以来，再三，総合的なたばこ対策を推進することの必要性を総会において決議しており，1989年には5月31日を「世界禁煙デー」とすることを決議した。日本では，公衆衛生審議会が，1987（昭和62）年に「喫煙と健康問題に関する報告書」，1994（平成6）年に「今後のたばこ対策について」をまとめている。非喫煙者への受動喫煙の影響を防止するために，公共の場所や職場での分煙の推進，未成年者への喫煙防止，禁煙希望者に対する禁煙サポート等の対策が必要と認められている。2003（平成15）年に施行された健康増進法の第25条には，受動喫煙の防止に関する規定が盛り込まれている。

☐ 生活習慣病予防対策

　1982（昭和57）年に老人保健法が成立し，翌年2月から施行された。この法律により，70歳以上の人（および65〜69歳の寝たきり老人等）を対象として，医療保険者からの拠出金と公費からなる老人医療制度が創設され，市町村が実施主体となり40歳以上の住民を対象とする保健事業（健康手帳交付，健康教育，健康相談，健康診査，機能訓練，訪問指導）が制度化された。

　以後，生活習慣病予防対策は，主に老人保健法に基づく保健事業によって推進されてきたが，2006（平成18）年の医療制度改革において，老人保健法は「高齢者の医療の確保に関する法律」（高齢者医療確保法）に改正され，生活習慣病予防の取組み方法は次のように変わった（2008〔平成20〕年4月施行）。①従来行われてきた老人保健法事業の基本健康診査と保健指導に代わって，40〜74歳までの者については，医療保険者に特定健康診査，特定保健指導の実施が義務づけられた。②75歳以上の者については，後期高齢者医療制度の保険者である広域連合に，実施の努力義務が課せられた。③その他の保健事業である歯周疾患検診，骨粗鬆症検診，肝炎ウイルス検診，がん検診，健康手帳の交付，健康教育，健康相談等の事業は，引き続き市町村が健康増進法に基づき実施する。④介護予防の観点からの取組みは，2005（平成17）年改正の介護保険法に盛り込まれた地域支援事業の中の介護予防事業として実施されることとなった。

❑ がん対策

　がん（悪性新生物）は，1981（昭和56）年からわが国の死亡原因の１位となっている。政府は，1984（昭和59）年度から「対がん10か年総合戦略」，1994（平成６）年度から「がん克服新10か年戦略」，2004（平成16）年度からは「第３次対がん10か年総合戦略」（総合戦略）を実施した。総合戦略は「がん研究の推進」「がん予防の推進」「がん医療の向上とそれを支える社会環境の整備」を３つの柱とした。厚生労働省は，総合戦略を加速させるため，2005（平成17）年８月に「がん対策推進アクションプラン2005」を策定した。また，2006（平成18）年２月には「がん診療連携拠点病院の整備に関する指針」を出し，都道府県におおむね１か所の「都道府県がん診療連携拠点病院」を設置し，２次医療圏に１か所程度の「地域がん診療連携拠点病院」を整備することとした。国立がん研究センターには「がん対策情報センター」，全国の各がん診療連携拠点病院には「相談支援センター」が設置され，がん患者・家族等に対する相談支援体制が整備されてきている。2007（平成19）年４月から，議員立法により成立した「がん対策基本法」が施行され，同年６月には「第１期がん対策推進基本計画」が閣議決定された。最近では2018（平成30）年３月に「第３期がん対策推進基本計画」が閣議決定されており，全体目標として「がん患者を含めた国民が，がんを知り，がんの克服を目指す」を掲げている。分野別施策には(1)がん予防，(2)がん医療の充実，(3)がんとの共生，(4)これらを支える基盤の整備をあげている。

高齢者保健

❑ グローバルな高齢化の到来とアクティブエイジング

　超高齢社会・人口減少・少産多死に日本社会は現在向かっている。人口高齢化という現象は，日本だけでなく地球規模で起こっている大きな変化でもある。

　1990年後半にWHOからアクティブエイジングという概念が発信された。身体活動能力を活発にするということだけではなく，社会・経済・文化・スピリチュアルの領域でも社会への参加を続けることを意味する。人々が，健康寿命を伸ばし，質の高い暮らしを続けることが，アクティブエイジングの目的である。

高齢者保健のあゆみ

1983（昭和58）年に施行された老人保健法は，生活習慣病予防のための包括的な施策として，市町村が行う保健事業を定めていた。老人保健法は2006（平成18）年に「高齢者の医療の確保に関する法律」に改称され，2008（平成20）年度から，市町村が行ってきた健康診査や健康相談は，医療保険者が行う特定健康診査および特定保健指導へと変更された。また，老人福祉の事業として2000（平成12）年以降，市町村の一般財源で取り組まれるようになった介護予防の事業は，2005（平成17）年の介護保険法改正により，2006（平成18）年 4 月からは地域支援事業の中の介護予防事業へと組み換えられた。

高齢者の介護のための政策は，介護保険制度の発足以前は，老人保健法に基づく施策（老人医療制度，老人保健施設や老人訪問看護），医療保険によるその他の施策（老人病院，訪問診療等の在宅医療），老人福祉法による施策（特別養護老人ホームおよびホームヘルプサービス，デイサービス，ショートステイ等の在宅サービス）というように制度が分立していた。2000年 4 月からの介護保険制度の発足により，高齢者の介護にかかわる施策は統合され，多くは介護保険制度から介護報酬として費用が支払われるしくみに変わった。介護保険制度にはその後も改正が重ねられている。

介護保険制度と地域包括ケアシステム

介護保険制度は，国全体でサービスの基準や単価が決められ全国一律に実施されている給付サービスと，保険者である市町村がその地域にあったやり方で実施する地域支援事業の 2 つの部分から構成されている。給付サービスには，要介護状態と認定された人に対する介護給付と，要支援状態と認定された人への予防給付がある。また，給付サービスは，居宅サービス，施設サービス，地域密着型サービスの 3 つの領域に区分されている（**表 7 - 2**）。サービスを利用するには，市町村に申請して介護認定を受けなければならない。

地域支援事業とは，介護保険法（第115条の45）で「要介護状態等となることの予防又は要介護状態等の軽減若しくは悪化の防止及び地域における自立した日常生活の支援のための施策を総合的かつ一体的に行う」ための事業とされている。地域支援事業は，介護予防・日常生活支援総合事業，包括的支援事業，任意事業に区分されており，包括的支援事業の中の 4 つの業務（介護予防ケアマネジメント，総合相談支援，権利擁護，ケアマネジメント支援）は地域包括支援センターが実施することになっている。

表7-2　介護保険による給付サービス

居宅サービス	施設サービス
訪問介護（ホームヘルプ） 訪問入浴介護 訪問看護 訪問リハビリテーション 通所介護（デイサービス） 通所リハビリテーション 居宅療養管理指導 短期入所生活介護，短期入所療養介護（ショートステイ） 特定施設入居者生活介護（有料老人ホーム等における介護） 福祉用具の貸与・購入費の支給 住宅改修費（手すり・段差解消など）の支給	介護老人福祉施設（特別養護老人ホーム） 介護老人保健施設 介護療養型医療施設（2024年3月末まで） 介護医療院
	地域密着型サービス
	定期巡回・随時対応型訪問介護看護 小規模多機能型居宅介護 夜間対応型訪問介護 認知症対応型通所介護 認知症対応型共同生活介護（グループホーム） 地域密着型特定施設入居者生活介護 地域密着型介護老人福祉施設入所者生活介護 看護小規模多機能型居宅介護 地域密着型通所介護

注：上記のほか，要介護の利用者の居宅サービス計画を作成し，サービス利用の調整をはかる支援（居宅介護支援＝ケアマネジメント）が，保険給付の対象となる。居宅介護支援は無料で利用できる。

　　要支援の者は，上記のうち居宅サービスまたは地域密着型サービスの一部（小規模多機能型居宅介護，認知症対応型通所介護，グループホーム）を，予防給付（介護予防サービス）として利用できる。

出所：筆者作成.

　2014（平成26）年に改正施行された「地域における医療及び介護の総合的な確保の促進に関する法律」で，地域包括ケアシステムは「地域の実情に応じて，高齢者が，可能な限り，住み慣れた地域でその有する能力に応じ自立した日常生活を営むことができるよう，医療，介護，介護予防，住まい及び自立した日常生活の支援が包括的に確保される体制」とされている（第2条）。地域支援事業の中の，在宅医療・介護連携推進事業や認知症施策推進事業は，こうした地域包括ケアシステムを根付かせていくためにも重要となっている。

☐ 医療と介護の連携の推進

　認知症，脳卒中，骨粗しょう症に起因する骨折など，介護が必要な状態をもたらすさまざまな疾病は，治療や重度化防止のために医療を必要としており，医療と介護が一体化された支援を届けることが必要である。療養者にとって必要な医療と介護のサービスを一体的に提供するためには，医療と介護の従事者が療養者ごとにチームを作り，一定のケアプランのもとに，役割を分担しながら連携していくことが重要である。

　介護保険で要介護認定を受けている場合には，介護支援専門員（ケアマネジャー）がサービス担当者会議を招集して，チームとして話し合ってケアプランを立て，情報を共有しながら支援を行う。その場合，介護支援専門員と主治医の連携が重要となる。入院治療を受けている

療養者が在宅に復帰する際には，退院調整会議を開催して，病院の医療スタッフと地域で医療と介護を提供するスタッフのチームが協議をしながら，円滑に在宅への移行ができるよう支援計画を立てる。

このため病院は，地域医療連携室や退院調整看護師を配置するところが多くなってきた。介護保険を利用していない場合や複雑な支援ニーズをもつ療養者に対しては，地域包括支援センターが支援のコーディネーターの役割を担い，関係者が集まって協議ができるように地域ケア会議が招集される。

これらのサービス担当者会議，退院調整会議，地域ケア会議などを通じて，さまざまな職種のサービス担当者が話し合い，情報を共有しながら，療養者の同意を得てチームとして対応している。こうした支援体制を地域に確立していくために，在宅医療・介護連携推進事業が地域支援事業（包括的支援事業）の中に位置づけられている。

☐ 認知症対策

認知症に対する施策を推進するため，2008（平成20）年に厚生労働省より「認知症の医療と生活の質を高める緊急プロジェクト」が出され，2012（平成24）年には「認知症施策推進５か年計画（オレンジプラン）」が策定された。2015（平成27）年１月には，オレンジプランを更新した「認知症施策推進総合戦略（新オレンジプラン）」が策定されている。新オレンジプランに基づき，７つの柱のもとに認知症施策が推進されている。

①認知症への理解を深めるための普及・啓発の推進，②認知症の容態に応じた適時・適切な医療・介護等の提供，③若年性認知症施策の強化，④認知症の人の介護者への支援，⑤認知症の人を含む高齢者にやさしい地域づくりの推進，⑥認知症の予防法，診断法，治療法，リハビリテーションモデル，介護モデル等の研究開発およびその成果の普及の推進，⑦認知症の人やその家族の視点の重視である。

2019（令和元）年６月には，認知症施策推進大綱が「認知症施策推進関係閣僚会議」によってまとめられた。認知症の発症を遅らせ，認知症になっても希望をもって日常生活を過ごせる社会を目指し，認知症の人や家族の視点を重視しながら，「共生」と「予防」を車の両輪として施策を推進していくという基本的視点のもとに，2025年までの具体的施策の展開を描いている。

⑧ 精神保健

☐ 精神保健福祉施策のあゆみ

　戦後の精神科医療を方向づけた精神衛生法は1950（昭和25）年に制定された。この法律は，近代的病院での治療を可能にすることを目指していたが，戦前の私宅監置から精神病院という閉鎖空間への監置に置き変わり，患者の人権が無視されてきたという点では同様の問題をかかえていた。1970年代前半までは精神障害者の隔離と収容が中心で，急速に精神病床数が増大していった。1970年代になると，保健所における精神保健相談・訪問援助の実績が徐々に広がっていった。精神科診療所も増加し，外来治療が普及するとともに，地域で生活を継続しながら医療を受ける精神障害者が多くなってきた。また，通常の雇用契約では就労困難な精神障害者を対象に，一般の事業所で社会適応訓練を行う「通院患者リハビリテーション事業」が1982（昭和57）年度に開始された。

　1987（昭和62）年の法改正で精神衛生法は精神保健法に改称されるが，その引き金となったのは，宇都宮病院における虐待事件であった。国際的に日本の精神病院（現・精神科病院）での人権侵害が問題となり，精神病院入院患者の人権保護と社会復帰の促進を目的として法改正が行われた。精神障害者の人権保護のための措置として，任意入院を法に規定し，非自発的入院よりも任意入院を優先すべきこととされた。精神保健指定医制度が創設され，非自発的入院の必要性の判断等は精神保健指定医（204頁参照）が行うこととなった。入院患者には退院等の請求の権利があることを書面で知らせることとなり，都道府県に精神医療審査会を設置して，退院請求や処遇改善請求の審査を行う制度が新設された。

　1993（平成5）年11月の障害者基本法の改正を契機に，精神保健法の改正が要請され，1995（平成7）年の「精神保健及び精神障害者福祉に関する法律」（精神保健福祉法）の改正につながった。この法改正で，法の目的に「自立と社会参加の促進のための援助」が追加された。この改正時に**精神障害者保健福祉手帳**の制度がつくられた。市町村の役割として，精神保健福祉に関する正しい知識の普及啓発，相談指導事業の充実が明記された。1997（平成9）年には精神保健福祉士法が公布され，精神保健福祉領域のソーシャルワーカーの国家資格が創設

➡ 精神障害者保健福祉手帳

精神保健福祉法に定められているもので，一定程度の精神障害の状態にあることを認定するもの。精神疾患（てんかん，発達障害などを含む）により，長期にわたり日常生活または社会生活での制約がある人が対象となり，対象手帳を所持する精神障害者の自立と社会参加の促進を図るためのさまざまな支援策が講じられている。

された。

2005（平成17）年，障害者自立支援法が成立し，それまで身体障害者福祉法，知的障害者福祉法，精神保健福祉法に分かれて規定されてきた福祉サービスが，障害種別にかかわらず一元的な制度のもとで提供されることになった。同時に，精神保健福祉法の一部改正が行われ，精神障害者社会復帰施設，居宅生活支援事業，通院医療費公費負担といった福祉サービスは障害者自立支援法に移行した。しかし，障害者自立支援法は，福祉サービスの利用者負担として１割の定率負担を導入したため，負担により生活が圧迫される障害当事者団体は，強い反対運動を展開することとなった。その結果，2012（平成24）年に障害者自立支援法は，「障害者の日常生活及び社会生活を総合的に支援するための法律」（障害者総合支援法）へ題名も含めて改正され，**応能負担**に基づくサービス給付へと変わった。

精神障害者の受療の現状

医療機関に受診中の精神障害者の数は，2017（平成29）年10月の患者調査から約419万人と推計されている。入院患者では６割弱を統合失調症が占め，老年期に多い認知症疾患（アルツハイマー病を含む）が２割強を占めている。外来では気分（感情）障害が３分の１を占め，神経症性障害と統合失調症がそれぞれ約２割を占めている。

精神病床数は1960（昭和35）年に９万5,000床だったものが，1990（平成２）年には36万床にまで増えた。現在はやや減少傾向を示しているものの，35万床存在する。精神科病院在院者のうち７万人ほどは社会的入院の人々で，状態が安定しており社会復帰が可能だと考えられているが，退院可能であっても地域で生活を支える社会資源が乏しく，入院が継続しているのが現状である。

精神保健福祉法では**任意入院**，**医療保護入院**，**措置入院**，**応急入院**という４種類の入院形態を定めている。このうち2017（平成29）年６月現在で，精神科に入院中の患者のうち，任意入院が53％，医療保護入院が46％，措置入院が0.6％であった。

精神科の入院治療では，疾患の性質上，患者が自分の病気を自覚して自分から治療を受けることができず，患者本人にとっては非自発的な手続きで治療を開始せざるをえない場合がある。しかし，安易にこうした入院形態に依存して治療を行うことは，治療効果という点からも問題であるだけでなく，患者の人権保護という点でも問題をはらんでいる。このため患者の人権を保護するための諸制度が設けられている。

▶応能負担
福祉サービスを利用する際，支払い能力（所得）に応じて費用を支払うことをいう（応能負担）。一方，応益負担とは，支払い能力にかかわらず，受けたサービスの費用の額に応じて費用を支払うこと。障害福祉サービスは，従来，応能負担制度であったが，障害者自立支援法が施行され，費用の１割を自己負担する制度（応益負担）に変わり，サービスを受けられない人が増えてしまった。そこで，法律を改正し，再び家計負担能力の事情を考慮して金額が設定されるようになった。

▶任意入院
精神保健福祉法第20条に規定された入院形態の一つで，本人の同意に基づいて行われる入院のこと。この入院による患者から退院の申し出があった場合は，その者を退院させなければならない。

▶医療保護入院
精神保健福祉法第33条に規定された入院形態の一つで，精神保健指定医の診察の結果，精神障害者であると診断され，医療のため入院が必要と認められた者で，任意入院が行われる状態にないと判定された人を対象に，家族等の同意に基づいて入院させる制度。本人の同意は必要ではない。

☐ 精神障害者の人権保護の制度

精神科に非自発的な形態で入院させる場合には，**精神保健指定医**➡に
よる診察が必要である。医療保護入院や措置入院の必要性の判断，治
療上の行動制限の必要性の判断は，精神保健指定医でなければ行えな
い。

精神科病院管理者は，非自発的な入院患者には退院請求等の権利が
あることを，入院時に書面で告知しなければならない。なお，この告
知は，症状を照らして4週間を限度として延期できる旨の例外規定が
設けられている。非自発的入院の場合，行政に対して入退院の届出報
告義務があり，入院が継続する場合，措置入院は6か月ごとに，医療
保護入院は12か月ごとに，知事に対して病状を報告しなければならな
い。精神医療審査会は，都道府県知事の附属機関として設置されてい
るもので，措置入院，医療保護入院の要否について，定期病状報告を
もとに審査する。また，入院患者から出された退院請求や処遇改善請
求の審査を行う。

精神科病院入院患者の処遇の原則は，厚生労働省告示によって定め
られている。入院患者に対する信書の発受の制限，行政機関の職員等
との電話・面会の制限を行うことはできない。そのほか，保護室への
患者の隔離（12時間以上）など一定の行動制限は，精神保健指定医の
判断を必要とし，行動制限を行った場合，その旨を診療録に記載しな
ければならない。

☐ 市町村・保健所・精神保健福祉センターの役割

精神保健福祉法に基づき，市町村は2002（平成14）年度から精神保
健福祉に関する知識の普及啓発，相談指導，精神障害者保健福祉手帳
の申請の受付業務等を行っている。また，障害者総合支援法に基づき
障害福祉サービスの給付を行っている。保健所は，地域精神保健事業
を推進する各種の事業を行っている。都道府県および政令指定都市に
設置されている精神保健福祉センターは，市町村や保健所業務を支援
している。こうした業務を**資料7-2**に示す。

資料 7-2　市町村・保健所・精神保健福祉センターの精神保健福祉関連業務

```
1　市町村の業務
・精神保健福祉に関する知識の普及啓発，相談指導
・精神保健福祉手帳および精神通院医療の申請の受付業務
・障害者総合支援法に基づくサービスの給付，地域生活支援事業の実施
2　保健所の業務
・管内の精神保健福祉に関する実態把握
・精神保健福祉に関する相談
・訪問指導
・患者会・家族会等の活動に関する援助
・教育・広報活動および協力施設の育成
・関係諸機関との連絡・調整・連携
・医療と保護に関する事務
3　精神保健福祉センターの業務
・精神保健福祉関係機関に対する教育研修
・市町村・保健所・精神保健福祉関係機関に対する技術指導と技術援助
・精神保健福祉に関する知識の普及啓発
・調査研究
・精神保健福祉相談（複雑または困難なもの）
・精神医療審査会の事務
・精神障害者保健福祉手帳，自立支援医療（精神通院医療）の判定
```

⑨　難病保健と障害者の自立支援医療

☐ 難病対策のあゆみと難病の患者に対する医療等に関する法律（難病法）の成立

　日本で1970年代前半に難病対策が発足した理由の一つは，当時みられた神経難病スモンの多発である。1955（昭和30）年頃から下痢や腹痛，両下肢の麻痺としびれ，視力低下や失明をきたす原因不明の疾患が日本各地で散発するようになり，1964（昭和39）年の日本内科学会でスモン（SMON：subacute myelo-optico-neuropathy）と命名された。この疾患は，1967（昭和42）年以降，全国的規模で多発し，大きな社会問題となった。厚生省（当時）が急きょ組織した多分野の専門家による研究班によって，当時広範に使用されていた整腸剤であるキノホルムによる中毒（薬害）であることが明らかになり，1970（昭和45）年9月にキノホルムの使用禁止措置がとられ，その後スモンの発生は急速に終焉した。

　スモンの発生とそれへの対応は難病への関心を喚起し，難病に対する新たな社会的対応が要望されるようになった。厚生省は，1972（昭和47）年度の重点施策の一つとして難病対策を取り上げ，特定疾患対策室を設置し，「難病対策要綱」を定めて本格的に難病対策に取り組

むこととなった。難病対策要綱により，難病対策として取り上げるべき疾病の範囲は，①原因不明，治療法未確立であり，かつ，後遺症を残すおそれが少なくない疾病，②経過が慢性にわたり，単に経済的な問題のみならず介護等に著しく人手を要するために家庭の負担が重く，また精神的にも負担の大きい疾病，の2項目に整理された。脳卒中，がん，精神疾患のように，すでに別の対策があるものはこの対策から除外された。当初，難病対策は，調査研究の推進，医療施設等の整備と要員の確保，医療費の自己負担の解消を3本柱として発足した。

　1990年代になり，難病対策には新たな施策が付け加えられることになった。その契機の一つは1993（平成5）年の「障害者基本法」の改正であり，その際の参議院における付帯決議において「難病に起因する身体又は精神上の障害を有するものであって長期にわたり生活上の支障があるもの」は，障害者基本法の障害者の範囲に含まれることとされ，きめ細かな施策の推進に努めることが要請された。また，1994（平成6）年7月1日に公布（題名改正）された「地域保健法」において，保健所事業の一つに「治療方法が確立していない疾病その他の特殊の疾病により長期に療養を必要とする者の保健に関する事項」が加えられ（同法第6条），難病対策における保健所の役割が明確に位置づけられた。こうした状況の変化をふまえて，1990年代に難病対策には当初の3本柱に2つの柱が加えられ，①調査研究の推進，②医療施設等の整備，③医療費の自己負担の軽減，④地域における保健医療福祉の充実・連携，⑤QOLの向上をめざした福祉施策の推進，の5つの柱のもとに進められることになった。

　従来，難病対策は法律に基づかない予算事業として実施されてきたが，難病患者に対する医療費助成等に関して法定化し，安定的な制度とするため，難病の患者に対する医療等に関する法律が2014（平成26）年5月に成立した。この法律に基づき，2015（平成27）年1月より110の疾患（指定難病）を対象とする新たな医療費助成制度が都道府県単位で実施された。その後，指定難病の数は増えて，2020年現在，333疾患を対象としている。

▢ 障害者の自立支援医療

　児童福祉法に基づく育成医療，身体障害者福祉法に基づく更生医療，精神保健福祉法に基づく精神障害者通院医療費公費負担の各制度は，2006（平成18）年4月より，障害者自立支援法の施行に伴い同法に基づく自立支援医療に移行し，2013（平成25）年に施行された障害者総合支援法に引き継がれている。

①　自立支援医療（育成医療）

　身体障害児のための公費医療制度である。身体にかなりの障害がある児童で，手術等の治療によって確実な治療効果が期待できる場合に，指定医療機関において公費よる医療が給付される。心臓，腎臓，その他の内臓障害に対するもの，音声・言語・そしゃく機能障害，肢体不自由に対するものが多くを占めている。

②　自立支援医療（更生医療）

　身体障害者の日常生活能力または職業能力を回復もしくは獲得させることを目的として給付される公費医療制度である。人工透析療法や中心静脈栄養法のように身体機能を代償する医療にも適用される。また，1998（平成10）年４月よりヒト免疫不全ウイルス（HIV）による免疫機能障害が身体障害者福祉法の対象に含まれるようになり，障害認定を受けた HIV 感染者にも適用されるようになった。

　更生医療の給付が適用される場合，保険医療の自己負担分を公費で負担することになっていたが，自立支援医療に移行し，自己負担は原則１割負担（所得水準に応じて負担の上限額がある）となった。９割は内部障害に対するもので，大半は糸球体腎炎や糖尿病性腎症などのため慢性腎不全の状態になり，人工透析を受けている人である。

　1972（昭和47）年から，人工透析に対して更生医療・育成医療が適用されたが，この公費負担制度は，指定医による診断と指定医療機関における治療に適用されるもので，指定医療機関以外から人工透析を受ける場合には，長期高額疾病患者の高額医療費支給制度を利用し，自己負担額の上限を低く抑えることができる。

③　自立支援医療（精神通院医療）

　精神障害の通院医療費に対する公費負担が行われている。自己負担は原則１割だが，所得や疾患の種類に応じて上限限度額を設定している。

⑩ 学校保健

☐ 学校保健とは

　学校保健は，文部科学省設置法（第4条第12項）に「学校における保健教育及び保健管理をいう」と定められている。学校教育法は学校を「幼稚園，小学校，義務教育学校，中学校，高等学校，中等教育学校，特別支援学校，大学及び高等専門学校」と規定しており（同法第1条），学校における教育の目標の一つに「健康，安全で幸福な生活のために必要な習慣を養うとともに，運動を通じて体力を養い，心身の調和的発達を図ること」を掲げている（同法第21条）。

　1958（昭和33）年に公布された学校保健法は，学校保健計画，学校環境衛生，健康診断等について規定した。2008（平成20）年に，学校保健，学校安全，および学校給食の統合的な実施を図るため，学校保健法は改正され，「学校保健安全法」に改称された。学校給食については，「学校給食法」が1954（昭和29）年に施行されており，2005（平成17）年には栄養教諭制度が開始され，また「食育基本法」も施行された。学校保健を進めるための基礎統計として「学校保健統計調査」が1948（昭和23）年より毎年実施されている。また，日本学校保健会の「児童生徒の健康状態サーベイランス調査」が1981（昭和56）年より実施されている。他に，文部科学省「体力・運動能力調査」等がある。

☐ 学校保健を担うさまざまな職種

　学校教育法および学校保健安全法等に規定された学校保健を担う職員および専門職の職務を**表7-3**に示す。

☐ 保健教育

　保健教育は，学校教育法に基づく教育活動であり，保健学習と保健指導に大別される。保健学習は，生涯を通じて自らの健康を管理し改善していくことができるような資質や，実践力の基礎を培うことを目標としている。児童生徒の発達段階に応じて，各学年で学ぶことが学習指導要領で公示されており，授業を通じて実施される。心身の機能の発達とこころの健康，健康と環境，傷害の防止と応急手当，健康な生活と疾病の予防，生涯を通じた健康増進，社会生活と健康などの内

表7-3　学校保健を担う職員および専門職

職　種	主な職務
学校長	学校保健に関する総括責任者として，学校保健活動全体を総括する
保健主事	学校保健に関する計画の立案とその円滑な実施を図るための連絡調整に従事する。教諭または養護教諭が担当
養護教諭	児童生徒の養護を行うとともに，学校保健に関して中心的に専門的役割を担う
栄養教諭	栄養指導，給食管理・指導，食育の推進等，食を通した保健管理，保健教育を推進する
学校教育栄養管理者	学校給食の栄養の管理，献立作成や衛生管理を担う
学校医*	健康診断，疾病予防，保健指導，健康相談，救急処置などの保健管理に関する指導に従事する
学校歯科医*	歯に関する検査，事後措置や健康相談，保健管理に関する指導に従事する
学校薬剤師*	学校環境衛生検査，学校環境衛生の維持および改善などに関する指導に従事する
学校看護師*	医療的ケアが必要な子どもが通う学校に配置される
スクールカウンセラー*	臨床心理士等が児童生徒へのカウンセリングのほか，保護者・教職員に助言・指導を行う
スクールソーシャルワーカー*	複雑な生活課題を抱える児童生徒について，関係機関と連絡・調整を図り，さまざまな働きかけを行い，課題解決を図る。教職員へのコンサルテーションも行う

注：＊学校医，学校歯科医，学校薬剤師，学校看護師，スクールカウンセラー，スクールソーシャルワーカーは非常勤であることが多い。

容を含んでいる。

　保健指導は，健康を保持増進する実践能力や態度を養成するため，ホームルーム，学校行事など教科以外の取組みを通じて行われる。保健室などでの個別の指導や健康相談も含まれる。個人を対象に健康相談を担うのは，主に養護教諭やスクールカウンセラーである。発育や健康状態に応じた保健指導を行う。

□ 健康管理

　健康管理は，学校環境衛生，健康診断，健康相談，感染症予防などを含んでいる。

① 学校環境衛生の整備

　1964（昭和39）年に保健体育審議会が「学校環境衛生の基準」を作成したものが，2009（平成21）年に「学校環境衛生基準」として改訂・整備されており，学校薬剤師が指導を行うことになっている。環境衛生検査として検査すべき項目には，①教室などの環境（換気および保温，採光および照明，騒音），②飲料水などの水質および施設・設備，③学校の清潔，ネズミ，衛生害虫，教室などの備品の管理，④水泳プール（水質，施設・設備の衛生状態）がある。

② 健康診断

学校保健安全法に基づき，就学時の健康診断，児童生徒等の定期・臨時の健康診断，教職員の定期・臨時の健康診断が実施されている。結果に基づき，必要に応じて疾病の予防措置，治療の指示，運動および作業を制限するなどの対応が図られる。

就学時健康診断とは，小学校入学前に行う健康診断である。児童生徒等の定期健康診断は，年度初めに集団検診として行われる。1973（昭和48）年の学校保健法施行令・規則の改正で尿検査・心疾患検査が加えられ，1978（昭和53）年に脊柱側弯症検査，1992（平成4）年に尿糖検査，1994（平成6）年には心電図検査が導入された。2003（平成15）年には色覚検査およびツベルクリン反応検査が廃止されている。2014（平成26）年，座高と寄生虫卵の有無の検査が必須項目から削除され，2016（平成28）年度から，運動器検診が必須項目に追加された。臨時健康診断は，感染症や食中毒が発生した時などに行われる。

③ 健康相談

健康相談は，健康診断をもとに学校医や学校歯科医が行うもののほか，養護教諭やその他の職員が連携した健康観察と健康相談や，学校と医療機関等が連携して行う対応がある。

④ 感染症予防

感染症法等の規定のほか，学校保健安全法においても感染症予防について定めている。学校において予防すべき感染症は，第一類（感染症法の一類感染症および結核を除く二類感染症），第二類（インフルエンザ，百日咳，麻しん，流行性耳下腺炎，風しん，水痘，咽頭結膜熱，結核，髄膜炎菌性髄膜炎：空気感染または飛沫感染による流行を広げる可能性が高いもの），第三類（コレラ，細菌性赤痢などの感染症）に区分されており，疾患に対応して出席停止の期間の基準が定められている（感染症対策については，本章の第4節も参照）。

校長は，感染症にかかっている者，その疑いのある者およびかかるおそれのある者の出席を停止させることができる。感染症予防上必要がある時は，学校の設置者は，臨時に学校の全部または一部の休業を行うことができる。

⑤ 健康管理上重要な健康課題

学校保健統計によると，主な疾患の有病率は，幼稚園児と小学生では齲歯（むし歯）が最も高い。中学生・高校生では，裸眼視力1.0未満が最も高い。経年的にみると，齲歯の有病率は減少傾向にあるが，裸眼視力1.0未満は増加傾向にある。これら2つの疾患に次いで鼻・副鼻腔疾患の有病率が高い。頻度はさほど高くないが，心疾患，腎疾患，

糖尿病，肥満，ぜんそく，アトピー性皮膚炎，食物アレルギーなどが，生活に影響を与える疾患として重要である。

　そのほか，心の健康に関しても重要な課題がみられる。成長・発達の途上にある児童生徒は，さまざまな悩みや葛藤を抱え，非行，いじめ，自傷行為，不登校やひきこもりなどの形で発現することがある。10〜19歳の死因の第1位は自殺である。2013（平成25）年には「いじめ防止対策推進基本法」が策定されている。そのほかにも，発達障害のある児童生徒の支援，薬物乱用防止教育，喫煙防止教育，性教育などの課題がある。児童生徒等の健康リテラシーと逆境を乗り越える力（レジリエンス）を高める教育を推進していく必要がある。

□ 保健組織活動

　学校保健組織活動は，主に①学校保健委員会，②職員保健委員会，③児童生徒保健委員会，その他 PTA，地域学校保健委員会（複数の学校保健委員会が連携）により運営されている。

　学校保健委員会は，学校長，教頭などの管理職，保健主事，養護教諭，栄養教諭などの学校保健関連教職員，学校医，学校歯科医，学校薬剤師などの非常勤学校保健専門職，保健所や市町村保健センターの地域保健関連職員，保護者代表，児童生徒代表などが参加する全校的な学校保健の推進組織で，「学校保健計画」を立案する。学校安全も含めた総合的な取組みを考える場合，学校保健安全委員会と呼ばれる。2008（平成20）年に学校保健法が学校保健安全法に改正され，学校安全計画の策定，安全管理として危機等発生時対処要領（危機管理マニュアル）の作成と周知，避難訓練の実施，および安全教育が義務づけられた。

11　産業保健

□ 産業保健（労働衛生）の管理体制

　産業保健とは，働く人々の疾病予防と健康の保持増進とともに，労働の場で発生する事故や職業病を予防する活動である。労働衛生，産業衛生とも呼ばれる。1947（昭和22）年に「労働基準法」が公布された。1972（昭和47）年には，それまで労働基準法に含まれていた職場の安全と衛生の向上を図るための規定を独立，強化させて，「労働安全衛生法」が制定された。同法の下で，労働衛生の3管理，すなわち

作業環境管理，作業管理および健康管理と，安全衛生管理体制の整備，安全衛生教育が推進されることになった。

　作業環境管理は，作業環境を的確に把握し，種々の有害要因を取り除いて良好な作業環境を確保するものである。作業管理は，有害要因が労働者に及ぼす影響は作業の内容や方法によって変わってくることから，作業の内容や方法を適切に管理して有害な影響をなくすことである。健康管理は，健康診断およびその結果に基づく事後措置，健康指導等であり，労働者の健康障害を未然に防ぐものである。これら3管理を円滑に効果的に進めるには，職場に労働衛生管理体制を確立しておくことが必要である。また労働者自身も，作業が健康に与える影響や健康障害を未然に防ぐための知識や理解を深めておくこと，そのための安全衛生教育が重要となっている。

　国際的には，1919（大正8）年に国際労働機関（ILO：International Labour Organization）が設立され，1946（昭和21）年からは国連の専門機関になった。ILOからは多くの労働者保護に関する勧告が出されている。

☐ 労働災害と職業病の予防

　労働災害（労災）とは，労働者が労務に従事したこと（通勤を含む）によって被った負傷，疾病，死亡のことで，業務災害や通勤災害と認められた場合には，労働者災害補償保険法に基づき労災保険が支給される。特定の職業に従事することによってかかったり，かかる確率が高くなったりする疾病を職業病という。労働基準法では「業務上疾病」という。職業病は，本人に明らかに過失がある場合を除き，雇用者側に責任があるとみなされる。雇用者側には労働基準法などによって，職業病の予防と労働環境の維持・改善が義務づけられている。職業病（業務上疾病）は，労働災害として認定されると，治療費は全額労災保険で賄われる。労働安全衛生法に基づいて，企業内では安全衛生委員会が設けられ，労働災害に対しては災害発生状況やその発生要因を分析して対策を実施することが義務づけられている。業務上疾病は必ずしも業務中に発症するとは限らず，短期で発症するケースもあれば，何年も経ってから発症することもある。その業務の担当から離れて時間が経っていたとしても，業務で有害な影響にさらされていたことに起因し，業務とその疾病との間に相当な因果関係があると認められた場合は，業務上疾病が認定される。

　厚生労働省の「業務上疾病発生状況等調査」によると，業務上疾病の年間発生件数は1998（平成10）年以降，おおむね年間7,000〜8,000件

で推移している。疾病別に近年の傾向をみると，業務上疾病で最も多いのは「腰痛」である。発生件数全体の6〜7割を占める。また最近では，業務上のストレスや過重労働などに起因するうつ病などの精神障害が増加している。

労働安全衛生法に基づく職場の安全衛生管理

　労働安全衛生法により，事業主には事業場の安全衛生管理体制を整備することが義務づけられている。事業場の規模や業種に応じて総括安全衛生管理者を置くものとされ，常時使用する労働者数50人以上であれば，安全管理者，衛生管理者を置くこと，49人以下であれば，業種により安全衛生推進者もしくは衛生推進者を置くことになっている。また，常時50人以上の労働者を使用する事業場では，産業医等を選任し，労働者の健康障害の防止策，労働災害の原因や再発防止策などを調査審議し，事業者に意見を述べる衛生委員会を設置し月1回以上開催しなければならない。また，法的に設置が義務づけられてはいないが産業看護師・保健師を配置し，予防活動や集団支援活動を行っている事業場もある。

　なお，日本では労働者の規模が50人未満の小規模事業場が，事業所数では90％以上を占め，労働者数では3分の2以上を占める。小規模事業場に対する国の支援として行われていた地域産業保健センター事業は，2014（平成26）年度より，産業医等の産業保健スタッフの支援を行う産業保健センター事業，メンタルヘルス対策支援事業と合わせて一元化された。独立行政法人労働者健康安全機構による産業保健活動総合支援事業が，全国47の都道府県に産業保健総合支援センターを設置して進められている。

職業性疾病（職業病）の予防対策

　職業性疾病の要因は，物理的，化学的な作業環境によるものと，作業条件によるものとに大別される。物理的要因による職業性疾病には，高気圧障害（潜函作業，潜水作業などの異常高圧下での作業終了後，急速に常圧に戻る場合に発症する），職業性難聴，振動障害（手が冷たい，手が発作的に白くなる（白ろう病），手の感じが鈍い，手がこわばるなどの手の症状が生じる），放射線障害などがある。化学的要因によるものには，じん肺，有毒ガス中毒，有機溶剤中毒，重金属中毒などがある。作業条件によるものには，頸肩腕症候群，腰痛などがある。1960（昭和35）年にはじん肺法が制定され，じん肺予防のための体系的な対策が講じられるようになった。放射線に被曝する危険のある労働者の障害防止

のためには，電離放射線障害防止規則が定められている。

化学物質には，中毒，アレルギー，がんなど，健康障害を生じるおそれのあるものがあり，事業者には，化学物質の危険性，有害性を調査し，その結果に基づき必要な措置を講じる努力義務が定められている。このため，「化学物質等による危険性又は有害性等の調査に関する指針」が策定されている。労働安全衛生法において，健康障害を生じるおそれがある物質について，譲渡・提供者は，安全データシート（SDS）を交付しなければならないとされている。有機溶剤，鉛，四アルキル鉛，石綿などに対しては，健康障害の防止のために定められた規則に基づく対策が図られている。

☐ 健康診断に基づく健康管理

労働安全衛生法に基づく労働安全衛生規則は，労働衛生にかかわる職種，健康診断の種類と実施義務，具体的な健康診断項目と頻度など，労働安全衛生一般に関する規則を定めている。一般健康診断には，①雇用時の健康診断（就業前の健康状態の把握を目的とする），②定期健康診査（健康管理の一環として年1回行われる），③特定業務従事者の健康診断（特定業務とは，同規則にあげられている高熱物体を取り扱う業務，坑内における業務，深夜業を含む業務など14業務。配置換えの際や6か月以内ごとに行われる），④海外派遣労働者の健康診断（6か月以上の派遣の前後に行われる），⑤給食従事者の検便，の5種類がある。このほか，有害業務に従事する労働者に対しては，6か月以内ごとに1回，特殊健康診断を実施しなければならず，有害物質の内容によって健康診断項目も定められている。

健康診断の的確な実施とともに，その結果に基づく事後措置や保健指導の実施が重要である。必要があると認められる場合は，作業の転換，労働時間の短縮等の適切な措置を講じなければならない。健康の保持に努める必要があると認められる労働者に対して，医師や保健師による保健指導を行う。このような健康診断実施後の措置に関して，「健康診断結果に基づき事業者が講ずべき措置に関する指針」が策定されている。

1988（昭和63）年の労働安全衛生法の改正に伴って策定された「事業場における労働者の健康保持増進のための指針」（トータルヘルスプロモーション（THP）指針）は，働く人々の心身両面にわたる健康の保持のため，職場が主体的に行うしくみをつくることを目的としている。健康診断やその他の所見をもとに，専門職が運動指導や栄養指導，保健指導，メンタルヘルスケアなどを，総合的かつ個別的に行う。

□ 過重労働による健康障害の防止とメンタルヘルス対策

　昨今，**過労死**の多発は大きな社会問題となってきた。2002（平成14）年には，「過重労働による健康障害防止のための総合対策」が策定されたが，その後も過労死はあいついで発生し，2005（平成17）には労働安全衛生法を改正し，長時間労働者に対する医師による面接指導制度が定められた。2006（平成18）年には，「労働者の心の健康の保持増進のための指針」も作成されている。その後，2014（平成26）には議員立法により「過労死等防止対策推進法」が成立した。第1条に「過労死等に関する調査研究等について定めることにより，過労死等の防止のための対策を推進し，もって過労死等がなく，仕事と生活を調和させ，健康で充実して働き続けることのできる社会の実現に寄与することを目的とする」と規定している。第2条では，過労死を定義している。

　また，2014（平成26）年には，**メンタルヘルス**対策の充実・強化等を目的に，従業員数50人以上のすべての事業場でストレスチェックの定期的実施を義務づける労働安全衛生法の一部改正が行われた。ストレスチェック制度への対応を含め，従業員のメンタルヘルス対策や過重労働の防止の重要性が増している。

⑫ 災害保健医療および健康危機管理

□ 災害の定義と災害対策に関する制度

　災害とは，1961（昭和36）年に制定された「災害対策基本法」によれば，暴風，竜巻，豪雨，豪雪，洪水，崖崩れ，土石流，高潮，地震，津波，噴火，地滑りその他の異常な自然現象または大規模な火事もしくは爆発，放射性物質の大量の放出，多数の者の遭難を伴う船舶の沈没などにより生ずる被害である。災害に対する対策を規定する法律には，災害救助法，災害対策基本法，被災者生活再建支援法などがある。

　災害救助法は，1946年の南海地震を契機に1947（昭和22）年に制定されたもので，災害に際して，国が地方公共団体・日本赤十字社その他の団体や国民の協力のもとで，応急的に必要な援助を行い，被災者の保護や社会秩序の保全を図ることを目的としている。

　災害対策基本法は，1959年の伊勢湾台風を契機に1961（昭和36）年に制定されたもので，防災に関する責務や組織，国・都道府県・市町村による防災計画の作成，災害の各段階における国・地方自治体など

→ 過労死

過度な長時間労働や残業を強いられて生じた脳血管疾患や心臓疾患などによる急激な体調の悪化を伴う突然死もしくは業務に伴う強いストレスによる精神障害を原因とする自殺による死亡等をいう。

→ メンタルヘルス

精神面における健康状態のこと。精神保健と訳される。主に精神的な疲労，ストレス，悩みなどの軽減や緩和とそれへのサポート，精神疾患の予防と回復を目的とした場面で使われる。メンタルヘルス対策は職場でも重要であり，厚生労働省は2000年8月に「事業場における労働者の心の健康づくりのための指針」を出している。

の役割と権限，費用負担などを定めている。

被災者生活再建支援法は，1995年の阪神・淡路大震災を契機に，1998（平成10）年に制定されたもので，生活基盤に著しい被害を受けた人に対する被災者生活再建支援金の支給を定めている。

☐ 災害医療の概要

災害対策基本法に基づく国の防災基本計画の中で，①災害拠点病院等の選定，②災害派遣医療チーム（DMAT➡：disaster medical assistance team）に参加する医師・看護師などに対する教育研修，③広域災害・救急医療情報システムなどによる災害時の医療情報の把握と応援の派遣，④災害派遣医療チーム（DMAT）などの編成と派遣の要請などが規定されている。また，医療法に基づき，都道府県が策定する医療計画においても，災害時における医療について記載することが定められている。

災害拠点病院の整備は，1996（平成8）年から開始された。二次医療圏に1か所の地域災害医療病院と，原則として都道府県に1か所の基幹災害拠点病院を整備することになっている。

救急現場での医療情報収集および伝達，救急現場でのトリアージ，救命措置，搬送，被災地の医療機関の支援，重症患者の広域搬送などを行う。このほかに，災害派遣精神医療チーム（DPAT➡：disaster psychiatric assistance team），災害時健康危機管理支援チーム（DHEAT➡：disaster health emergency assistance team）などがある。

また，発災時に被災地域における患者の医療機関受診状況，ライフライン稼働状況などの被災情報，DMATの活動状況，災害拠点病院の受け入れ可能な患者数などの情報収集を行う広域災害救急医療情報システム（EMIS：emergency medical information system）の運営が定められており，外部からの支援組織は，このシステムで被災地の被害を把握し，その情報に基づいて行動する。

災害では，直接的に引き起こされる健康被害に医療上どのように対応するかという問題と，医療上の措置だけでは対応できない公衆衛生上の問題，すなわち地域・集団としての予防・管理・ケアが必要となる問題が生じる。国連は，災害時に緊急時支援が必要となる11分野を定めている。①保健医療，②栄養，③水衛生，④教育，⑤保護，⑥農業，⑦キャンプ（日本の場合は仮設住宅や復興住宅）の調整・運営，⑧早期復旧，⑨緊急シェルター（日本の場合は緊急避難所），⑩情報通信・セキュリティ，⑪ロジスティクス（原材料の調達から完成品が消費者に届くまでの物流を計画・実行・管理すること）である。

➡ **災害派遣医療チーム（DMAT）**

医師，看護師，業務調整員ら4～5名で1チームとなって被災地で活動する災害時医療チームである。災害の発生直後の急性期（おおむね48時間以内）に活動を開始する。

➡ **災害派遣精神医療チーム（DPAT）**

被災した精神科病院の患者への対応や，被災者の心的外傷後ストレス障害（PTSD）をはじめとする精神疾患発症の予防などを支援する，災害時医療チームである。

➡ **災害時健康危機管理支援チーム（DHEAT）**

被災地の保健所や市町村，都道府県などの健康危機管理業務を支援する公衆衛生の専門家チームである。

　国は，2006（平成18）年に「災害時要援護者の避難支援ガイドライン」を策定した。災害時要援護者とは，「必要な情報を迅速かつ的確に把握し，災害から自らを守るために安全な場所に避難するなどの災害時の一連の行動をとるのに支援を要する人々」と定義されている。市町村による避難支援計画の作成，要援護者名簿の整備，安否確認や避難支援を行う要援護者支援班の設置などの支援策を求めている。

□ 健康危機管理の動向

　1995（平成7）年の阪神・淡路大震災，地下鉄サリン事件などの一連のオウム関連事件をきっかけに健康危機管理という分野への関心が急速に高まった。1997年に厚生省（当時）は「健康危機管理基本指針」を策定した。2000（平成12）年に「地域保健法」に基づく「地域保健対策の推進に関する基本的な指針」が改正され，「地域における健康危機管理体制の確保」が明記された。地域保健における健康危機管理の対象分野として，厚生労働省の地域保健対策検討会の中間報告によって次の12分野が例示されている。原因不明健康危機，災害有事・重大健康危機，医療安全，介護等安全，感染症，結核，精神保健医療，児童虐待，医薬品医療機器等安全，食品安全，飲料水安全，生活環境安全である。2012（平成24）年に「地域保健対策の推進に関する基本的な指針」を一部改正し，健康危機管理も含んだ地域保健対策に関する計画について，PDCAサイクル（plan計画-do実施-check評価-act改善のサイクル）の確立を求めた。

　健康危機管理は次のようなサイクルで営まれる。①平時対応（PDCAのPに相当）：健康危機の発生の未然防止。②有事対応（PDCAのPとDに相当）：(1)緊急時対応の事前準備，(2)緊急時対応（PDCAのDに相当）。③事後対応（PDCAのCとA）。

　リスクコミュニケーションとは，リスクについて関係者間で情報を共有し，意思疎通をはかって対策を進めたり，リスクの低減をはかるコミュニケーション（相互の有効な意思疎通）を意味する。情報共有にはICT（情報通信技術）の活用が重要となっている。

□ 健康危機管理体制

　国レベルでは，健康危機の原因となりうる事象について，情報を収集し，継続的に観測（モニタリング）し，危機発生時の被害を最小に抑え，より効果的な対応ができるような体制づくりを進める。健康危険情報とは，「健康危機管理基本指針」によって，「医薬品，食中毒，感染症，飲料水その他の何らかの原因により生じる国民の生命，健康の

安全に直接係わる危険情報」と定められている。感染症については国立感染症研究所が運営する感染症発生動向調査（サーベイランス）がある。緊急事態が発生した場合には，関係省庁や公共機関などから内閣情報集約センターに情報が集められ，情報はすぐに内閣総理大臣や官邸危機管理センターなどに報告され，初動体制が整えられる。

　地域レベルでは，保健所が中心となって対応にあたる。次の4段階の健康危機管理業務を行う。①健康危機発生の未然防止：管理基準の設定や監視業務（食品衛生監視や各種施設の立ち入り検査など），予防方法の普及・啓発活動。②健康危機発生時に備えた準備：各種健康危機発生時の手引書（マニュアル）の整備，訓練などによる人材の資質の向上，施設・設備および物資の確保。③健康危機への対応：情報の収集および管理，被害者への保健医療サービスの確保，防疫活動，住民への情報の提供，被害の拡大防止のための普及啓発活動。④健康危機による被害の回復：復旧させるための業務，飲料水や食品の安全確認。被害者の心のケア。

❑ 健康危機管理における国際社会との連携

　国際的な健康危機に対応するために，WHO 憲章第21条に基づく「国際保健規則（International Health Regulation：IHR）」が1951年に制定された。2005年に WHO は IHR を大幅に改正した（2007年6月発効）。改正国際保健規則（IHR2005）では，従来は黄熱・コレラ・ペストの3感染症であった管理対象が，原因を問わず国際的な公衆衛生上の脅威となりうるあらゆる事象 Public Health Emergency of International Concern（PHEIC）に拡大された。緊急事態が発生した場合は，WHO が PHEIC 対策の中枢となる。各国は IHR 担当窓口 national focal point（NFP）を常時確保することになっており，日本は厚生労働省科学課が担当している。日本は「健康危機管理指針」に基づき，PHEIC 管理体制を整備している。

　○参考文献 ─────

　黒田研二・住居広士編著（2009）『人体の構造と機能及び疾病』ミネルヴァ書房.
　小橋元・近藤克則・黒田研二・千代豪昭編（2020）『学生のための医療概論（第4版）』医学書院.
　多田羅浩三・瀧澤利行（2009）『公衆衛生』放送大学教育振興会.
　神馬征峰ほか（2019）『系統看護学講座　公衆衛生』医学書院.
　医療情報科学研究所編（2019）『公衆衛生がみえる』メディックメディア.
　厚生労働統計協会編（2019）『国民衛生の動向（厚生の指標増刊）』.

■第8章■
医療・介護・福祉の連携と統合

1 地域包括ケアにおける医療の位置づけ

☐ 2025年問題

　日本は人類史上類をみない超高齢多死社会にさしかかろうとしている。高齢化社会に対する施策は，これまで2025年をキーワードに考えられてきた。2025年は，第1次ベビーブームの時期に生まれた「団塊の世代」が75歳を過ぎる年である。75歳を過ぎると要介護状態の人が急激に増え，命にかかわる病気を発症することは，第1章で論じた通りである。したがって，2025年以降には要介護状態となったり死亡する高齢者が急増することが予測される。しかし現存の病院や介護施設だけでは数が足りず，受け皿になりきれない。そこで地域で高齢者を支えるしくみづくりを行おうというのが地域包括ケアシステムのねらいである。

☐ 地域包括ケアシステムとは

　厚生労働省は，2025年を目途に，要介護状態になっても住み慣れた地域で自分らしく最期まで暮らせるよう，地域包括ケアシステムを提唱した。これは，住まい・医療・介護・予防・生活支援の一体的な提供を目指している。その実現には，地域の自主性や主体性に基づき，地域の特性を活かしながら，自治体がつくり上げるものとしている。自助・互助・共助・公助の視点からみれば，介護保険や医療保険を担う専門職は共助に相当する。

　自助・互助を考えれば，地域のつながりや社会資源の発掘と活用が重視される。つまり地域包括ケアシステムは，本人と家族の意思を尊重し，住まいや住まい方を土台に，医療・看護・介護・リハビリテーション・介護予防を一体化して，生活の支援をしようとする試みである。これを実践するには，人生の最終段階も視野に入れた縦断的な時間軸をもったソーシャルワークが重要である。

　したがって，社会福祉士，精神保健福祉士，介護支援専門員（ケアマネジャー），コミュニティ・ソーシャルワーカー，医療ソーシャルワーカー（MSW），保健師のような立場の専門職が中核を担い，多職種・多機関が連携しながら当事者中心のケアを実践することが現実的である。実際，各地域に設置された地域包括支援センターには，社会福祉士・ケアマネジャー・保健師もしくは看護師の3職種が配置され

図 8-1　病院の世紀の理論からみた21世紀の医師

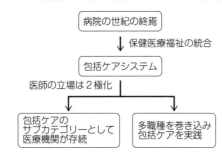

出所：猪飼周平（2010）『病院の世紀の理論』有斐閣，より筆者作成.

ている。人生の最終段階を見据えた時，日本は病院死が 8 割，在宅死が 2 割と圧倒的に病院死が多い現状がある。在宅で看取りまでできる体制を早急につくる必要があり，地域包括ケアシステムの実現に向けて在宅医療が推進されることとなった。

病院の世紀の理論

　猪飼は100年単位で医療を振り返り，20世紀の医療を「病院の世紀」[1]と名づけた。猪飼によれば，19世紀の医療は治すことができず，病院は療養の場で，現代の福祉施設に近かった。20世紀になると医学は劇的に進歩し，抗生物質の発見や外科治療の発展で治せる時代になった。医療のゴールは治癒となり，治療医学に社会的な期待が高まり，専門家の権威も高まっていった。結果として，苦痛受忍が当たり前となり，医師像は父権的なものとなる。しかし治療医学の考え方だけではしだいに立ち行かなくなり，20世紀末になると，ノーマライゼーション，リハビリテーション，緩和ケアなどの言葉が目立つようになり，ICF という概念も登場する。医療のゴールは治癒から QOL に変わっていき，つまり「病院の世紀」は終焉を迎えた。こうして21世紀は，当事者の意思を尊重し，生活課題に目を向けたケア，すなわち保健・医療・福祉が統合した包括的なケアシステムを目指すこととなる。現代はまさにその過渡期にあると猪飼は論じている。

地域包括ケアシステムにおける医療の位置づけ

　地域包括ケアシステムの構築は，医療の位置づけを徐々に変えている。医療や介護の現場では，医師の指示がないと実施できない専門的技能が多数あり，事実上，医師がリーダーシップをとり，病院の存在感は地域で確固たるものであった。しかし，地域包括ケアシステムが進むと，病院の存在感は以前ほどではなくなり，地域における社会資源の一つとしての役割を果たすことになりそうだ。

図8-1に示したように，猪飼は，包括ケアシステムを構築する過程で，医師の立場は2極化していくと論じている。ひとつは多職種を巻き込み包括ケアを実践していく医師。もうひとつは，包括ケアのサブカテゴリーとして存続する医療機関の医師という2極化である。こうした背景には，医療のゴールが治癒からQOLになったことがあげられる。このことは，これまで医師が一人で背負ってきた責任を，ソーシャルワーカーをはじめとする他の職種に分担するという意味でもある。地域包括ケアシステムに臨む専門職は心して実践しなければならない。

② 医療と介護

☐ 介護保険による新しい介護の概念と文化の創造

　介護保険は，保健・医療・福祉に新しい介護文化を創り出した。2000（平成12）年4月から，介護保険の実施により新しい介護モデルが開始された。それまでは，要介護者等は家族や，保健・医療・福祉などの各分野別に介護されてきたが，介護の社会化までには至らず，十分には介護保障はできていなかった。要介護者等の介護が家族だけでは担えなくなり，要介護者等は社会からも見捨てられ，高齢者虐待なども起こるようになり，介護が国家的課題となった。そして要介護者等の介護の社会化のための法律として介護保険法が1997年に成立したのである。

　「介護」は日本から生まれた新しい誇るべき概念である。介護保険の先駆けであるオランダやドイツや後発の韓国では，介護保険は医療保険の補完として整備された。アメリカでは，基本は民間保険である。北欧の高齢者ケアは福祉サービスの一部でしかない。医療からも，福祉からも，保健からも独立した介護モデルをもつ国は，世界で日本の他にはない。

　さまざまな人生を歩んできた人々が，たとえ介護を要する心身になっても，命のある限り尊厳をもって人生を全うしたいと思う。これは当たり前であるが，介護保険法の成立までは，家族の中だけで介護を担うしかない時代があった。要介護者となった人はその困難な介護負担を伴って，あきらめて介護を受けてきた。そのような中2000年4月から介護保険制度が開始されて，日本において保健・医療・福祉などの分野においても，新しい介護モデルによる新しい介護サービスが

提供できるようになったのである。

医療から介護の社会化

要介護者等のケアには，老化と加齢を伴うために，いくら医療で診断して治療を試みても，機能の維持が困難であったり，しだいに悪化することが多くある。病院や診療所などで治療して，要介護状態等になったら，在宅に復帰かあるいは医療機関に転院や施設入所となる。要介護者等の介護の現実を前に，医療だけでは解決できない問題がしだいに拡大した。

医療の現場では，厳しく医療費の抑制を求めるマネジドケア時代に突入した。医療法に基づく医療計画により，機能分化や病床数などで限界線が引かれ，医療の裁量の範囲がしだいに狭められてきた。医療から社会的入院をなくし，国民医療費を圧縮する手段がさまざまに構築された。医療だけでは解決できない介護が増え，しだいに介護の社会化による補完が求められるようになった。病気の診断をして治療する医療だけでは，要介護者等に対処できなくなったのである。

医療は，急性期から回復期までの「生命延長（LOL：Length of Life）」を主軸に構築される。要介護者等は，多くの病気，生活問題，社会問題を抱えており，医療だけでは支えられない。介護には年中無休で24時間365日連続の生活が基本にあり，病気と障害だけでなく介護と生活が共存しているからである。

医療と介護の協働に向けて

介護保険法の目的としては，「これらの者が尊厳を保持し，その有する能力に応じ自立した日常生活を営むことができるよう，必要な保健医療サービス及び福祉サービスに係る給付を行う」（第1条）と規定している。要介護者等に必要な介護サービスを提供するには，介護保険の目的のために，自立した生活を営むためにどのように介護サービスを活用すればいいのか。

介護を必要としている要介護者等がいかに高齢であろうと障害があろうと，いかに生活していようと，医療と介護が一体となった自立支援が望まれる。日常生活活動（ADL）や生活の質（QOL）の向上を援助するだけでなく，「尊厳のある生活（ROL：Respect of Living）」を護り介けて支援する，医療と介護が協働する必要性がますます高まる。要介護者等が人間として尊厳のある生活を保ち，医療と介護の協働により主体的に自立して生きることへの支援が目標になった。医学モデルや障害モデルだけでなく，介護モデルにも基づいた社会保障が構築

図8-2　社会保障における医療モデルと介護モデル

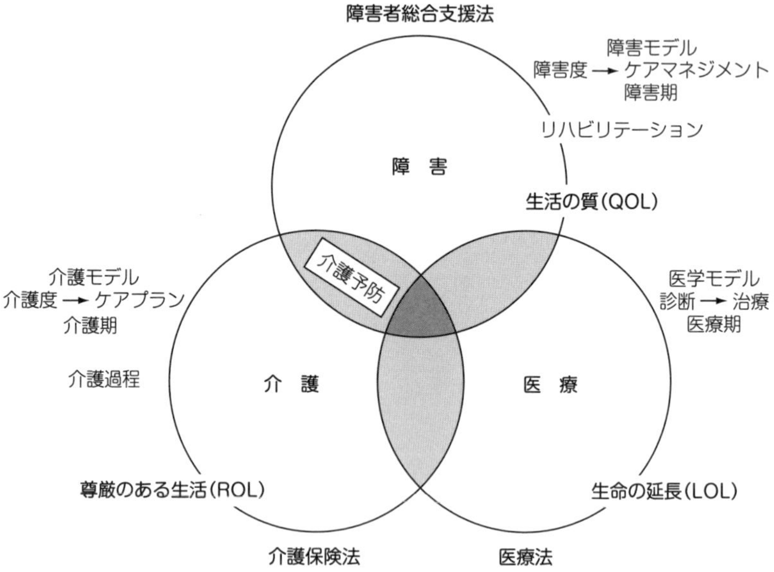

出所：黒田研二・住居広士編著（2009）『人体の構造と機能及び疾病』ミネルヴァ書房，203.

された（図8-2）。

　医療サービスは，病気の危険因子や障害の問題だけを取り扱うだけ
でなく，介護サービスは排泄，食事，入浴などの日常生活を介護する
ことだけでもない。医療と介護サービスは，日常生活の「生活の質
（QOL）」の向上による安楽の保障だけでなく，医療保険と介護保険に
基づき，対象者の個別性と多様性を認めて，尊厳のある生活に適合す
る医療モデルと介護モデルを構築する必要がある。

☐ 医療モデルと介護モデルの体系

　従来の医学モデルと障害モデルは，病気による障害を基軸に展開さ
れた。これからは，病気や障害などをもっていても尊厳のある生活を
営むための，新たな介護モデルを構築する必要がある。そのために介
護保険で構築され展開される介護モデルを体系化するには，医療と介
護との協働が必要不可欠となる。厚生労働省は2015（平成27）年1月
27日に，新オレンジプラン（認知症施策推進総合戦略）を策定した。そ
の第2-6に，介護モデル等の研究開発及びその成果の普及の推進と
初めて介護モデルが銘記された。

　医療と介護の協働には，①心身状態への援助，②日常生活活動への
援助，③心理的・社会的側面への援助，④生きがいづくりへの働きか
け，⑤保健医療福祉のネットワークづくりとチームアプローチなどが
ある。これらの医療と介護に関係する専門職は，医療と介護の目的を

相互に認識するとともに，チームアプローチで業務を遂行することが重要である。大切なことは，要介護者等の「尊厳のある生活」をいかに護り介けるのかという目標の設定が重要である。なぜなら，そうした目標の設定にこそ，要介護者等に医療と介護の本質が向かう本来の原動力となるからである。

　医療と介護のチームアプローチは，医療と介護の両方に不足していた視点である。従来は保健・医療・福祉が介護の一部を肩代わりしていたが，介護保険が介護の社会化をする時代となった。逆に介護保険によって，保健・医療・福祉から介護が失われつつある。介護には，保健・医療・福祉が十分に併用できない狭間にも，多くの要介護者等と家族が潜在している。

☐ 医療と介護保障の将来像

　介護保険により，従来の保健・医療・福祉の提供主体だけでなく，多様な事業体が介護サービスに参入した。介護保険の利用者は自己決定により，よりよいサービスを求める。さまざまな分野の担い手と医療と介護をネットワークすることで，医療モデルと介護モデルを構築する必要がある。

　医療保険と介護保険では，専門職は自らの専門性だけに固執せず，他分野との協働によるチームアプローチによる医療と介護が必要とされる。要介護者等には，いろいろな分野の専門職が協働して対応しないと，一つの分野からの対応だけでは解決に至らないことも多い。各専門職は，専門性は一つの枝葉であり，それらを協働する幹となる視点をもつことが必要である。

　近未来の医療と介護サービスでは，地域包括ケアに向けた社会保障制度改革がはじまる。個別に多様化した医療も介護サービスも財政的な安定を求めて，社会保険のこれまでの枠組みにとどまらず，適正化と総合化が導入される可能性がある。いままでは，医療も介護もそれぞれの専門性の範囲で取り組んできたが，将来は医療と介護サービスの量と質の確保だけでなく，適正化と総合化の時代となる。医療と介護モデルの開発と普及を社会的に構築して，新たな社会保障制度改革に適用する必要がある。

　医療と介護モデルを構築することによって，地域包括ケアにも医療と介護を活かすことができる。少子高齢社会から人口減少社会を迎えて，医療と介護が一体化して協働することで，医療と介護が21世紀の地域包括ケアの基軸となる。

③ 多職種連携（IPW）

❑ なぜ多職種連携が必要か

　2000年に介護保険が始まり20年が経過した。退院支援の現場では，病院の医療ソーシャルワーカー，病棟主治医，病棟看護師，薬剤師，理学療法士など，在宅側ではケアマネジャー，在宅医，訪問看護師，介護福祉士，福祉用具専門員などが一堂に会しカンファレンスを実施することが，当たり前の風景となってきた。しかし同じ病気をみても，言葉の違い，職種の違い，立場の違いから，見解やアプローチは少しずつ異なるものである。時にはコミュニケーションがとれない場合もある。これらが積み重なり，各専門職は多かれ少なかれジレンマを抱えている。地域包括ケアシステムにおいては，多職種・多機関連携が核であり，これがうまくいくか否かで，ケアの質に差がつく。その背景には，各専門職が受けてきた教育が大きくかかわっている。医療をはじめさまざまな分野で細分化と専門化が進み，最先端の技術を使えるようになったが，一方で課題も生まれたのである。

　多職種連携の発祥地であるイギリスでは，1990年代の医療過誤事件[(2)]が知られている。術後に死亡する患者が続くという事件で，政府が特別委員会を設置して調査を行った。その結果，各専門職は任務を全うしていたが，コミュニケーション不足，チームワーク不十分，リーダー不在など複合的な機能不全が原因であると報告された。教訓として，専門職の能力拡大，チームワークの構築，専門性の垣根を超えた共同学習の促進などが謳われた。

　2000年には，女児が養母に虐待を受け殺害されるという事件が起こり[(3)]，担当ソーシャルワーカーが逮捕された。公的な調査機関が介入した結果，ソーシャルサービス，ヘルスケア，警察などの連携不足が指摘された。共通言語の確立や，記録の共有方法，情報の伝達方法などを見直す必要があると報告された。こうした事件が契機となり，イギリスでは多職種連携の必要性が重視され，さまざまな専門職の教育に導入していくこととなる。

❑ 多職種連携の定義

　イギリスでは多職種が連携することを Interprofessional Work（IPW）と名づけた。Interprofessional は造語で，専門職が相互作用し

表 8-1　在宅医療にかかわる専門職と事業所

専門職	事業所
• ケアマネジャー	• 地域包括支援センター
• 訪問看護師，病院看護師	• 居宅介護支援事業所
• 医師（病院，在宅）	• 訪問看護ステーション
• 歯科医師	• 病院（病棟，地域連携室など）
• 介護福祉士・ヘルパー	• 診療所（在宅療養支援診療所）
• 医療ソーシャルワーカー	• 歯科診療所
• 薬剤師	• ヘルパーステーション
• 社会福祉士	• 調剤薬局
• 精神保健福祉士	• 障害者相談支援事業所
• 保健師	• 介護老人保健施設（老健）
• 理学療法士（PT）	• 介護老人福祉施設（特養）
• 作業療法士（OT）	• グループホーム
• 言語聴覚士（ST）	• デイサービス，デイケア
• 福祉用具専門員	• 小規模多機能型居宅介護施設
• 民生・児童委員	• サービス付き高齢者住宅
• 行政職員	• 市役所・区役所
• 警察官　　　　　　　など	• 保健所，交番　　　　　　　など

あう学習の上に成り立つ関係を意味する。IPW に相当する日本語は，多職種連携，多職種協働，専門職連携，専門職協働などがある。日本の IPW の定義は埼玉県立大学が提唱したものが知られており，「複数の領域の専門職者（住民や当事者も含む）が，それぞれの技術と知識を提供し合い，相互に作用しつつ，共通の目標の達成を患者・利用者とともに目指す協働した活動[4]」としている。IPW の実践的な能力をつけるための教育を Interprofessional Education（IPE）と呼び，日本語では多職種連携教育，専門職連携教育，多職種協働教育と呼ばれている。IPE の定義は CAIPE によるものが知られており，「複数の領域の専門職者が連携およびケアの質の改善するために，同じ場所でともに学び，お互いから学び合いながらお互いのことを学ぶこと[5]」である。

☐ 誰と，どこと連携するのか

　表 8-1 に地域包括ケアシステムで注目を浴びている在宅医療に関わる専門職と事業所を列挙した。実際はさらに多くの専門職や事業所がかかわっている。特に，介護保険にかかわる事業所は多様で，収載できなかったものも多数あるが，参考にしていただきたい。

☐ 多職種連携に必要なコンピテンシー

　IPW の実践にはどのような能力が必要であろうか。図 8-3 のように対人援助の基本となる力としてはセルフコントロール，コミュニケーション，リフレクションが必要である。セルフコントロールは自分の気持ちを整えるという意味である。リフレクションは省察のことで，

図8-3　IPW に必要なコンピテンシー

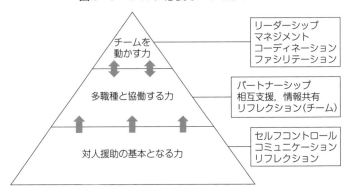

出所：埼玉県立大学編（2009）『IPW を学ぶ』中央法規出版，41の図を筆者改変.

図8-4　協同的能力としての多職種連携コンピテンシーモデル

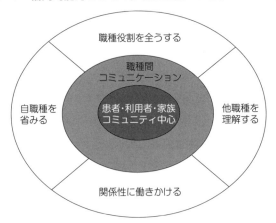

出所：多職種連携コンピテンシー開発チーム（2016）「医療法研
　　　福祉分野の多職種連携コンピテンシー」.

自分の実践を振り返ることである。多職種と協同する力としてはパートナーシップや相互支援が重要で，チームを動かすにはリーダーシップ，マネジメント，コーディネーション，**ファシリテーション**ができるメンバーがそれぞれ必要である。特にファシリテーションが重要である。**図8-4** は JAIPE と文部科学省によって組織された多職種連携コンピテンシー開発チームによる6つのドメインである。中心にある「患者・利用者・家族コミュニティ中心」と「職種間コミュニケーション」がコアとなる**コンピテンシー**で，周囲の「職種役割を全うする」「他職種を理解する」「関係性に働きかける」「自職種を省みる」の4つが中心を支えるコンピテンシーである。

➡️ **ファシリテーション**

人々の活動が容易にできるよう支援し，うまく事が運ぶよう舵取りすること。①場をつくり，つなげる。②受け止め，引き出す。③かみ合わせ，整理する。④まとめて，分かち合う，などの4つスキルを要する。

➡️ **コンピテンシー**

社会的に必要とされる個人が身につける力で，単なる知識や技術を超えた能力を意味する。

地域共生社会に向けて

☐ 多様化，複雑化する地域課題

2025年問題に続き，2040年問題が議論されるようになった。2040年は高齢化がピークに達し，若年労働者の不足が深刻となる年である。2040年に向けて，少子高齢化，多死社会，労働の劣化，人口減少，単身世帯の拡がり，格差の拡がり，コミュニティの脆弱化など日本には難しい課題が山積している。

すでに現場では，老々介護，独居，孤立死，生活困窮，認知症，成年後見，**8050問題**➡，**65歳問題**➡，**ダブルケア**➡，**ネグレクト**➡，虐待などの多様な課題が目立つようになってきた。しかも，1つの世帯に複数の課題が重なることも珍しくない。地域の課題は多様化し，複雑化している。もはや従来の縦割り制度では，これらの課題を解決できない現実を突きつけられている。

☐ 地域共生社会

このような現状をふまえ，2016年に閣議決定された「ニッポン一億総活躍プラン」の中で地域共生社会の実現が謳われた。地域共生社会とは，「制度・分野ごとの『縦割り』や『支え手』『受け手』という関係を越えて，地域住民や地域の多様な主体が『我が事』として参画し，人と人，人と資源が分野を超えて『丸ごと』つながることで，住民一人ひとりの生きがい，地域をともにつくっていく社会」とされている。すなわち，複雑化する地域課題に対し，制度や分野の垣根をとっぱらい，支援者と当事者の関係性をとっぱらい，丸ごと受け止め包括的な支援を目指すものである。地域共生社会は，地域包括ケアシステムを包み込む大きな概念である。

21世紀に入り，時代は地域包括ケアシステム，地域共生社会へと移行しているが，これらの考え方は決して新しいものではない。1978年のアルマ・アタ宣言で発表されたプライマリヘルスケア（PHC）（本書第7章第3節参照），同じ年にアメリカで発せられた**プライマリケア**➡と重なる部分が多い。PHCやPCは現在もなお地域医療を担う医師の行動指針であり，病院の世紀の理論でいえば「多職種を巻き込み，包括ケアを実践していく医師」に相当する。

➡ **8050問題**
80代の親と50代の自立できない事情のある子を指し，こうした親子が社会から孤立する問題。具体的には50代の子が引きこもりとなり，80代の親が要介護で生活困窮などの複合的課題を抱えた状況。

➡ **65歳問題**
障害者総合支援法による障害福祉サービスを受けてきた障害者が65歳になると，介護保険が優位となり，サービス量が減ったり自己負担額が増加する問題。

➡ **ダブルケア**
子育てと親等の介護を同時に担うこと。

➡ **ネグレクト**
子ども，障害者，高齢者などに対し，その保護，世話，療育，介護などを怠り放任する行為を指す。

➡ **プライマリケア**
アルマ・アタ宣言の4か月前に米国医学研究所（Institute of Medicine）から発表された医療の概念。近接性（accessibility），包括性（comprehensiveness），協調性（coordination），継続性（continuity），責任制（accountability）の5つを特徴とした医療のあり方。地域医療，家庭医療，総合医療などと同義語であり，5つの特徴 ACCCA は，かかりつけ医，家庭医，総合医などの基本的な行動指針を示したもの。

●注 ─────

(1) 猪飼周平（2010）『病院の世紀の理論』有斐閣.

(2) イギリスのブリストル王立病院医療過誤事件のこと。1988年から1995年に心臓外科手術を受けた児の死亡率が高いことが発覚し，1998年に政府に特別委員会が設置され調査が行われた。

(3) ヴィクトリア事件のこと。8歳の女児が親戚の養母から虐待の末，殺害された事件。自治体ソーシャルサービス機関4つ，在宅サービス機関3つ，病院2つ，警察署の児童保護チーム2つ，児童虐待防止チャリティ組織がかかわっていたが最悪の結果となった。逮捕された担当ソーシャルワーカーは保釈後も児童関係の職につけない処分を受けた。

(4) 埼玉県立大学では，IPWと共生社会を教育の目標として掲げており，日本のIPEに大きく貢献している。

(5) CAIPE：Center for Advancement of Interprofessional Education（英国専門職連携教育センター）

(6) JAIPE：Japan Association for Interprofessional Education（日本保健医療福祉連携教育学会）

●参考文献 ─────

第1節

厚生労働省「地域包括ケアシステム」（https://www.mhlw.go.jp/stf/seisakunitsuite/bunya/hukushi_kaigo/kaigo_koureisha/chiiki-houkatsu/）（2020. 4. 2）.

葛西龍樹（2018）「プライマリ・ヘルス・ケアとプライマリ・ケア──家庭医・総合診療医の視点」『国際保健医療』33(2)，79-92.

第2節

日本医療ソーシャルワーク研究会（2020）『医療福祉総合ガイドブック2020年版』医学書院.

黒田研二・住居広士編著（2009）『人体の構造と機能及び疾病』ミネルヴァ書房.

住居広士編（2004）『医療介護とは何か──医療と介護の共同保険時代』金原出版.

住居広士（1998）『介護モデルの理論と実践』大学教育出版.

住居広士（2007）『介護保険における介護サービスの標準化と専門性』大学教育出版.

厚生労働省（2015）「認知症施策推進総合戦略（新オレンジプラン）～認知症高齢者等にやさしい地域づくりに向けて～」.

■終 章■
これからの医療と
ソーシャルワーカー

☐ 地域共生社会とソーシャルワーク

厚生労働省の社会保障審議会福祉部会福祉人材確保専門委員会は2018年に「ソーシャルワーク専門職である社会福祉士に求められる役割等について」と題した報告書を発表した。

報告書によると，社会福祉士の就労先は高齢者福祉関係（43.7％），障害福祉関係（17.3％），地域福祉関係（7.4％），児童・母子関係（4.8％），行政相談所（3.4％）に分布し，高齢者支援，障害者支援，子ども・子育て支援，生活困窮者支援など幅広い分野で活躍をしていることがわかった。教育や司法などの分野でも期待され，スクールソーシャルワーカーとして，あるいは矯正施設の専門職として社会福祉士が配置される傾向にある。

少子高齢化の進展や社会状況の変化に伴い，地域の課題は多様化し，かつ複雑化してきている。従来の制度ではもはや対応できない困難事例が増加し，現場を悩ませている。具体的には，老々介護，独居，生活困窮，ごみ屋敷，8050問題，65歳問題，認知症，成年後見，ダブルケア，虐待，ネグレクト，医療ケア児，ハラスメント，性的マイノリティ，外国人，引きこもり，不登校，いじめ等々である。一世帯にこれらの課題が集中している場合も珍しくない。

このように複合化あるいは複雑化した課題に対して，当該地域のさまざまな専門職と機関が受け止め支援することになるが，それだけでは十分とはいえず，民生委員，自治会，近隣住民などの協力を得て対応することもある。時には**アウトリーチ**を求められることもあろう。ここでいうさまざまな機関とは，福祉と介護だけでなく，医療，保健，行政，就労，住まい，司法，教育，警察など多分野の機関を指す。介護支援専門員（ケアマネジャー）は，介護保険に特化した課題であればエキスパートであるが，多分野にまたがり多制度を横断的に理解し活用できるかというと難しく，そのような専門職はソーシャルワーカーしかいない。すなわち，これからの時代には，ソーシャルワーク機能がより一層重要であることが指摘されている。

実際に，ソーシャルワーカーが中心となり，地域住民等と協働して地域のニーズを把握し，多職種多機関との連携を図りながら問題解決に取組む。そして必要な支援をコーディネートし，住民の主体的活動を支援する。このような事例を同報告書は地域共生社会の実現に向けた取組みと紹介している。ソーシャルワーク機能を発揮する人材であるソーシャルワーカーが活躍することで地域づくりの推進が図られると説明されており，国は地域共生社会の中核を担う専門職としてソーシャルワーカーに期待を寄せている。

➡アウトリーチ
手をさしのべるという意味で，積極的に当事者のいる場所に出向いて働きかけること。

☐ 実践的なソーシャルワーカー教育を目指して

　同報告書を受けて，今回10年ぶりに社会福祉士養成カリキュラムの見直しが成された。筆者は厚生労働省の「社会福祉士養成課程における教育内容等の見直しに関する作業チーム」の一員として末席ながらこの作業に参加した。簡単にいえば，地域共生社会に向けて，ソーシャルワーク機能を発揮できる社会福祉士養成を目指したカリキュラム改訂となった。特に，実践能力を獲得できるような内容に改訂するという目標が掲げられたことを記しておく。

　前回の改訂時に使用された「相談援助」という用語は，「ソーシャルワーク」という社会福祉士の核となる本来の用語に戻された。地域包括ケアシステムや地域共生社会の概念が広まるとともに，現場では他の専門職もソーシャルワークという言葉を頻繁に使うようになり，この用語の知名度が上がったという背景にも後押しされた。2019年6月に新カリキュラムが公表され，本書もこれに合わせて刊行される運びとなった。

　科目名は「人体の構造と機能及び疾病」から「医学概論」に変更となった。大学での履修形態は，これまで3科目から1科目選択する科目群に含められていたが，「医学概論」は必修科目になった。医療との連携が，福祉の幅広い分野で重要視されたからに他ならない。本書はこれまでもソーシャルワーク実践を意識して綴られていたが，さらに実践的な内容を目指す作業となった。その作業を振り返ることが医学概論で習得すべきポイントを示すこととなるので，新カリキュラムとあわせて記述していく。

　第1章では，身体の成長と老化について，ライフステージという縦断的な視点，すなわち時間軸を強調し，保健・医療・福祉・介護のかかわりを理解してもらうよう工夫した。学習者に人生100年という長いスパンで考えてもらいたいからだ。プライマリケアには「ゆりかごから墓場まで」という継続して当事者にかかわるという意味の言葉がある。医療職も福祉職も根っこは同じで，長い目で当事者を見つめる眼差しが大事だということである。

　第2章では，従来の健康の概念に加え，疾病・病気の概念について書かれている。健康の概念では，住民が自主的な健康増進に取り組むよう働きかけることが専門職の役割であると強調している。疾病と病気については，医療職がみた客観的な「疾病」と，患者側の思いがつまった主観的な「病」という見方の解離を明らかにし，さまざまな実践的アプローチの説明がなされている。

　第3章の前半は大きな変化はなく，他章のボリュームが増えたため

若干内容を整理した。症候学（症状に関する内容）についてきちんとページを設けている教科書はほとんどないが，本書は前版より記されており貴重な一冊であった。新カリキュラムにはない項目であるが，現場にかかわる専門職に知っておいてほしい内容である。基本的には前版を踏襲しているが，今回はここに救急医学的な内容を散りばめている。救急医学については次章に含めたかったが，紙面の関係上，こちらに移した。

　第4章は一番ボリュームを割いた章である。日常的にかかわる疾病，福祉や介護の現場にかかわる疾病を紙面の許す限り紹介した。新カリキュラムでは，各疾病の予防，治療，リハビリテーションも含めることを定めており，各疾患についてそのような構成となっている。個々の疾患について治療やリハビリテーションまで知ることは，ソーシャルワークの見通しを立てる上で有用で，当事者からの信頼を得ることにもつながる。疾患の理解については，第2章の解剖，第5章の障害と関連づけながら学習してほしい。病気の発生原因や成立機序など，新カリキュラムで新たに加わった病理学の基本についてもここでふれている。第4章の最後には今日的トピックとして，医療的ケア，嚥下障害，褥瘡，緩和ケア，薬の知識，災害医療についてふれた。特に，緩和ケアでは死のプロセスを紹介し，ACPやグリーフケアも含めて紹介している。新カリキュラムでは，終末期医療や災害医療を「保健医療と福祉」の科目で学ぶこととなったが，医療者が伝えなければならない部分もあり，その点に特化した記述となっている。トリアージもそのひとつである。災害医療は第7章の公衆衛生でさらに詳しく説明されており，医療と福祉が共に考えねばならない重要課題であることを知ってほしい。前版では疾病と障害が同じ章に書かれていたが，今回は分離して，第5章に障害に特化した章を設けた。

　第5章では，DSMが19年ぶりに「Ⅳ」から「5」に改訂されたことが重要で，精神疾患の考え方が大きく変わった。これまで現場で使われていた疾患名はいくつかなくなり，スペクトラムという新しい概念に統合された。たとえばアスペルガー症候群という疾患名はDSM 5には存在しない。このようなこともあって，話はもどるが，第4章では児童精神科医に執筆をお願いした。第5章のもう一つのハイライトは認知症であろう。オレンジプラン，新オレンジプラン，大綱と日本の認知症施策をしっかり理解することが地域共生社会の実現とリンクするからである。

　第6章ではリハビリテーションとICFについて整理した。リハビリテーションはいまや医学の枠を超え，介護，障害，生活，教育，就労

などさまざまな分野に発展しており，それらも含めて基本から説明している。特に現代のリハビリテーションにおける最重要課題は，介護予防に関するさまざまな状態である。廃用症候群，フレイル，サルコペニア，ロコモティブ・シンドロームを指し，それらを整理した。ICF は，その概念が福祉分野に浸透しているものの，世界共通言語であるコーディングのことや，事例からの理解が十分ではなく，それらを本版で加えた。

　第7章は公衆衛生について整理している。もう一人の編者の黒田の専門分野でもあり，ここまで広く，かつ詳しくまとめられたソーシャルワーカー養成の教科書はない。第2章と一部重なるが，各種保健の概要に加え，健康の社会的決定要因，健康格差，新型コロナウイルスを含めた感染症対策，災害医療，健康危機管理など今日的トピックを交えて論じられている。

　第8章は，地域包括ケア，病院の世紀の理論，地域共生社会をふまえ，多職種連携（IPW）の重要性を論じた。多職種連携（IPW）の実践には多職種連携教育（IPE）が重要であり，卒前教育での他学部の学生との共同学習は魅力的なプログラムであるが，残念ながら，カリキュラム化に至らなかった。しかし，看護学部や医学部では IPE が進んでおり，他大学・他学部との共同学習が積極的に行われはじめている。学生時代から専門職の卵同士が理解を深めることは，対等な関係を築きながら互いに成長し，社会人になった時に円滑にパートナーシップを組めるという IPE のねらいがある。つなげることについては，どの職種よりもソーシャルワーカーが得意とするところであるが，看護学部や医学部の取組みを知ると，危惧せざるを得ない。学生時代に他学部との共同学習の機会があれば，積極的に参加していただきたい。

▢ これからの医療とソーシャルワーカー

　医学モデルと社会モデルという考え方がある。このような対立概念で医療者を見つめるのは，もはや**ステレオタイプ**[▸]の福祉職かもしれない。介護保険ができてから20年が経過し，地域包括ケアシステムという言葉が自治体や地区医師会でも当たり前のように語られる時代となった。地域医療，在宅医療，高齢者医療，緩和ケア，リハビリテーションにかかわる医師たちは，病気だけでなく，多角的な視点で生活環境を考え，QOL の向上を目標に，思考し行動している。リハビリテーション以外ではあまり語られなかった ICF が，地域医療の分野で再認識され，生活モデルなどと称されている。

　Quality of Death（QOD）という言葉が緩和医学の分野では国際的

▸ステレオタイプ
ものの見方や態度が型にはまって固定的であること。

235

に使われている。その人らしく生きることを支える，など尊厳を大事にする医師や看護師も多くなってきた。これまで福祉職が論じてきたことを，医療職たちが日常の実践で行っているのだ。医療職と福祉職の間で考え方の隔たりがなくなってきている。一方で，従来のように医学モデルを前面に出しながら診療する専門医もいる。病院の世紀の理論が予想したように，医療者は2極化しはじめている。前者の医療者達は多職種連携（IPW）を実践し，ソーシャルワーカーに容易に近づいてくる。福祉系の学校で学んだことと異なる現象が現場で起きはじめている。すなわち，医療職はみな，医学モデルであると決めつけずに，ニュートラルな気持ちで医療職と付き合っていただきたい。

　この30年は災害の時代ともいわれる。日本では阪神大震災，東日本大震災，豪雨や台風被害にみまわれ，そして今，新型コロナウイルスの非常事態宣言の真っ只中にある。こういった災害時に医療職の多くがボランティアを行うようになってきた。医療も福祉も根っこは一緒で，困っている人を助けたいという気持ちの上に成り立っている。災害医療の発展とともに災害ソーシャルワークという新たな分野も確立されており，2025／2040年問題とはまた別の意味で協働すべき課題であろう。

　多職種連携が進むということは，当事者の状況に応じて，どの職種もリーダーシップをとれる準備をして臨むということである。それは今まで医師が背負ってきた責任という重荷を他の職種に分配することを意味している。都会に行けば行くほど医療機関の機能や役割が分化している。かかわる医療機関がその地域ではどのような位置づけなのか，どのような役割なのかをメゾの視点から把握し，一方でソーシャルワーカーの専門性とは何かを常に自問しながら，目の前の困っている人のためにできることを全うしてほしい。ソーシャルワーカーにしかできない仕事を全うすることで，他の職種からの信頼も寄せられる。混迷するこれからの時代にソーシャルワーカーは求められている。

　筆者は地域医療を専門とする医師である。本書で学んだソーシャルワーカーと多職種連携を実践できる日を夢見ている。

❍**参考文献** ————

社会保障審議会福祉部会福祉人材確保専門委員会（2018）『ソーシャルワーク
　専門職である社会福祉士に求められる役割等について』（https://www.
　mhlw.go.jp/stf/shingi2/0000199561.html）（2020. 4. 7）.
社会・援護局福祉基盤課福祉人材確保対策室（2019）『社会福祉士養成課程に
　おける教育内容等の見直しについて』（https://www.mhlw.go.jp/stf/
　seisakunitsuite/bunya/hukushi_kaigo/seikatsuhogo/shakai-kaigo-yousei/
　index_00012.html）（2020. 4. 10）.

さくいん

ページ数太字は用語解説で説明されているもの。

◆ あ 行 ◆

医学概論　i
愛着（アタッチメント）　15
アウトリーチ　**232**
悪性関節リウマチ　109
悪性腫瘍　98-102
悪性新生物　→がん
悪性リンパ腫　97
アクティブエイジング　198
アスペルガー症候群　146
アドヒアランス　**160**
アナフィラキシーショック　**70**
アニサキス　**103**
アルコール依存症　122
アルツハイマー病（アルツハイマー
　　型認知症）　150
アルマ・アタ宣言　34, 187
胃潰瘍　84, 85
医学　2
医学的リハビリテーション　157
胃がん　85, 101
医師　4, 158
　　──の指示の下　5
胃食道逆流現象　18
一次予防　4, 33
一類感染症　190
1級症状（統合失調症）　**117**
一般健康診断　214
溢流性尿失禁　65
遺伝性疾患　113
意味記憶　20
医療　2
医療ソーシャルワーカー（MSW）
　　4
医療的ケア　127
医療保護入院　**203**
医療用麻薬（オピオイド）　101
インスリン　131
インスリン注射　127
陰性症状（統合失調症）　119
咽頭　50
咽頭蓋　50
院内感染　104
インフルエンザ　102, 103
ウイルス肝炎　104
ウイルス性胃腸炎（ノロウイルス，
　　ロタウイルス）　103

ウィンスロー（Winslow, C-E. A.）
　　182
ウェクスラー系知能検査　16
ウェルビーイング　2, 7, **182**
うつ　22
うつ病　21
うつ病治療ガイドライン　121
運動器リハビリテーション　161
運動症群　124
エアマット　128
永久歯　14
疫学　**186**
液性免疫　**71**
エストロゲン　**109**
エピソード記憶　20
嚥下障害　84
炎症　**71**
炎症細胞　**71**
遠城寺式乳幼児分析的発達検査表
　　15
エンド・オブ・ライフケア　**2**
追いかけ反射　12
応急入院　**203**
応能負担　**203**
オタワ憲章　4, 35, 188
オレンジプラン　→認知症施策推進
　　5か年計画
音声機能の障害　139

◆ か 行 ◆

外因　**68**
介護　222
介護支援専門員（ケアマネジャー）
　　200
介護認定　199
介護福祉士　**5**
介護保険制度　199
介護保険による給付サービス　200
介護モデル　223, 224
疥癬　104
カウプ指数　**14**
化学療法　100
過換気症候群　**64**
蝸牛神経（聴神経）　60
学習障害（LD）　147
喀痰吸引　127
学童期　10, 13, 14, 23
下肢　44

片麻痺　**66**
喀血　66
学校環境衛生の基準　209
学校において予防すべき感染症
　　210
学校保健　208
学校保健組織活動　211
学校保健統計　210
学校保健法　208
活動（ICF）　134, 176
活動制限（ICF）　134
加齢黄斑変性症　106
加齢性難聴（老人性難聴）　18, 107
過労死　**215**
がん（悪性新生物）　198
肝炎　86, 87
感音性難聴　107, 137
がん患者リハビリテーション　162
環境因子（ICF）　176
管腔臓器　**52**
肝硬変　86, 87
看護師　4, 158
冠状面　44
関節可動域　164
関節拘縮　164
関節リウマチ　109
感染症　102
感染症の予防及び感染症の患者に対
　　する医療に関する法律（感染症
　　法）　189
感染症類型　189, 190
乾皮症　19
緩和医療　129
緩和ケア　101, 129
気管支喘息　81
義肢装具士（PO）　159
器質性精神障害　144
喫煙　74
吃音症　139
機能・形態障害（Impairment）
　　（ICIDH）　134, 174
機能障害・構造障害（ICF）　134
機能性尿失禁　66
きのこ毒　**103**
気分障害　120-122
逆流性食道炎　84, 85
客観的健康　31
ギャンブル障害　**122**

238

急性アルコール中毒　122
急性心筋梗塞　76
吸啜反射　12
球麻痺　**94**
キューブラー＝ロス（Kübler-Ross,
　E.）　168
教育的リハビリテーション（療育）
　157
狭心症　76
胸痛　63
居宅サービス（介護保険）　200
ギランバレー症候群　95
筋萎縮（筋力低下）　163
筋萎縮性側索硬化症（ALS）　65, 94,
　141
近遠方向　**11**
筋緊張性頭痛　**63**
筋固縮　**92**
空気感染　**102**
クスマウル（Kussmaul）大呼吸
　88
クッシング症候群　**108**
くも膜下出血　63, 80
クライエント中心　6
グリーフケア　**129**
クレペリン（Kraepelin, E.）　116
経管栄養　127
経口感染　**102**
軽度知的発達症　125
軽度認知機能障害（MCI）　**25**
経皮酸素飽和度（SPO₂）　45, **83**
ゲーム障害　122
血圧（BP）　45, 49
血液疾患　96-98
血液透析　89, 90, 141
血液や体液を介する感染　**102**
結核　**102**
血管性認知症　150
血行性転移　71
血漿　47
結晶性知能　20
血小板　48
結節性硬化症　149
血栓　**70**
限局性学習症　**124**
健康　2, 30
健康格差　187
健康危機管理　217
健康危機管理基本指針　217
健康生成モデル（健康生成論）　33
健康増進計画　37
健康増進法　37, 75, 188, 196

健康づくりのための運動指針　196
健康づくりのための休養指針　196
健康づくりのための睡眠指針　196
健康日本21　→第3次国民健康づく
　り対策
言語機能の障害　139
言語障害　139
言語聴覚士（ST）　139, 159
原始反射　12, 13
交感神経　55
後期高齢者　17
高血圧　**73**
膠原病　110
虹彩　60
高次脳機能　20
高次脳機能障害　139, 144, 145
公衆衛生　4
　——の実施体制　183
　——の定義　182
喉頭　50
広汎性発達障害（PDD）　146
高齢期　25
誤嚥性（・沈下性）肺炎　50, 82,
　165
呼吸器　51
呼吸器疾患　81-83
呼吸器リハビリテーション　161
呼吸困難　64
呼吸数（RR）　45
呼吸不全　141
国際疾病分類　→ICD
国際人権規約（A規約）　187
国際生活機能分類　→ICF
国際労働機関（ILO）　212
国民健康・栄養調査　196
後縦靱帯骨化症　111
個人因子（ICF）　177
骨髄　57
骨粗鬆症（骨萎縮）　18, 108, 164
骨瑞融合　14
骨年齢　14
骨密度　**108**
コミュニケーション症群　124
五類感染症　190
混合性難聴　137
コンシューマー・オリエンティッド
　33, 34
コンピテンシー　**228**

◆ さ 行 ◆

災害　215
災害医療　131

災害時健康危機管理支援チーム
　（DHEAT）　**216**
災害時要援護者　217
　——の避難支援ガイドライン
　217
災害対策基本法　215
災害派遣医療チーム（DMAT）
　131, 216
災害派遣精神医療チーム（DPAT）
　216
最高血圧（収縮期血圧）　49
在宅酸素療法　78
最低血圧（拡張期血圧）　49
細胞性免疫　71
作業環境管理　212
作業療法士（OT）　4, 159
サリドマイド　**22**, 114
サルコペニア　18, **157**, 163
サルモネラ菌　**103**
参加（ICF）　134, 176
参加制約（ICF）　134
産業保健　211
三次予防　4, 33
酸素療法　127
三半規管　60
三類感染症　190
歯科医師　158
視覚障害　137
　——の等級　138
事業場における労働者の健康保持増
　進のための指針（トータルヘル
　スプロモーション（THP）指
　針）　214
自己免疫疾患　71, 110
自殺　**121**
四肢麻痺　**66**
脂質異常症　**73**
思春期　10, 14, 24
矢状面　44
支持療法　101
姿勢反射　12, 13
姿勢反射障害　**92**
施設サービス（介護保険）　200
肢体不自由　140
私宅監置　202
市町村母子保健計画　193
失語症　139
実質性臓器　**53**
疾病　**30**
疾病生成モデル（疾病生成論）　32
指定感染症　190
視能訓練　162

死の受容　**129**
自閉スペクトラム症（ASD）　23, 124, 125, 147
嗜癖行動障害　122
社会関係資本（ソーシャルキャピタル）　**186**
社会的苦痛（緩和ケア）　129
社会的不利（Handicap）（ICIDH）　134, 174
社会的リハビリテーション　157
社会福祉士　5, 159
社会保険　**182**
社会保障　**182**
弱視　137
視野障害　137
就学時健康診断　210
周産期　115
集団コミュニケーション療法　163
終末期医療　129
主観的健康　31
手掌把握反射　12
受動喫煙　**186**, 197
循環機能低下（体力低下）　164
障害　134
　　——の受容過程　168-171
障害者総合支援法　→障害者の日常生活及び社会生活を総合的に支援するための法律
障害者の定義（障害者基本法）　136
障害者の定義（障害者総合支援法）　136
障害者の日常生活及び社会生活を総合的に支援するための法律（障害者総合支援法）　203
障害児（者）リハビリテーション　162
障害老人の日常生活自立度（寝たきり度）判定基準　27
消化器　84
消化器疾患　84-87
上行性感染　**90**
上肢　44
常染色体優性遺伝　**113**
常染色体劣性遺伝　**113**
小泉門　13
状態像　**117**
小児慢性特定疾患治療研究事業　194
小脳　55
食育基本法　196, 208
職業性疾病（職業病）　213
職業的リハビリテーション　157

褥瘡　128
食中毒　103
職場の安全衛生管理　213
初語　15
ショック　46
自立支援医療　206
　　——（育成医療）　207
　　——（更生医療）　207
　　——（精神通院医療）　207
自律神経　56
視力障害　137
新オレンジプラン　→認知症施策推進総合戦略
新型インフルエンザ等感染症　190
新型コロナウイルス　105
新感染症　190
心筋梗塞　63
心筋症　76, 77
神経疾患　92-95
神経発達症（発達障害）　124
人工呼吸　141
人工呼吸器　**83**
進行性筋ジストロフィー症　**113**
進行性病変　72
人工透析　89
人工妊娠中絶　195
心疾患　75-78
心身機能・身体構造（ICF）　134, 176
新生児期　10
新生児集中治療管理室（NICU）　194
新生児マススクリーニング事業　**113**
振戦　92
心臓機能障害　140
心臓弁膜症　75, 76
心大血管疾患リハビリテーション　161
身体障害　137
身体障害者の定義（身体障害者福祉法）　135
身体的苦痛（緩和ケア）　129
診断・統計マニュアル（DSM）　→『精神疾患の診断・統計マニュアル』（DSM）
心拍数　49
心不全　77
心房細動　75, 76
診療ガイドライン　**119**
診療の補助行為　5
随意筋　58

水平面（軸位面）　44
スクリーニング　**22**
健やか親子21（21世紀初頭における母子保健の国民運動計画）　193
頭痛　63
ステレオタイプ　**235**
ストーマ　127
スピリチュアル　31, 32
スピリチュアルペイン　129, 130
生活困難　3
生活支援　5
生活習慣病　24, 73-75, **186**
生活習慣病予防対策　197
生活の質　→ QOL
晴眼　137
脆弱X症候群　148
精神依存と身体依存　**122**
精神医療審査会　202
精神衛生法　202
精神科病院入院患者の処遇の原則　204
精神作用物質による精神・行動異常　122
精神疾患　142
『精神疾患の診断・統計マニュアル』（DSM）　117, 142
精神障害　142
　　——の分類　118
精神障害者の数　203
精神障害者の定義（精神保健及び精神障害者福祉に関する法律）　135
精神障害者保健福祉手帳　143, **202**
　　——の交付の対象となる精神障害　144
　　——の障害等級の判定基準　144
精神的苦痛（緩和ケア）　129
成人病　195
精神病床数　203
精神保健及び精神障害者福祉に関する法律（精神保健福祉法）　202
　　——第5条　143
精神保健指定医　**204**
精神保健指定医制度　202
精神保健福祉士　159
精神保健福祉士法　→精神保健及び精神障害者福祉に関する法律
精神保健福祉センター　144
精神保健法　202
正中面　44
成長　**10**
成長スパート　14

青年期　24
生物医学モデル　32
生物学的製剤　109
生物心理社会モデル　32
生命予後　**63**
世界保健機関（WHO）　**30**
　　──の健康の定義　31
脊髄　56
脊髄小脳変性症　93
脊髄神経　**57**
脊柱管　**111**
脊柱管狭窄症　111
脊髄線　57
赤血球　47
接触感染　**102**
摂食機能療法　162
切迫性尿失禁　65
背反射　12
セルフコントロール　227
前期高齢者　17, 25
染色体異常症　114
全人的健康モデル（ホリスティッ
　　ク・ヘルス・モデル）　32
前庭神経　60
先天奇形　113
先天性疾患　112-115
先天性代謝異常スクリーニング検査
　　193
前頭側頭型認知症　150, 151
前頭面　44
せん妄　21, 22
全盲　137
前立腺肥大　91
躁うつ病　116
双極性障害および関連障害群　120
双極性障害治療ガイドライン　121
造血幹細胞　**96**
総合周産期母子医療センター　194
壮年期　24
ソーシャルキャピタル　→社会関係
　　資本
ソーシャルネットワーク　39, 40
ソーシャルワーカー　3, 4, 233
「ソーシャルワーク専門職である社
　　会福祉士に求められる役割等に
　　ついて」　232
塞栓　**70**
足底把握反　12
粗大運動　12
措置入院　**203**
その他の内部障害（身体障害）　141

◆　た　行　◆

第1次国民健康づくり対策　37, 188
第2次国民健康づくり対策（アクティ
　　ブ80ヘルスプラン）　37, 188
第3次国民健康づくり対策（21世紀
　　における国民健康づくり運動
　　（健康日本21））　37, 38, 75, 188,
　　193
第一次性徴　14
体位変換　**128**
体温（BT）　45
体幹　44
退行性病変　72
体肢　44
体循環　48, 49
胎生期　10, 11, 23
胎生期障害　114
体性神経　56
大泉門　13
大腿骨近位部骨折　111
大腸がん　101
大動脈解離　63
第二次性徴　14, 24
大脳皮質　55, 56
ダウン症候群　148
多職種連携（IPW）　226, 227, 236
　　──に必要なコンピテンシー
　　228
多職種連携コンピテンシーモデル
　　228
立ち直り反射　12
脱髄性疾患　**95**
他の神経発達症　124
多発性硬化症　95
多発性骨髄腫　98
ダブルケア　**229**
短期記憶　20
胆嚢炎・胆石症　87
単麻痺　**66**
地域支援事業　199
地域包括ケアシステム　37, 155, 220
地域包括支援センター　220
地域包括支援体制　**2**
地域保健法　184
地域密着型サービス（介護保険）
　　200
チームアプローチ　5, 6
知的障害　147
知的障害者更生相談所　149
知的能力障害　124
知的能力障害群　124

知的発達障害（ICD-11）　148
知能指数（IQ）　15
注意欠如多動症（ADHD）　124, 126,
　　147
中心静脈栄養　127
中枢神経系　55, 56
中途失聴者　137
聴覚障害者　137
聴覚障害の等級　139
聴覚または平衡機能の障害　137
長期記憶　20
超高齢者　17
陳述記憶　20
対麻痺　**66**
定位反射　12
伝音性難聴　137
盗汗　97
動悸　64
瞳孔　60
統合失調症　116, 117
　　──の基本症状4つのA　**117**
導尿　127
糖尿病　**73**, 106
糖尿病性網膜症　106
登はん性起立　**114**
頭尾方向　**11**
特定疾病（介護保険）　25
特定妊婦　**22**
吐血　66
突発性難聴　65
ドライスキン　19
トリアージ　131

◆　な　行　◆

内因　**68**
内因精神病　116
内分泌腺から出る主なホルモン　59
難聴者　137
難病患者リハビリテーション　162
難病の患者に対する医療等に関する
　　法律（難病法）　205
二次的な社会的不利益　138
21世紀における国民健康づくり運動
　　→第3次国民健康づくり対策
21世紀初頭における母子保健の国民
　　運動計画　→健やか親子21
二次予防　4, 33
日本版デンバー式発達スクリーニン
　　グ検査改訂版（JDDST-R）　**15**
乳歯　13
乳児期　10
乳幼児突然死症候群（SIDS）　**23**

乳幼児期 **23**
尿失禁 65
尿閉 **92**
尿路感染症 90, 91
尿路結石 91
二類感染症 190
任意入院 **203**
認知症 21, 149-152
　　——の説明（介護保険法） 149
　　——の分類 150
　　——の有病率 151
認知症患者リハビリテーション
　　162
認知症高齢者の日常生活自立度 26,
　　27
認知症施策推進5か年計画（オレン
　　ジプラン） 201
認知症施策推進総合戦略（新オレン
　　ジプラン） 201
ネグレクト **229**
脳幹 55
脳血管疾患 78-81
脳血管疾患等リハビリテーション
　　161
脳梗塞 79
脳出血 63, 80
脳性麻痺（CP） 115
脳卒中 78
脳変性疾患 150
能力障害（ICIDH） 134
ノーマライゼーション **154**
ノロウイルス **103**

◆ は 行 ◆

パーキンソン症候群 93
パーキンソン病 92
肺炎 82
肺炎球菌ワクチン 83
媒介動物による感染 **102**
肺がん 82, 101
肺気腫 81
敗血症 **70**
肺循環 48, 49
バイタルサイン **45**
梅毒 **102**
肺胞 51
肺門 **101**
廃用症候群 **163**
　　——の予防 166
廃用症候群関連 19
廃用症候群リハビリテーション
　　161, 163-166

白内障 18, 60, 105
播種 **71**
パターナリズム **34**
8050問題 **229**
白血球 47, 96
発達 **10**
発達障害 124, 146
　　——の定義（発達障害者支援法）
　　135, 146
発達障害者支援法 146
　　——第2条 146
発熱 65
パラシュート反射 12
伴性劣性遺伝病 **113**
パンデミック **105**
鼻腔 50
微細運動 13
微小妄想 **121**
非対称性緊張性頸反射 12
非陳述記憶 20
ピック症 151
泌尿器 53
泌尿器系 54
非物質関連障害 122
飛沫感染 **102**
肥満度 **14**
病気行動 39
病原性大腸菌 **103**
病人役割 40
日和見感染 **104**
びらん **128**
貧血 96
ファシリテーション **228**
不安性障害 **64**
フィードバック調節系 59
フェニルケトン尿症 148
腹圧性尿失禁 65
副交感神経 55
腹痛 64
ふぐ毒 **103**
腹膜透析 89, 90, 141
不随意筋 58
不整脈 76
物質関連障害 122
不妊手術 195
プライマリケア（PC） **229**
プライマリヘルスケア（PHC） 34,
　　35, 187, 188
不慮の事故 23
フレイル 128, **157**
フロイト（Freud, S.） 116
ブローカ野 55

プロバイダー・オリエンティッド
　　33
ヘモグロビン 47
ヘルスプロモーション 2, 34-36,
　　188
変形性関節症 110
偏差知能指数（DIQ） 16
片頭痛 **63**
膀胱または直腸の機能障害 141
房室ブロック 76
放射線療法 100
ホーエン - ヤール（Hohen-Yahr）
　　重症度分類 92
ホームヘルパー **5**
保健行動 39
保健師 4, 158
保健所 184
　　——の業務 184
歩行反射 12
母子（垂直）感染 102, 193
母子健康手帳 **193**
母子保健事業 192
母子保健法 192
母体保護法 194
ボツリヌス菌 **103**
ホリスティック **32**
本態性高血圧 **73**

◆ ま 行 ◆

マイヤー（Meyer, E.） 116
末梢血 **97**
末梢循環障害（静脈血栓症） 165
末梢神経 56
末梢神経系 55
慢性気管支炎 81
慢性呼吸不全 141
慢性糸球体腎炎 89
慢性腎臓病（CKD） 88
慢性腎不全 88, 89, 141
慢性膵炎 87
慢性閉塞性肺疾患 → COPD
未熟児養育医療 194
脈圧 50
脈拍（PR） 45, 49
無動・寡動 **92**
メタボリックシンドローム 25, 75
メニエル病 108
めまい 65
免疫 71
メンタルヘルス **215**
毛様体 60
物忘れ 20

模倣動作　15
モロー反射　12

◆　や　行　◆

病の語り　41
病の経験　40
ユニバーサルヘルスカヴァレッジ
　　（UHC）　35, 38
要介護認定　200
幼児期　10
陽性症状（統合失調症）　119
腰椎圧迫骨折　112
抑うつ障害群　120
抑うつ状態　21
予防接種　192
四類感染症　190

◆　ら・わ　行　◆

ライ症候群　**102**
ライフコース　**187**
ライフステージ　24
ランドウ反射　12
理学療法士（PT）　4, 158
リカバリー　**120**
リクルートメント現象　18, 107
リハビリテーション　154
　　──の目標　156
リハビリテーション医療チーム関連
　　職種　156
リビングウィル　**130**
リフレクション　227
流動性知能　20, 21
療育手帳　149
良性発作性頭位めまい　107

緑内障　60, 105
臨界期　11
臨床検査技師　**4**
リンパ行性転移　71
リンパ浮腫複合的治療　162
レビー小体型認知症　150, 151
聾亞　137
老化　17
聾者　137
老人性難聴　→加齢性難聴
労働安全衛生法　213
労働基準法　211
老年症候群　19
ローレル指数　**14**
65歳問題　**229**
ロコモティブシンドローム　18, **157**
ロックダウン　**105**
肋骨脊柱角叩打痛　**91**
ワーファリン　130
ワクチン　192

◆　欧　文　◆

ACP（人生会議）　**130**
ADL　**19**
ALS　→筋萎縮性側索硬化症
BCG　191
B型肝炎ウイルス　193
COPD（慢性閉塞性肺疾患）　64, 81
CP　→脳性麻痺
DIC（播種性血管内凝固症候群）
　　70
DHEAT　→災害時健康危機管理支
　　援チーム
DMAT　→災害派遣医療チーム

DPAT　→災害派遣精神医療チーム
DSM　→『精神疾患の診断・統計
　　マニュアル』
DSM-5　142
EBM　**100**
ESKD（末期腎不全）　**88**
GFR　**88**
ICD（国際疾病分類）　117, **173**
ICD-10第5章「精神と行動の障
　　害」　142
ICD-11第6章「精神・行動・神経
　　発達の障害」　142
ICF（国際疾病分類）　173-179
　　──の共通スケール　**178**
　　──のコーディング　177
ICF コアセット　179
ICIDH　173
ILO　→国際労働機関
IPW　→多職種連携
IQ 測定　**124**
LD　→学習障害
MCI　→軽度認知機能障害
MSW　→医療ソーシャルワーカー
OT　→作業療法士
PDD　→広汎性発達障害
PO　→義肢装具士
PT　→理学療法士
QOL（生活の質）　**2**, 31
SDH　73
SIDS　→乳幼児突然死症候群
SPO$_2$　→経皮酸素飽和度
ST　→言語聴覚士
WHO　→世界保健機関

監修者 (50音順)

岩崎　晋也（法政大学現代福祉学部教授）
　いわさき　しんや

白澤　政和（国際医療福祉大学大学院教授）
　しらさわ　まさかず

和気　純子（東京都立大学人文社会学部教授）
　わ け　じゅんこ

執筆者紹介 (所属：分担，執筆順，＊印は編著者)

＊黒田　研二（編著者紹介参照：はじめに，序章，第5章，第7章）
　くろだ　けんじ

＊鶴岡　浩樹（編著者紹介参照：第1章，第3章，第4章第1・2節，第3節6・8～
　つるおか　こうき

　　　　　　　11・13項，第4節，第8章第1・3・4節，終章）

早川　貴裕（栃木県県西健康福祉センター所長補佐兼健康対策課長：第2章）
　はやかわ　たかひろ

三瀬　順一（愛媛県立南宇和病院内科部長：第4章第3節1～5項）
　みせ　じゅんいち

大西　康史（帝京大学リハビリテーション科非常勤講師：第4章第3節7・12項，第6
　おおにし　やすし

　　　　　　　章第2節）

上山　　慧（東海大学医学部医学科総合診療学系精神科学助教：第4章第3節14・15項
　かみやま　さとし

　　　　　　　（共著））

山本　賢司（東海大学医学部医学科総合診療学系精神科学教授：第4章第3節14・15項
　やまもと　けんじ

　　　　　　　（共著））

高橋　有記（東海大学医学部医学科総合診療学系精神科学講師：第4章第3節16項
　たかはし　ゆうき

　　　　　　　（共著））

三上　克央（東海大学医学部医学科総合診療学系精神科学准教授：第4章第3節16項
　みかみ　かつなか

　　　　　　　（共著））

古市　照人（獨協医科大学名誉教授（リハビリテーション科学），介護老人保健施設ホス
　ふるいち　てるひと

　　　　　　　ピア宇都宮施設長：第6章第1節）

住居　広士（県立広島大学大学院教授：第8章第2節）
　すみい　ひろし

編著者紹介（50音順）

黒田　研二（くろだ・けんじ）

1975年　大阪大学医学部卒業。
　　　　大阪大学医学部助教授，大阪府立大学社会福祉学部教授，関西大学人間健康学部
　　　　教授などを経て，
現　在　西九州大学看護学部教授。医師。医学博士。大阪府立大学名誉教授，関西大学名
　　　　誉教授。
主　著　『地域包括支援体制のいま——保健・医療・福祉が進める地域づくり』〔共編著〕
　　　　（2020）ミネルヴァ書房。

鶴岡　浩樹（つるおか・こうき）

1993年　順天堂大学医学部卒業。
　　　　自治医科大学地域医療学教室・総合診療部を経て，
現　在　日本社会事業大学専門職大学院教授。つるかめ診療所副所長。医師。医学博士。
主　著　『現場で役立つ介護・福祉リーダーのためのチームマネジメント』〔共著〕（2019）
　　　　中央法規出版。

新・MINERVA 社会福祉士養成テキストブック⑯

医学概論

2021年4月20日　初版第1刷発行　　　　　　　〈検印省略〉
2021年11月30日　初版第2刷発行

定価はカバーに
表示しています

監　修　者　　岩　崎　晋　也
　　　　　　　白　澤　政　和
　　　　　　　和　気　純　子

編　著　者　　黒　田　研　二
　　　　　　　鶴　岡　浩　樹

発　行　者　　杉　田　啓　三

印　刷　者　　田　中　雅　博

発行所　株式会社　ミネルヴァ書房
607-8494　京都市山科区日ノ岡堤谷町1
電話代表　(075)581-5191
振替口座　01020-0-8076

ISBN978-4-623-09098-3
Printed in Japan

岩崎晋也・白澤政和・和気純子 監修

新・MINERVA 社会福祉士養成テキストブック

全18巻
B5判・各巻220〜280頁
順次刊行予定

① 社会福祉の原理と政策
岩崎晋也・金子光一・木原活信 編著

② 権利擁護を支える法制度
秋元美世・西田和弘・平野隆之 編著

③ 社会保障
木下武徳・嵯峨嘉子・所道彦 編著

④ ソーシャルワークの基盤と専門職
空閑浩人・白澤政和・和気純子 編著

⑤ ソーシャルワークの理論と方法I
空閑浩人・白澤政和・和気純子 編著

⑥ ソーシャルワークの理論と方法II
空閑浩人・白澤政和・和気純子 編著

⑦ 社会福祉調査の基礎
潮谷有二・杉澤秀博・武田丈 編著

⑧ 福祉サービスの組織と経営
千葉正展・早瀬昇 編著

⑨ 地域福祉と包括的支援体制
川島ゆり子・小松理佐子・原田正樹・藤井博志 編著

⑩ 高齢者福祉
大和三重・岡田進一・斉藤雅茂 編著

⑪ 障害者福祉
岩崎香・小澤温・與那嶺司 編著

⑫ 児童・家庭福祉
林浩康・山本真実・湯澤直美 編著

⑬ 貧困に対する支援
岩永理恵・後藤広史・山田壮志郎 編著

⑭ 保健医療と福祉
小原眞知子・今野広紀・竹本与志人 編著

⑮ 刑事司法と福祉
蛯原正敏・清水義悳・羽間京子 編著

⑯ 医学概論
黒田研二・鶴岡浩樹 編著

⑰ 心理学と心理的支援
加藤伸司・松田修 編著

⑱ 社会学と社会システム
高野和良・武川正吾・田渕六郎 編著

＊編著者名50音順

ミネルヴァ書房
https://www.minervashobo.co.jp/